藤田若雄が語る
労働運動と無教会キリスト教

下澤悦夫・若木高善・大河原礼三　編

木鐸社

はしがき——藤田若雄の現代的意義——

　本書は、労働法学者であり無教会キリスト者であった藤田若雄（1912～1977年）が、東京大学社会科学研究所教授を定年退官する前後に行われた、彼からの三つの聞き取りをまとめたものである。

　第一は「〈回想〉藤田若雄先生に聞く——その学問と信仰——」である。これは、1972年9月13日に東京大学社会科学研究所で戸塚秀夫教授によって行われたもので、同研究所が年3回発行する研究紀要である『社会科学研究』第24巻第4号（1973年3月）に、藤田の還暦記念特集として収録されている（本書53頁以下第1部に収録）。藤田の著した学術上のみならず宗教上の文献をも丹念に読み込んで、その学問・思想・信仰に迫ろうとする、戸塚と藤田との火花の散るようなやり取りが伺える。

　第二は「キリスト教社会思想の探究」である。これは、藤田の主宰する日曜聖書集会のメンバー4名が聞き手となって、1973年12月30日藤田宅で行なわれたものである（109頁以下第2部に収録）。この聞き取りでは、藤田の師矢内原忠雄との、とくに戦時体制下の緊密な師弟関係と確執が、読む側にも緊張感をもって伝わってくるが、藤田が、気が置けない集会員たちの前で噴飯ものの軽妙洒脱な口調で語る場面もある。

　第三は「〈研究討論〉藤田若雄著『日本労働法論』『日本労働争議法論』について」である。これは、藤田から学問上の指導を受けた労働法研究者10名による聞き取り（1974年4月20～21日）で、労働法関係での藤田の主著二冊をテキストとして行われた質疑応答の記録（渡辺章「藤田若雄著『日本労働法論』・『日本労働争議法論』研究」として『東京学芸大学紀要第三部門社会科学第31集』1980年1月に掲載）である（187頁以下第3部に収録）。

　これらの聞き取りは既に『藤田若雄キリスト教社会思想著作集』（1983～1984, 木鐸社）に印刷公表されている（第3巻21～51頁、別巻300～342頁、343～372頁）が、藤田は生前に、これら三つの聞き取りを合わせて一冊の本にすることを計画し、前記第二と第三の録音テープを原稿に直す作業は、藤田の生前に木鐸社の能島豊氏と坂口節子氏のご尽力によって一通り行なわれていた。また、その本の表題の一案として「限りなき探究」を考えて

いると語ったことがある。表題は藤田の意向にはそぐわなかったが、ここに「藤田若雄が語る労働運動と無教会キリスト教」として上梓することとした。本書に収録した三つの「聞き取り」は、原文の全部であって抜粋ではない。第1部「＜回想＞藤田若雄先生に聞く」の第6節「無教会信仰と社会生活」は、東京大学社会科学研究所『社会科学研究』24巻4号では紙面の都合で割愛されていたが、本書ではそれを復元して本来の位置に掲載した。

　藤田は、地味な労働問題研究者であり、著作集がキリスト教出版社から大きく宣伝されて出版されるような高名な学者、文化人ではなかった。1977年に藤田が没した後、労働運動の大部分が大きく右傾化して彼の主張を捨て、日本社会全体が「一億総与党化時代」と言われるようになって久しいから、今日、藤田の名は殆ど知られていない。そのこと自体が彼の特質を表し、時代の大きな変化—藤田は「地すべり」と言った—を示している。2015年には、次のような変化が集中的に起こった：(1) 非正規労働で苦労している若者が身近に多くいる。2000年以降、世界経済はリーマンショックを引き金として「新自由主義経済」が世界各国を浸食し、貧富の格差が拡大している。日本においても労働者の約4割が非正規雇用となり、労働者派遣法が「改正」された。(2) 2011年東北大震災に起因する福島第一原子力発電所のメルトダウン・爆発事故により、放射能汚染は「風評被害」とは別に、潜在的で実質的な健康被害を、特に弱者や多様な生物を蝕む形で拡散的に進行させている。現政権は経済再建を掲げ原発を「ベースロード電源」と位置づけ、原発ゼロ状況を覆して川内原発を再稼働させ、潜在的軍事的機能を確保した。(3) 近年の国際的な「軍事バランスの変化」によって日本国の存立が危機にさらされる可能性があるとして、戦後70年間歴代保守政権さえ憲法違反と認めて来た「集団的自衛権」を柱とする安全保障関連法を、現政権は強行採決し、沖縄普天間基地の「危険を除去する」ために辺野古基地建設を開始した。

　今日、平和勢力・民主主義勢力の大部分は大きく崩れ去り、米国の世界戦略に組み込まれている日本は、平和憲法をかなぐり捨てて「戦争のできる国家」へと大きく転換しつつあるが、2015年安保闘争では若い世代に新しい動きも見られる。これらの社会状況をキリスト者はどのようにとらえるべきであろうか？無教会キリスト教には、始祖内村鑑三の非戦論、その弟子矢内原忠雄らの平和思想の系譜があり、藤田はこの流れを汲んでいる。キリスト教は心の救いを問題にする、そこから必然的に、世の救いを求め、非戦平和を求める。これは少数のキリスト者のみの問題ではない。ふつうの人々・知識

人が直面する課題でもあるだろう。

　それ故に、上述のように転換しつつある今日においても、藤田の所論は大きな意味を有すると我々は考える。このような地すべり的状況に抗して時代を直視し人間性を回復する方策について、有効な提言を数多く含んでいると考えるからである。藤田は社会科学者として労働の現場の実態調査をもとに分析して、契約関係に基づく合理的な職場環境づくりを目指したが、ブラックな組織や体制からは脱出して人間性の回復を図るべきであり、そのために、人は各自の資質に応じてそれぞれ自分の持ち場で十字架を負うことになると主張した。そしてキリスト信徒の集会（エクレシア）はそのような「闘いを支える原基集団」であり「人間回復の根源的力を得る」べきだと考えていた。彼はこれを「誓約集団」（用語解説、本書48頁参照）として組織するべきだと考えた。藤田は、しばしば次のイエス・キリストの言葉や、古代イスラエルの預言者イザヤの言葉を引用した。

　　「疲れた者、重荷を負う者は、だれでもわたしのもとに来なさい。休ませてあげよう。わたしは柔和で謙遜な者だから、わたしの軛（くびき）を負い、わたしに学びなさい。そうすれば、あなたがたは安らぎを得られる。わたしの軛は負いやすく、わたしの荷は軽いからである。」（マタイ福音書11章28～30節）

　　「まことに、イスラエルの聖なる方、わが主なる神は、こう言われた。"お前たちは、立ち帰って静かにしているならば救われる。安らかに信頼していることにこそ力がある"と。」（イザヤ書30章15節）

　このようなキリスト教信徒集団の中で、歴史認識としては、過ぐる戦争に対する罪意識が欠けていた事が問題であり、思想的問題としては、憲法の中心にある主権在民、基本的人権、非武装平和主義をその根拠まで掘り下げて考えることが極めて重要であるとわれわれは考える。本書に収録した三つの聞き取りから、「藤田節」ともいえるその肉声に接することで、彼の考えを身近に聞き取ることができるであろう。

2016年5月31日
編者一同

目　次

はしがき　　　　　　　　　　　　　　　　　　　　　3

序　　藤田若雄の生涯と思想　　　　　　　　　　　　11

用語解説　　　　　　　　　　　　　　　　　　　　　44
   1　内村鑑三　　　　　　　　　　　　　　　　　　44
   2　矢内原忠雄　　　　　　　　　　　　　　　　　45
   3　無教会主義　　　　　　　　　　　　　　　　　45
   4　無教会主義キリスト教の系譜　　　　　　　　　46
   5　ゼクテとキルへ　　　　　　　　　　　　　　　48
   6　藤田若雄「用語解説・誓約集団について」　　　48

第 1 部　〈回想〉藤田若雄先生に聞く　—その学問と信仰—　　53
   1　はじめに　　　　　　　　　　　　　　　　　　53
   2　キリスト教との出会い　　　　　　　　　　　　54
   3　社会科学への道　　　　　　　　　　　　　　　59
   4　農業問題への関心　　　　　　　　　　　　　　63
   5　「戦闘的平和論」の立場　　　　　　　　　　　66
   6　無教会信仰と社会生活　　　　　　　　　　　　69
   7　「サナギ」になる　　　　　　　　　　　　　　73
   8　財閥企業における「合理性」　　　　　　　　　75
   9　戦後動乱期の組合委員長として　　　　　　　　79
  10　戦後調査の仮説形成　　　　　　　　　　　　　83
  11　誓約集団論の形成　　　　　　　　　　　　　　88
  12　誓約集団論の解釈をめぐって　　　　　　　　　94
  13　組合、「新左翼」との関係　　　　　　　　　　97
  14　藤田的な研究方法　　　　　　　　　　　　　　99

| 15 | 無教会派の中での位置 | 102 |
| 16 | 社研に関して | 107 |

第 2 部　キリスト教社会思想の探究　　109
1	自覚にいたるまで	110
2	集会問題	128
3	職場問題	138
4	戦後矢内原集会の中の活動およびその後	153
5	社会問題とキリスト教	163
6	誓約集団の展望	171

第 3 部　〈研究討論〉　藤田若雄著『日本労働法論』 『日本労働争議法論』について　　187

〔解説〕　187
〔聞き取り〕　192
　全般的な質問　193
　『日本労働法論』　198
　　序章　　労働基本権　198
　　第一章　労働市場の法　212
　　第二章　労働契約　219
　　第三章　団結権（労働組合）　224
　　第四章　団体交渉権　233
　　第五章　労働争議権　237
　　第六章　労働協約　243
　『日本労働争議法論』　245
　　時期区分とマッセン・ストライキ状況　245
　　関東工場代表者会議の結成から関東地方労働組合協議会の結成へ　247
　　端緒的労働協約の実態と意味　248
　　政治スト　250
　　ストライキと青年労働者　252
　　組合分裂の今日的状況　253

囲み記事
  門と塔と堂   24
  藤田若雄『革新の原点とはなにか』に寄せられた清水一の言葉   43
  内村鑑三と無教会キリスト教   52
  三一書房発行『藤田若雄著作集』全4巻の紹介文   186
  藤田若雄・清水一編「労働問題研究」第1〜6集   254

あとがき   255

藤田若雄略年譜・著作年表   258

藤田若雄関連書籍・文献   260

凡例

I. 本書に収められた三篇の「聞き取り」はいずれも『藤田若雄キリスト教社会思想著作集』（木鐸社，1983〜1984）に収録されたものである。現代から見ると理解が難しい内容もあるが、「聞き取り」が行われた当時の雰囲気を尊重して、基本的に修正は加えていない。

II. 〔　〕は論旨の通りをよくするために適宜編者が挿入したものである。原本で使用されていたものは、これを再度吟味し、必要に応じて加筆・修正を行った。

III. 脚注は、当時と現代の状況の違いを考慮し今回編者が加えたものである。しかし、煩雑になることを恐れてその数は最小限にとどめた。

IV. 本書で用いられる略称は以下のとおりである。
  『著作集』：藤田若雄キリスト教社会思想著作集刊行会『藤田若雄キリスト教社会思想著作集』全3巻及び別巻（木鐸社，1983〜84）
  『矢内原全集』：『矢内原忠雄全集』全29巻（岩波書店，1963〜65）
  『プロ倫』：マックス・ウェーバー『プロテスタンティズムの倫理と資本主義の精神』梶山・大塚訳；大塚訳（1955；1989，共に岩波書店）

藤田若雄が語る
労働運動と無教会キリスト教

序　藤田若雄の生涯と思想

1　出自

　藤田若雄は1912（大正元）年11月2日、北海道雨竜郡妹背牛村字小藤で藤田伊太郎・フジの末子として生まれた（兄は茂富、姉はタネヨであった）。一帯は明治30年代に開拓が進み大地主は広大な土地を取得し、恵まれない農民は小作人になった。藤田の父はそのような小作人の一人であった。

　温暖な愛媛県の農村から寒冷な北海道の未開拓地に移住して農地を開墾することは、厳しい苦難の道であったと思われるが、それは伝統的な関係や思想を断ち切られる体験でもあったであろう。そのような体験をした両親に育てられ、同様な開拓農民が多い村の中で育った藤田は、伝統主義からかなり解放され、個人尊重の空気を吸い、のちにキリスト教に接触することによってその自覚がさらに進んだと推定される。また、藤田は長男ではなかったから、家制度から解放され職業選択もかなり自由であったであろう。父は愛媛県で鍛冶職（自営業者）であったので、独立精神を持っていた可能性が考えられ、それも藤田の思想形成に影響したであろう。

　当時の北海道は権力や文明の中心から遠く離れた辺境的な地方であったから、藤田は、旧約時代にメソポタミア文明の地から遠く離れたカナンへ移住したアブラハムのように、「体制の外」に立って支配体制を外から対象化する思想を育てられたであろう。「体制の外に出る」という言葉は藤田の特徴的な言葉である。そして晩年に至るまで藤田の心には北海道の大自然の姿が刻みつけられていた[1]。

　少年藤田は小学校の尋常科・高等科一年を経て瀧川中学に進み、1930（昭

---

[1] 『東京通信』第157号。

和5）年4月大阪高等学校文科甲類に入学した。当時は昭和初期の不景気のどん底で「枯れすすき」が歌われていた時代であり、この不況を解決すると称して日本の中国東北部満州への進出が画策され、翌年には「満州事変」が起きた。他方では左翼思想が広がり、大阪高校でも学生運動が盛んで、田舎から出てきた藤田は新入生歓迎会で上級生の竹内好が「社会を見なければならない」と言った言葉に打たれ、学内に広まっているマルクス主義思想の洗礼を受けた。そして彼は高校一年秋の寮祭記念日を契機に発生した学生ストライキに出会って衝撃を受けた。高校二年になったとき、彼は自分も本格的にマルクス主義思想の勉強をしようと決意した。

　しかし、その直後の1931年12月17日に藤田は突然喀血した。結核であった。当時、結核は不治の病と考えられていた。藤田は死と対座することになり、学業を断念することも考えざるをえなかった。それは彼にとって初めての大きな挫折であった。彼は高校を休学し愛媛県新居浜町の縁戚・平尾権之助のもとで転地療養することになった。平尾は無教会キリスト者であり、実子は無く貧しかったが身近の人々の子弟を養育した。平尾家の『内村鑑三全集』や『藤井武全集』を藤田は手にすることができた。平尾の紹介で1932年の夏には矢内原忠雄との衝撃的な出会いがあった。矢内原は、内村の門下生で、無教会キリスト教における指導者の一人であり、東京帝国大学経済学部教授であったが、彼の専攻する植民政策学の調査研究のために満州へ視察旅行を計画し、その出発直前の夏に墓参のために郷里の新居浜を訪れたのである。人生の希望を打ち砕かれていた藤田にとって矢内原との出会いは人格的な出会いともいうべきものであった。彼は矢内原の中に「本物」があることを直感したのである。この出会いを契機に、藤田は矢内原を師とし彼から信仰を学ぶようになった。そして藤田は終生矢内原に師事し、彼から受けた無教会キリスト教信仰を変えることはなかった。

　矢内原は『マルクス主義と基督教』（一粒社刊）を1932年に出版した。これを藤田は結核療養中に読んだ。この著書の中で矢内原は、マルクス主義を社会科学理論と世界観とに分け、その社会科学理論は仮説として利用するけれども、世界観としてはマルクス主義よりもキリスト教の方が徹底していてすぐれていると主張している。藤田は、これを読んだ後の自分の人生において、自分の関心が世界観としてのマルクス主義に傾いたことはなかったと、後に述懐している。そして彼は、生涯にわたり、社会構造を分析、把握するための社会科学理論としてはマルクス主義理論を援用した。

幸いにして結核は軽快し、1932 年 9 月に高校二年生として復学した藤田は、翌 1933 年 4 月、大阪で開かれた内村鑑三記念講演会で矢内原の「悲哀の人」講演を聞いて大きな感動を受けた。1934 年に大阪高校を卒業し、同年 4 月東京帝国大学法学部に入学して上京するとすぐに、矢内原の自宅で行なわれていた家庭集会「自由ヶ丘集会」に出席するようになった。この集会は矢内原が 1933 年から家族とごく少数の者を対象にして始めていたもので、藤田は既に購読していた矢内原の個人伝道雑誌『通信』の誌上に掲載された広告を見て出席するようになったのである。このように、藤田は最初期の「自由ヶ丘集会」に加わり、直接に矢内原から信仰の指導を受けたいわば内弟子であった。一方、大学で矢内原は新渡戸稲造の後任者として植民政策学を講じていたが、その方法論はマルクス主義を援用するとともに実態調査を重視するものであった。さらに、大学時代の藤田は、無教会キリスト者であり経済史学者である大塚久雄の紹介するマックス・ウェーバー社会理論とも出会っている。

2　大学卒業と就職

　藤田は在学中に高等文官試験司法科試験に合格したので裁判官になることも可能であったが、朝鮮での裁判官のポストは、植民地の人を裁くことになるとの理由で拒み、また、南満州鉄道株式会社への就職も断って、1937 年 4 月産業組合中央金庫（1923 年に創立された半官半民の全国的な組織、現在の農林中央金庫）に就職した。小作人の子である藤田は、農業問題と関わりたいと思ってそこに就職したのである。藤田は「産業組合運動は革命みたいなことを言っているけれど、あれは中農の運動であって革命でも何でもありません。その中農の運動の中に混じって『左』が沢山いたわけです。そこには農村問題がやれるもんですから。僕もそんなのが面白いもんだから、それに少し関係していたわけです」と言っている[2]。

　そこに就職した藤田は、農村調査に従事するとともに、同志とともに御用組合化した産青連（産業組合青年連盟）をひっくり返して戦闘的な組合にし、その委員長になって活動した。また高等小学校卒の給仕たちのための「学校」を開設し、夜学に行かなくても資格が取れるようにした。これが会社から睨まれて 1939 年 5 月藤田は仙台へ転勤を命じられたが、同僚であった津田（教

---

[2] 本書 122〜123 頁参照。

会の人）が給仕女学校を引き継いだことを後年藤田は感謝している。

　その当時、矢内原は、中国大陸への進出をはかる軍事国家体制を、キリスト教平和思想に基づき批判してこれと対決していた。矢内原は 1937 年 7 月に勃発した日中戦争と対決して『中央公論』9 月号に書いた「国家の理想」が反戦的で教授として不適任であると言われ、さらに 10 月 1 日の藤井武記念講演で「日本の理想を生かすために、一先ず此の国を葬って下さい」と語ったことがとどめとなって、同年 12 月東京帝大教授の地位を失い、野に叫ぶキリスト教伝道者となった（この事件は内村の不敬事件と同様の国家権力による弾圧として「矢内原事件」と呼ばれている）。そして、矢内原は個人伝道雑誌『通信』を『嘉信』と改めて発行を続けた。藤田は自由ヶ丘集会に集う仲間とともに矢内原を支えて共に戦う集団の一員であった。藤田は後年、「誓約集団」を主張したとき、戦時下の矢内原集会をその原型と考えていた。

　1938 年 8 月下旬に藤田は召集令状を受け取り、兵役と信仰の問題を抱えて山中湖畔の矢内原の別荘を訪ねた。そのときに、矢内原は藤田に内村鑑三の非戦論を教えた。それは戦場に赴いてキリスト者として十字架を負って戦死するという立場であった。矢内原は『嘉信』9 月号に藤田のための送別歌「若き友の入隊を送る」を掲載した。その詩には「我れ十字架を教へ、君それを負ふ」とある。藤田は 9 月に入隊のため札幌郊外の歩兵連隊に出頭したが、結核既往歴のために即日帰郷を命じられた。

　矢内原は藤田に「戦場で死ね」と言ったが、藤田は「戦場で鉄砲をどう撃つのか」という問題を考えていたようである。当時の日本社会では、兵役を拒否すれば家族親族までが非難攻撃されるから、藤田は自分一人の責任で行う反戦行動として、鉄砲を人に向けて撃たない、という方法を考えていたと後に語っている[3]。

　内村鑑三・矢内原忠雄は戦争に反対したが、兵役拒否の立場を取らず、キリスト者の戦死は国民の罪を負って死ぬことであると言った。これは世界に類を見ない「良心的戦死」の思想であると阿部知二は評している[4]。後に藤田は、それは日本社会では個人が解放されていないからであり、また、日本のキリスト教が欧米で良心的兵役拒否[5]を生み出したようなゼクテを形成し

---

[3] 『東京通信』第 141 号, 2 頁。本書 180 頁, 125 頁以下も参照。
[4] 阿部知二『良心的兵役拒否の思想』（岩波書店, 1969 年）139 頁。本書 126 頁参照。
[5] 良心に基づいて兵役義務・戦争など国家組織の暴力を拒否すること。基本的人権として認知されつつあるが、戦時中日本では灯台社の明石順三が兵役拒否して逮捕・収

ていなかったからである、と見ていた。矢内原が「戦場で死ね」と言った背景には、このような良心的戦死(贖罪死)の思想があった。しかし藤田は矢内原の言葉に納得せず、独自の反戦行動として「無駄弾を撃つ兵士」になることを考えていた。藤田は病歴のために入隊しないことになり、その反戦思想を実践するには至らなかったが、彼が一人で抵抗の道を考えたことは記録しておきたいと思う。

3 矢内原との確執・転職

　1939年5月、藤田は産業組合中央金庫仙台支所への転勤を命じられ、東京から仙台に転居した。藤田には「自分の思想を慕う女性」への思いがあったが、苦悩の後、同年5月14日に矢内原の仲介・司式によって伊藤時子と婚約し、翌40年1月に結婚した。夫人は独立伝道者・伊藤祐之の妹である。藤田は、結婚は自分の信仰の欠陥を思い知らされた惨めな経験であり、師矢内原の前で「ぶざま」であったが、それによって、「己を聖なる神の霊によって焼かれ、信仰の足と腰が強くされ、イエスの印を身に帯びるものとなった」と後に述べている[6]。

　仙台に来た藤田は、矢内原に信仰を学んだ二宮健策、庄司源弥と共に聖書輪読会をもち、そこに新しいメンバー(中央金庫の数名)が加わって仙台聖書集会となった。藤田は個人通信『ひこばえ』を創刊した(40年2月)。その後、同年8月に中央金庫札幌支所へ、11月に大阪支所へと転勤した。めまぐるしく転居するこの時期に藤田の心を最も痛めたのは、仙台集会解散問題をめぐる二宮健策との意見の対立と絶交状態であった。問題を手短に説明すれば、仙台集会は藤田と二宮たちが共同で始めた集会であるから、藤田は自分が札幌へ転居した後は、二宮が集会を続けてくれることを信じ、その線で二宮と話し合っていたが、二宮は藤田に断わることなく集会を解散してしまい、事後になって「実は、解散した」と藤田に伝えたので、藤田は驚き、怒り、二宮に絶交状を送った。矢内原は二宮からそのことを伝えられて、藤田に仲直りを求め、藤田はやむを得ず二宮と和解した(1941年11月)。

　藤田は「友情を最も残酷に破られ」「真実に孤独を知った」。師矢内原は仲裁を試みたが、二宮の意見を重視したため、藤田は「神よりほかに孤独を

監された。
[6] 『東京通信』第61号。

語り得ない」までに追い込まれた。1ヶ月あまりの後形式的に和解状を交わしたものの、この事件は藤田に、師である矢内原への従属から解放される潜在的な契機となったのである。

　藤田が大阪支所に移った頃、彼の関わる産青連の運動に対し特高警察の手が入った。藤田は北海道の実家が凶作のため困窮したので仕送りする必要が生じたこともあって、産業組合中央金庫を退職し、黒崎幸吉の世話で住友鉱業株式会社に就職した（1941年12月。その際、退職金を郷里に送っている）。しかし、藤田は大阪の黒崎聖書集会には所属せずに黒崎の設営した「内村鑑三記念講演会」やクリスマス会には参加する一方で、矢内原の門下生・三島甫と大阪集会を発足させたが、ほどなく解散、これをめぐって、黒崎からも矢内原からも批判を浴び、藤田は「師の名の下に行う犯罪的判断」と反発を強めた。仙台集会の件でも大阪集会の件でも、藤田は矢内原から拒絶されたのである。大阪で黒崎の設営した講演会の終了後に講師矢内原が叫びながら藤田を追いかけるのを撒いて逃れる場面が本書第2部に収録の「聞き取り」に出てくる。

　しかし、職場には一筋の光明があった。藤田は住友鉱業で出会った上司・安井冨士三経理部長から企業経理の核心についての指導を受けた。藤田は安井部長の指導によって現実に足がついた学問の方法に眼を開かれた。安井は軍部の要求を蹴って会議の座を外すような人物でもあった。これによって社会構造の分析における藤田独特の方法である「職場問題」という捉え方をするきっかけを与えられたのである。1944年6月、唐津炭鉱の立て直しのために唐津鉱業所へ派遣されて赴任し、ここで、日本の敗戦を迎えた。藤田は職員組合委員長として炭鉱労働者による労働組合運動の中で奮闘した。会社側は第二組合を作って組合を分裂させたが、藤田は第一組合の圧倒的な支援の力で会社の不当な転勤命令を撤回させることに成功した。これは「唐津事件」と呼ばれている。

　ここで藤田は上司の安井部長の恩義に対する責任をとり、1947年5月住友鉱業を自主退職し、義兄伊藤祐之の勤務する西南学院専門学校教授となった。この職業選択は、彼が組合委員長をしながら同僚の意見をも参考にして自分の適性をよく考えて到達した結論であり、そのような形で彼は神の召命を受けたのである。そして翌1948年5月、藤田は西南学院に講演に来た矢

内原と出会い、両人は和解した[7]。

4 東京に戻り労働問題・労働法研究に従事

　軍国主義の戦時中に教壇を追われた矢内原は、戦後の東大に復職し、無教会の先輩南原繁に続いて戦後二代目の東大総長となった。矢内原は戦時中、時局に対抗する小集団であった自由ヶ丘集会を発展的に解消して、新たに今井館聖書集会を始めていた。矢内原の社会的名声に引かれて今井館聖書集会に参加する者も多かった。「サザエさん」の作者長谷川町子は矢内原が日曜集会の最中にあくびをした者を叱りつける漫画を描いている[8]が、今井館聖書集会は、もはや国家と対抗した小集団ではなく、誰でも参加することのできる大集会となっていた。

　藤田は、1949年4月、矢内原の世話で彼が所長をしていた東京大学社会科学研究所（東大社研）に研究員として就職し、10年ぶりに東京に戻り、また今井館聖書集会にも参加した。

　藤田は研究者になる前、10年間、産業組合中央金庫と住友鉱業で働き、その職場体験に基づいて自己の学問を形成した。研究者になってからも労働講座の講師として呼ばれることが多く、そのような機会に藤田は労働現場を調査し、調査した事実に基づいて学問を構築して行った。藤田は自分は「調査マン」であると言っていた。

　藤田の労働問題の調査研究の出発点は職場問題の事例研究であったが、「年功的労使関係」論を自著にまとめて1961年刊行し、それ以後、自分の研究対象を労働問題の調査から労働法の研究に移行させた。

　1955年から1964年頃までの総評を中心とする労働組合運動が目指すものは経営組織の近代化・合理化という課題の解決であった。それは藤田の労働問題研究の課題でもあり、彼は総評のその運動路線に期待していたのである。しかし、総評がその路線を放棄し総評に期待することができなくなり、1968年に至り、藤田は新たな労働組合組織論として誓約集団としての労働組合を提起したのである（誓約集団については後述）。

　1973年4月に東大社研を定年退官した藤田は、その4月から国際基督教大学の教授になった。

---

[7] 『東京通信』第18号「藤井武先生」参照。
[8] 朝日新聞1987年11月5日朝刊。

藤田の労働問題および労働法への取り組みについては、本書第 3 部「労働法聞き取り」解説を別途参照されたい。

5　今井館聖書集会との関係

藤田が戦時中、矢内原が信頼した二宮や三島と衝突したことは、その後、矢内原集会の中で知られており、藤田は矢内原集会の古くからのメンバーであったにもかかわらず、集会の中で偏見をもって見られ、敬遠されていた。自由主義者である矢内原は藤田の専門である労働運動を理解できず、そのことも、集会員を藤田から遠ざけていたようである。

一方、集会の中の若い世代の中には、集会の雰囲気に反発する人々もいた。彼らは矢内原の戦時下の戦いを学び、その抵抗思想を継承している藤田若雄に注目し、労働省に勤めて労働問題と取り組んでいた笠原昌平をリーダーとして小グループ「渓水会」を形成し、1958 年夏にはその合宿に藤田を呼んでいる。渓水会は 1931 年生まれの人々など「昭和一桁生まれ」の世代であり、藤田は彼らを今井館集会の「青年部」と呼んで彼らとの出会いを喜んでいた。

6　矢内原の死去と藤田の活動

藤田は、戦後の矢内原から距離をとり、集会の中の「取り巻き」たちから孤立していたが、1957 年に渓水会と出会い、58 年 12 月に「二日会」（矢内原が 1937 年に東大教授の地位を追われた 12 月 2 日を記念して、預言者的信仰の再興を目指す有志の会）を形成した。また、少数であるが労働運動を学習する人々などの動きがあり、藤田は 1960 年の安保闘争を契機に矢内原の提案によって創刊された『東京独立新聞』（月刊）の編集、発行に携わり、これに労働問題、社会問題などを執筆した。1961 年 12 月 2 日、二日会主催の矢内原忠雄信仰五十年記念講演会で藤田は「活ける事実と選びの絶対性」と題する講演をして、信仰に支えられた職場活動の事例を示した。矢内原は、同年末に胃癌のため 68 歳で逝去し、今井館聖書集会は解散された。

藤田は、翌 1962 年 1 月から毎日曜日に自らが主宰する藤田若雄聖書研究会を開催した。この聖書研究会には渓水会の人々などが参加した。藤田は、同年 10 月、月刊の個人通信誌『東京通信』を創刊し、その読者の有志を募って 1964 年に会員制の団体「エクレシア・ミリタンス」（戦闘の信徒団）を組織し、同名の機関誌を年 2 回発行した。世から逃避せず仕事の中で生き

序　藤田若雄の生涯と思想

て働く信仰を追究することが目標であった。また同年に職場問題研究会である「アンテオケ会」を組織し、1966年に『労働通信』を創刊した。
「エクレシア・ミリタンス」という言葉を藤田は1940年『ひこばえ』（個人通信）第4号に既に書いている。おそらく藤田はウェーバー『プロテスタンティズムの倫理と資本主義の精神』でこの言葉を読み、イギリス市民革命を担ったピューリタン・セクトに注目していたのであろう（ウェーバー『プロ倫』下巻14, 75頁；145, 202頁に「エクレシア・ミリタンス」という言葉があり、藤田は当時の訳文でそれを読んでいたのであろう）。
　藤田はその言葉を25年後に機関誌の名称にしたのである。なお、藤田は若い時、矢内原集会の同人雑誌『葡萄』第9号（1939年10月）に「戦闘的平和論」を書き、産青連雑誌の巻頭に「戦闘的協同組合論」を書いている。藤田が一貫して戦闘的思想を大切にしていたことがわかる。なお、雑誌『エクレシア・ミリタンス』は、投稿資格を持つ会員となるためには『東京通信』を2年以上購読することが必要とされた。この雑誌は1977年第32号まで発行され、そのメンバー（会員・固定読者）は終刊時点で116人であった。投稿は非公開を前提に行われたので、内容をオープンにすることはできないが、主なテーマは職場問題、女性の生きる道、組合活動、学園闘争、アジア問題、聖書研究、新年・夏季聖書講習会記録などであった。
　藤田は、育児のために夫と共に聖書研究会（毎日曜日午前）に出席することができない女性たちのために、1963年3月から第2日曜日の午後（3時半

から1時間）藤田の自宅で「主婦の聖書研究会」を行なった。

7 キリスト教社会思想と「誓約集団」論の提起

　藤田は、無教会キリスト者であるとともに社会主義的な労働運動にコミットしており、ウェーバーから古代ユダヤ教やプロテスタンティズムの宗教社会学的研究を学び、日本におけるキリスト教の社会思想的側面に強い関心をもち、その問題意識から内村鑑三以来の無教会の人々を対象化することを考えていた。

　1960年の安保問題に対する危機感から、当時東京大学に勤務する無教会キリスト者の藤田、大塚久雄、原島圭二らの呼びかけにより同年9月に「キリスト教社会問題研究会」が生まれた。この研究会はその後も継続して1961年8月の志賀高原における内田芳明らとの研究会となり、さらに同年年末の葉山での合宿による職場問題をテーマとする研究会へとつながっている。更に藤田は矢内原集会出身の西村秀夫が主宰する聖書集会に属する東大学生数名が本郷に進学したことを契機に、彼らのために1962年5月から矢内原忠雄著『内村鑑三とともに』の読書会を始めた。同書は矢内原による内村記念講演の殆ど全てが年代順に編集されたもので、この読書会では藤田の指導で矢内原の信仰、思想を主として社会思想的視点から研究した。藤田はこの読書会を「キリスト教社会思想研究会」と名づけ、1964年3月に彼ら学生が卒業するまで続けた。

　1964年は日本のOECD加盟（資本の自由化）の年であり、藤田が従来の日本企業の経営の特徴として抽出した「年功的労使関係」が外圧によって崩壊し始める年であった。この状況の中で、藤田は「誓約集団」の重要性を1970年の著書『革新の原点とはなにか』の序章「原点なき革新」で提起した。この序章は1968年に雑誌『展望』に発表した同名の論文を再録する際に「自発的集団」という言葉を「自発的・誓約集団」と改めたものである。革新運動が反動化するのを防ぐためには、労働者が企業丸抱え組合から解放されて、個人の決断（誓約）に基づいて「合理化」と帝国主義に抵抗する新しい労働組合（誓約集団）を形成することが必要であり、それが戦時中の産業報国会的組合に逆戻りするのを防ぐ道であると藤田は述べた。「自発的集団」(1968年)に「誓約集団」を付加したのは、藤田なりの東大闘争の総括を反映しているであろう（後述）。

　無教会キリスト教の特徴を文書伝道という側面に見出した赤江達也は、戦

後の無教会に起こった社会科学的宗教運動に触れる中で藤田について、「この誓約集団の形成の試みは、無教会運動の歴史の中でも、もっとも自覚的な組織論・集会論の試みであった」と述べている[9]。

藤田は 1964 年に発足した「エクレシア・ミリタンス（エ・ミ）」集団の誓約集団化を考えた時期もあったが、1970 年に「エクレシア・ミリタンス」の誓約内容を具体化（文章化）するという考えを放棄して同誌を単なる同人誌として続けるという方針を提起した。その方針の理由として藤田は、「誓約内容を具体化しても、おそらく何の意味ももたなくなるであろう」と書いている。藤田は誓約事項を言葉で語るよりも、旧い家族主義的な日本社会の思想・人間関係を克服して行く実践的な共同の努力の中で新しい誓約的な関係が形成されると考えたのではないだろうか。藤田は、後述するように、1971 年から「無教会主義の自己点検」の共同研究を始めたが、その共同の作業がかなり進んできた 74 年の 1 月に藤田は、「（無教会を対象化するための）静かなる努力の中で、堅い堅い誓約の核が形成されてきた」と書いている[10]。藤田において誓約集団は戦いの中で実践的に形成されるものであった。「始めに言葉ありき」ではなく「始めに行動ありき」であった[11]。

8　東大闘争・沖縄・アジア問題と藤田若雄

藤田の職場である東京大学では 1968 年 3 月、医学部学生・研修医が「研修協約」をめぐって学部当局から大量処分された。彼らは処分撤回を訴えて 6 月に安田講堂（時計台の塔がそびえる事務の中枢の建物）を占拠し、大河内東大総長は直ちに機動隊 1200 人を導入して学生を排除した。これに対して東大全学の学生および一部の大学院生が反発、10 月までに七つの学部すべてがストライキにはいった。助手層の中にも同調者が出た。彼らは「全学闘会議（全共闘）」と称する組織に結集した。大学当局は無責任な「東大話法」[12]を用いて対応したので、全共闘を懐柔できなかった。当時の社会的背景として、ベトナム戦争特需に支えられた高度経済成長、その歪みである「公害」の多発、それらを支えた科学技術（こうした「公害」や後の「原発神話」を担う

---

[9] 赤江達也『「紙上の教会」と日本近代—無教会キリスト教の歴史社会学』（岩波書店, 2013）283〜288 頁。
[10] 『東京通信』第 136 号。
[11] ゲーテ『ファウスト』。
[12] 安冨歩『原発危機と「東大話法」—傍観者の論理・欺瞞の言語—』（明石書店, 2012）。

御用学者たちの中には「東大」等の権威を盾に無責任な発言を繰り返す者が多い)、東大のほか日大をはじめとする日本全国 165 もの大学や多くの高校での紛争状態、世界各地での学生反乱といった状況があった。

1968 年末に文部省(当時)は東大の入試中止、東大閉鎖をちらつかせて封鎖・スト解除の恫喝をかけ、これに応ずるべく動員された旧左翼系学生党派と、非妥協的な全共闘系学生との武装(ヘルメット・角棒・投石)対立がエスカレートし、1969 年 1 月 18 日には、安田講堂に立てこもった約 400 人の全共闘系学生に対して、約 8500 人の機動隊が催涙弾・放水により攻撃を開始し、翌 19 日に封鎖を解除した。

1968 年 3 月以来の紛争のあいだ、教員のほとんどは大学当局の紛争収拾方針に同調した。藤田も、当初は紛争の推移を見守っていたが、次第に学生の問題提起に責任ある対応をするべきだと考えるようになり、大学側当局の収拾策を批判する上申書を総長(代行)に提出し、旧左翼系学生党派が「第二組合(御用組合)」の役割を果たし始めると、これを厳しく批判し、終戦時の革新陣営の生産管理闘争の経験を踏まえて、全共闘系学生の変革要求に正当性を認めた[13]。11 月に藤田は大学構内で流血の大衝突が予想される事態に、教官にも学生にも自重を訴えるビラを配布し、「流血回避・非暴力連帯」をスローガンに十数名の教職員と共に、学生党派間の衝突の間に割って入るなどの活動をした。藤田は既に「門と塔と堂」(1966)という詩の中で、東京大学を「偽善と不法の貯蔵所」と喝破している。

東大闘争中に社研の藤田研究室には、渡辺章・神林章夫・林素子・折原浩・最首悟など全共闘系の活動家・研究者がよく出入りしていたという[14]。藤田は機動隊で学生を排除することには最終局面でも反対であった。藤田は教官として 1969 年 1 月 18 日機動隊導入に伴う立ち会い・検問に動員され、その直後に体調を崩し、翌月胆嚢炎で入院手術した。心身ともに消耗しきっていた。

全共闘や新左翼の全盛期から 50 年近くたち、その特質を肯定的側面も否定的側面も対象化して記述する作業が、近年注目される[15]。藤田は東大紛争

---

[13] 『東京通信』第 74, 75 号。
[14] 野村かつ子評論集(緑風出版, 2003) 104 頁。しかし藤田は折原ら造反教官には「応援はするが、同じ行動はしない」と一線を画した(『著作集』第 2 巻 226 頁)。
[15] 島泰三『安田講堂 1968-1969』(中央公論新社, 2005);小阪修平『思想としての全共闘世代』筑摩書房, 2006; 鈴木英生『新左翼とロスジェネ』(集英社, 2009);小熊英

終結後、全共闘・新左翼を極左冒険主義の暴徒と決めつけるのでなく、心情主義過剰の危険性を指摘しつつ、評価すべき面もあると考えた。その一つは組織論である。藤田は、全共闘運動に丸抱え組織ではなく個人の決断を要求するゼクテ＝誓約集団への可能性を見出した[16]。労働運動でも、各地の労組に誓約集団の可能性がないかを調査した。もう一つは主体性論である。全共闘運動には、運動の主体への内省、内なる帝国主義や差別意識を抉り出す方向性があった[17]。このことは、キリスト者藤田にとっては、自己の依拠する無教会主義キリスト教の社会思想的な「自己点検」の必要性を明示していた。この点は無教会の戦争責任問題の追究へと発展してゆくのであるが、これに関連して、藤田に訪れた転機について触れておこう。

　1969年10月、藤田は労働大学の三人の講師の一人として米国統治下の沖縄を訪れた。藤田だけビザの発給が出発間際まで遅れたという。南部戦跡の史実＝3ヶ月にわたる米軍の砲撃（鉄の暴風）を受けたことを思って衝撃を受け、藤田は太平洋戦争に象徴される日本の罪業が火に焼かれたこと、原爆の場合と同様にヤハウェによって罪を火で焼かれたことを悟った。

　1970年3月藤田は再び沖縄を訪問し、同行した聖書集会員から「あなたがたは自分のことばかり問題にしている。他人に仕えることをも学ぶべきである」という批判を受けた。1970年3月の内村鑑三40周年記念講演会で藤田は「アジアにおける隅の首石」を講演し、70年8月の夏季聖書講習会では「アジアの中の日本を考えよう」を提起し、翌年「70年代の課題とＭＯＬ[18]」を執筆し、日本の内だけを見ていた藤田の視線がアジアに向かい、外国人労働者との関係を考える時代になったと語り、日本の帝国主義的アジア進出の時代状況の中で、古代イスラエルで政治的な覇権を確立したダビデ王ではなくイザヤ書53章の「主の僕(しもべ)」のように、日本が明治以降アジアで犯してきた罪を背負わされている沖縄の姿を（沖縄本島の地形になぞらえて）注目している。

二『1968』（新曜社, 2009）；折原浩・熊本一規・三宅弘・清水靖久『東大闘争と原発事故』（緑風出版, 2013）、『東大紛争秘録・45年目の真実』NHKクローズアップ現代、2014年1月30日放送；山本義隆『私の1960年代』（金曜日, 2015）など。
16　『東京通信』第84号。
17　『東京通信』第103号。
18　Mission of Leprosy の略。『東京通信』第98〜107号。

門と塔と堂

日本一を誇る門と塔と
そして堂。
塔と堂の下に立てば、
威容—天に聳えて人を圧する。

門と塔と堂。
戦禍をのがれて残り、
そびえ立ちて、雲流れる。

門と塔と堂。
権威を誇示してそびえ立ち、
その内を変えることができない。

門と塔と堂。
威容は年と共に加わり、
精神をいよいよ圧殺する。

白く塗った墓、
死人の骨と汚物と
偽善と不法の貯蔵所。

〔註〕1966年5月、『東京通信』に書かれた藤田若雄の詩。門は東京大学の赤門、塔は東京大学の安田講堂、堂は国会議事堂を指すと藤田は『礎をすえるもの』で説明している。東大闘争の2年前の詩であるが、東大闘争の問題を先取りしている。「白く塗った墓」は、イエスがファリサイ派を批判したときの言葉（マタイ福音書23章27節）。『著作集』第2巻194頁参照。

9　無教会二代目の戦争責任論

　藤田は 1967 年 4 月、新たに西村秀夫、原島圭二、大河原礼三らを加えて、東大駒場のキャンパスで「キリスト教社会思想研究会」を再開した。そして、大学闘争で研究会は一時中断したが、1971 年 1 月から藤田は「十五年戦争と無教会二代目」というテーマの共同研究を「キリスト教社会思想研究会」として行うことを提案し、内村鑑三の逝去（1930 年）以後、十五年戦争の時期にほぼ毎年行われた内村鑑三記念講演会で内村の弟子たち（13 人）が語った講演の記録を資料として分析する研究を 1971 年から始めた。このテーマは、藤田が沖縄南部戦跡に接して受けた強い衝撃に由来すると考えられる。「エクレシア・ミリタンス」のメンバーなど 15 名ほどの人がほぼ毎月集まって、「十五年戦争と無教会二代目」（無教会二代目の戦争責任）の共同研究を行ない、藤田はこれを「無教会主義の自己点検」と呼んだ。

　1930 年からほぼ毎年 1 回、東京・大阪などで行われた内村鑑三記念講演会を、藤田は無教会の共通の公的な発言の場としてとらえ、その内村記念講演を逐一資料に基づいて分析することから作業を始めた。同じ内村門下の無教会二代目が、一方で、平和論のために東京大学を辞職させられた矢内原忠雄、著書『キリスト教平和論』を発禁処分された政池仁などの平和主義の立場と、他方で、自分には平和論よりも聖書研究や福音宣教の方が大切であるとし、この戦争で日本は米英を裁く「神の鞭」として用いられているとする立場（塚本虎二・黒崎幸吉など）とに分裂していたことをまず明らかにし、次いで、そのような講演者の内的・思想的・信仰的な特徴について、個人伝道雑誌や著書を読んで考察を進めた。この作業を聞きつけた某新聞記者が内村の弟子たちの戦争責任に関する本を手早く出版したことがあったが、その噂を伝え聞いた藤田は苦い顔で「彼には書けないよ」と言った。藤田は、莫大な一次資料の読み合わせや、政池仁からの聞き取り調査を行い、研究に対する批判や意見を聞くために、時期別に 4 冊の中間報告をタイプ印刷で発行し、それぞれの合評会を行い、それに基づいて最終報告書を準備した。合評会では、「己を高しとしてこの世の問題で他者の信仰を裁いた」「無教会の一致を破壊した」など多くの批判が飛び交ったが、研究の意義を認める少数の意見もあった。

　この研究の途中で藤田は胃癌のために入院し、報告書である『内村鑑三を継承した人々』（木鐸社、編著者・藤田若雄、執筆者 12 名）の上巻は藤田の逝去（1977 年 1 月 2 日）の 2 週間後に発行され、下巻の原稿もかなりでき

上がっていたので、各人はそれを仕上げ、原島圭二が総論を書き、同年11月に刊行された。戦争責任問題の研究書刊行が藤田の最後の仕事となったのである（享年64歳）。

藤田は、「思想の科学」グループの人々が、専門家でない人々による思想研究の発表の場を作ってかなり成果を挙げていることに注目し、藤田グループの人々に呼びかけて内村鑑三の弟子たちの戦時下の言論・思想を研究した。その結果、それまで学界で空白となっていたこの分野の問題が藤田以外は専門家でない人々の共同研究によって明らかにされ、そのことを「戦争責任」の研究者である歴史学者・家永三郎は「学界への貢献」として高く評価した[19]。その研究に従事した非専門家自身にとって、それは各人の主体形成に役立つ貴重な経験であった。この藤田の研究会は学園闘争後に行われた体制外的な自主ゼミの一つである。

10　藤田若雄の信仰的立場

中沢洽樹は1963年内村鑑三記念講演「伝統について」[20]において、内村に影響を与えた思想として武士道、ピューリタニズム、敬虔主義、個人主義の四つを挙げているが、藤田が内村から継承した思想はピューリタニズム（カルヴァン主義的信仰）である。

藤田若雄はピューリタニズムから多くのことを学んでいた。例えば、彼はピューリタニズムから「戦闘の信徒団」（エクレシア・ミリタンス）という思想を学び、イギリスで国教会から分離独立したピューリタン・セクトから「誓約集団」の思想を学び、労働組合の起源はピューリタンの小親方の系譜を引く熟練労働者たちに遡るであろうと書いている（『著作集』第2巻72頁「労働組合の起源」）。そして彼はピューリタニズムから学んだ信仰・思想によって無教会のルター派的・右翼的な傾向と戦った（中沢洽樹が挙げている「敬虔主義」はルター派の流れに属する思想である）。

---

[19] 『週刊読書人』「書評」1978年2月6日。
[20] 中沢洽樹『忘却と想起』（山本書店, 1972）。

藤田は神学書からではなく、ウェーバーの『プロテスタンティズムの倫理と資本主義の精神』と大塚久雄の解説を熟読して、そこから、ルター主義と対比されるカルヴァン主義の信仰を学びとったのであろう（彼は大塚からヒントを与えられることが多かったためか、5歳年上の大塚を『東京通信』などで「尊敬する先輩」「有力な見解」と呼んでいた。晩年には大塚への評価が少し変わったようであるが）。

　藤田がピューリタンの信仰から学んだ根源的な思想を次に考察したいと思う。

　神の超越性は聖書の神観の特徴であり、それは様々な場合に論じられるが、ここでは特に国家からの超越、人間からの超越について考えてみると、ヤハウェは専制的賦役王国エジプトの国家権力から隔絶した超越神であるが故に、エジプトの強大な権力の支配下で奴隷化されていた弱小な民「ヘブル人」を解放することができ、ピューリタンは超越神の働きを信じるが故に、国家権力に抗して市民革命に立ち上がり王権を倒すことができた。藤田若雄は日本における市民革命と社会主義革命を構想して労働運動に関わり、その研究と活動は国家を超越する神の働きを信じることによって支えられていた。彼が超越神信仰を語っている箇所は多い[21]。超越神信仰は構想力と批判力とを生み出す根源であり、藤田は「近代における二つの構想力」としてピューリタニズムとマルクス主義を挙げているが、彼はそれら二つの構想力から学んで現状批判を展開した[22]。藤田の「誓約集団」も超越神信仰に基づく構想力の表われである。

　ピューリタンは被造物神格化を厳しく拒否しているが、無教会では内村・矢内原など「先生」という人物を崇拝する傾向がある。その状況の中で藤田は矢内原を権威化せず、その支配から自由であった。そのことは被造物神格化拒否の思想が藤田において徹底していたことを示している。

　藤田はピューリタンから「予定の信仰」を学び、その重要性を語った。「予定の信仰」は、神は予め定めた者を選び、義とするが、或る者を滅びに予定する、という教説である。そのように「救い」と「滅び」という二重の予定を信じる立場は「二重予定説」と呼ばれるが、神の無償の「救い（選び）」だけを信じる立場もあり、藤田の「予定の信仰」は後者であって、それは「選びの信仰」である。

---

[21] 『東京通信』第60, 62, 78, 87, 101号、『著作集』第2巻153頁など。
[22] 『東京通信』第52号「礎をすえるもの」参照。

国教徒の大勢力に抵抗するピューリタンの少数者は、超越神によって選ばれて救いに予定されていることを信じ、その信仰によって勝利することができたが、藤田はピューリタンが予定の信仰によって市民革命に勝利したように、現代においては、少数者が予定の信仰によって苦難に耐えて社会主義革命に勝利することができると信じていた。彼の戦いのパワーはそこから生まれていた[23]。

　ルター派・敬虔派はキリストの贖罪死による「罪の赦し」「義認」を信じて内面における「救いの感情」を重視したが、カルヴァン派は「神の支配」への無条件的な服従によって新生し、「聖化」され、生活を禁欲化して時間の浪費を避け、神の栄光を顕わす生き方をすることに励んだ[24]。無教会は内村がアマスト大学学長シーリーからドイツ敬虔派的な「義認」の信仰を学んで以来、心情的な救いを重視しているが、藤田は「聖化」を中心とするカルヴァン派的な信仰に生き、「罪を赦される」ではなく「罪を焼かれる」という言葉を使うようになった[25]。また、藤田は「カルヴァン派の信仰によって生活を律するという態度・生活における禁欲」の重要性を強調した[26]。禁欲による藤田の集中力は驚くべきものであった。そして藤田は「神の前に一人で立て」と教え、「清教徒の集会は、神の前に一人立った人々の集会であった」と書いている[27]。それは日本的な「和」の社会の「甘え」（他人への依存）を拒否する思想である。

　ピューリタニズムの倫理的基礎は「イギリスのヘブライズム」であるという見解がウェーバー『プロ倫』に書かれている[28]。藤田は旧約聖書の「モーセ五書」を講義し、預言書（エレミヤ書・イザヤ書）をよく読み、ウェーバー『古代ユダヤ教』、ブーバー『モーセ』（英訳）、ロシア系ユダヤ人オーリンスキーの『偶像への挑戦―古代イスラエルの歴史と伝統―』（教文館、1961年）などを読み、ユダヤ人マルクスの思想を学ぶなど、ヘブライ思想を積極的に学んでいた。無教会は概してパウロ的であるのに対して、藤田はモーセ的であった。藤田は法学者でもあった。

---

[23] 『東京通信』第45, 61, 157号。
[24] 『プロ倫』下巻54〜55, 127, 143, 169頁；182〜185, 251〜254, 268, 293頁など。
[25] 大河原礼三『藤田若雄研究ノート』（木鐸社、2000）173〜182頁参照。
[26] 『著作集』第1巻312頁。
[27] 『東京通信』第60号。
[28] 『プロ倫』下巻197頁；319頁。

藤田若雄がピューリタンの信仰から学ぶことが大きかったのは、大恐慌の中で彼が大学時代に講座派マルクス主義理論を熱心に学び、その立場での市民革命・社会主義革命への実践に適合する信仰をピューリタン神学の中に見出したからであろう。彼が大学を卒業して産業組合中央金庫に就職したのは1937年4月であり、翌38年5月にウェーバー『プロ倫』(梶山訳)が出版され、藤田はそれを「よく読んだ」と言っている[29]。職場に入った戦闘的な藤田にとってはピューリタンの思想が役に立つ場合が多かったであろう。1940年『葡萄』第11号に藤田は『プロ倫』について書き、大塚久雄の論文にも触れている。同年『ひこばえ』第4号に藤田は「エクレシア・ミリタンス」という言葉を書いている。大塚『宗教改革と近代社会』(みすず書房、1949年)に収録された「経済と宗教」「ルッターの背景」は1938年に鈴木俊郎主筆『新約之研究』に発表され、藤田もそれらを読んでいた[29]。

　藤田は思想的に「体制の外に立つ」ことを重視し、彼の立場は体制内左派ではなく、体制外的・根源的左派であった。藤田は「会社や官庁で働く諸君は日本のアジア支配の道具に過ぎない」と言った[30]。同時に、藤田は非暴力の立場に立っていた[31]。

　藤田は矢内原から学び、矢内原の影響を受けた人々に信仰を語ることが多かったから、矢内原の言葉を使うことが多く、また藤田は神学的に整理して語る人ではなかったため、藤田の信仰は矢内原的であると理解されやすいが、藤田の発言を注意深く読むと、彼の信仰がピューリタンの影響を受けた独自なものであることがわかる。藤田は矢内原から信仰を学び始めた数年後から、ウェーバー・大塚によってピューリタンからも信仰を学ぶようになり、そのため藤田は矢内原門下の中でも独特な質の信仰に生きる者となった。

　藤田は、「大塚久雄は内村鑑三はカルヴァン的であると言うが、私は内村がルター的かカルヴァン的かをよく考えてみたい」と言い、無教会二代目研究はその問題とも関連する、と言っていた[32]。藤田は黒崎幸吉に『カルヴァン研究』があることにも注目していた[33]。因みに、『内村鑑三全集』第40巻の「題名索引」によれば、内村には題名に「ルター」がある文章が16篇あ

---

[29] 『東京通信』第62号4頁。本書61頁。
[30] 藤田若雄・大塚久雄『混迷と頽廃のなかから』(みすず書房、1967) 130頁。
[31] 『東京通信』第119, 136号。
[32] 『著作集』第3巻176頁「内村鑑三メモ」、『東京通信』第132号も参照。
[33] 『著作集』第3巻68頁。

るが、「カルヴァン」がある文章は2編だけである。

　藤田にはボンヘッファー（1906〜1945年）と共通している点もある。即ち、旧約聖書を重んじたこと、キリストに「従う」という実践的な態度が基本であったこと、「安価な恵み」を斥けて「高価な恵み」を求めたこと、非宗教的な（この世的な）キリスト教の在り方を重視したこと、などが両者に共通している。

　藤田は社会の底辺層の人々の解放を志向したが、それは若いときからの正義感に接ぎ木された預言者の思想によるものであろう。幼方直吉は「藤田は矢内原を超えて解放神学の方向に接近していったのではあるまいか」と書いている[34]。解放の神学は1960年代後半以降、中南米、アメリカ黒人、韓国民衆、フェミニストなどから起きた被抑圧者の神学である。

　藤田はボンヘッファーや解放の神学を読んでいたのではなく、言わば20世紀的状況との取り組みが自ずから共通性を生み出していたのであろう。鋭い感受性をもつ藤田はピューリタンを越えて現代の問題を感じとっていたが、藤田はピューリタン思想が構想力を生み出し、市民革命を成し遂げ、基本人権を確立したことを高く評価し、その思想が日本社会（人権後進社会）の根本的な変革のために必要であると考えたから、集中的にピューリタン思想から学ぶという「狭い道」を進んだのであろう。

　藤田は神学的知識をもたなかったが、「神学がない」と評された矢内原とは違って、藤田には神学的思考があることが認められていた。藤田は「十五年戦争と無教会二代目」の研究をするとき「回心と召命」という視点から二代目の人々を考察したが、関根正雄はその作業仮説は藤田の秀れた構想力、想像力の所産であると書いている[35]。藤田における「考え抜く力」・構想力の意義は極めて大きい。晩年の藤田は社会問題を「内面化」することの必要性を語ったが、それは広い意味での「神学する」ことを含んでいると言ってよいであろう。

　　＜付記＞「ピューリタン」に関連する藤田の発言箇所を(すべてではないが)次に掲げる。
　　　『著作集』第1巻 22, 43, 47, 312頁；第2巻 35, 72, 77, 127, 151, 172頁；

---

[34] 藤田起編『藤田若雄—信仰と学問』（教文館, 1981）231頁。
[35] 藤田起編 前掲書 223頁。

第 3 巻　45, 67, 72〜73, 97, 176, 234〜235 頁
『東京通信』第 18, 25, 52, 60, 61, 62, 66, 68, 75, 106, 113, 128, 132, 134, 142, 152, 154 号
『革新の原点とはなにか』94 頁以下, 107, 145, 203, 211, 231 頁
『労働問題入門』4, 59〜61 頁

11　藤田若雄における回心と召命

　「回心」は、無教会においては普通、キリストの「贖罪（罪の赦し）」を信じ、悔い改めてイエスを信じるようになることを意味している。それは心の転換という心情的な体験である。それとは違って「召命」は世界を支配する超越的な神に呼び出されて使命遂行のために世に派遣される体験であり、それは世に働きかける持続的な使命（天職）の自覚を意味している。回心も召命も一回的に起きることもあるが、時間をかけて徐々に起きることもある。

　藤田若雄は 1940 年 12 月『ひこばえ』第 4 号の「贖罪論」の項目において「キリスト教の根本は十字架の贖罪にある」「我等を根本的に解放するものは十字架の贖罪である」と書いている。この『ひこばえ』第 4 号は、同年 8 月に札幌に転勤した藤田が、仙台集会で出会った新しい人々にキリスト教信仰を系統だてて説明しようと考えて書いたものであろう。その目次は「イエス、贖罪論、新生、預定、復活・再臨、むすび」である。この内容の構成は矢内原の処女作『基督者の信仰』に似ていて教科書的である。従ってその「贖罪論」は藤田が回心を体験した時に書かれたものであるよりは、後で書かれた考察であろうと考えられる。それならば、彼は回心をいつどのような機会に体験したのであろうか。

　藤田は 1971 年に「自己紹介」と題する文章の中に「昭和 14〜15 年頃信仰開眼」と書いている。「信仰開眼」は回心の意味かもしれないが、藤田はしばしば「人間的な思いではなく、神の意思・計画に従うことが信仰である」という趣旨のことを強調していたから、回心ではなく信仰による人生の選択・決断が「信仰開眼」であった可能性が高い（マルコ 14 章 36 節後半参照）。昭和 14〜15 年は藤田が婚約・結婚した年であるから藤田の「信仰開眼」は婚約・結婚と関係していると推定される（本書 15 頁参照）。しかし確かなことはわからない。

　以上のことから、藤田における回心の具体的な時期や機会は不明であると

言わなければならない。藤田は1975年に夏季聖書講習会で「皆さんは、私からパウロに見られるような回心の話は聞いたことがないと思います。私にはパウロ的なコンバージョン（回心）の経験はない。私はむしろペテロ的であり、ペテロのように『ついて来い』と言われ『はい』と言ってついて行く型であります」と語っている[36]。1974年5月『東京通信』第140号には「人間の一生というものは絶えざる回心の連続である」という森有正の言葉が書かれている。藤田には一回的・神秘的な回心の体験はなく、彼は恐らく人生の節目節目で神に立ち帰って生きた人であったと言ってよいであろう。藤田の生涯に特別な回心体験を見出すことが困難であるのはそのためであろう。

藤田は矢内原集会の同人誌『葡萄』第15号（1941年11月）に「新生記録」を書いているが、その背景には産業組合中央金庫から住友鉱業への転職があり、仲間が弾圧される中での転職体験を総括し、自分自身を反省して信仰の立場を自覚したのがこの「新生記録」なのであろう。そこには「贖罪」「罪の赦し」という言葉はなく、自分の罪が神に打たれ、裁かれて新しい「いのち」を与えられて再出発する気持が書かれている。そのような藤田における回心は、旧約聖書でエレミヤが預言者に再任されたときの「神に帰る」（シューブ）という経験に近いと考えられる（エレミヤ書15章19節参照[37]）。

次に、藤田における「召命」について考えてみると、第3節で述べたように、彼は仙台集会解散問題で二宮健策と対立・絶交し、そのために矢内原とも対立し（1942年）、その後、大阪における黒崎集会との関係で藤田は矢内原とも黒崎とも対立した（43～44年）。こうして矢内原との関係が断絶し、彼は孤立してヨブのようにただ神に訴え続けた（その42年～45年の時期に彼は何も原稿を書いておらず著作集は空白である）。

この苦しい孤立の体験によって彼は矢内原の思想的支配から自由になり、彼独自の生涯の課題、即ち「職場問題」の研究へと導かれ、47年6月に西南学院に転職して研究者となった。それが藤田の召命の体験であったこと、そこへ至る契機として安井富士三との出会いがあったことは既に述べた通りである[38]。

---

[36] 『著作集』第3巻256頁。
[37] 大河原礼三『エレミヤ書の探求』（星雲社、2015）39頁参照。
[38] 本書16頁参照。

聖書には「回心」という言葉はない。使徒言行録には「パウロの回心」の物語が3回も書かれているが（9、22、26章）、パウロ自身はその物語を書いていない。福音書のイエスにも回心はない。藤田はマルコ1章11節でイエスが「あなたはわたしの愛する子、わたしの心に適う者」という神の言葉を聞いた時がイエスの回心であると見ているが、それは回心ではなく神がイエスを「愛子」として認定した言葉である[39]。

一方、「召命」は旧約聖書では特に預言者における著しい出来事として語られている（出エジプト記3章、イザヤ書6章、エレミヤ書1章、エゼキエル書1〜3章15節、アモス書7章15節など）。召命によって立てられた預言者は、時流に抗して使命預言を語り、迫害を受けた。新約聖書では黙示録17章14節に「小羊と共にいる者、召された者、選ばれた者、忠実な者たちもまた、勝利を収める」と書かれている。

上述のように、藤田における回心的な体験は旧約聖書のエレミヤにおける「神に帰る」という体験に近いが、そのことも彼の信仰の預言者的性格を示している。藤田の体験の中心は、神支配の中での召命であって、「罪の赦し」を中心とする無教会的・心情的な回心ではなかった。なお、ボンヘッファーは回心という言葉を好まなかった。無教会では石原兵永と黒崎幸吉が「回心」についての本を書いている。

12　藤田若雄と友人たちとの関係

（1）渡部美代治（1907〜2001年）は1933年3月の矢内原の講演「悲哀の人」を聴いて野津樸と共に矢内原に集会を始めることを希望し、それによって矢内原の自宅で聖書集会が始められた。翌34年5月に藤田がその集会に入会し、彼は渡部の家に住んだ時期もあり、両人は親しい友人となった。著作集別巻に記録されている藤田の書簡の数は渡部あてのものが83通で最も多い。渡部は藤田が心を打ち明けて語ることのできる信頼する友人であったのである。1939年5月に藤田は仙台へ転勤し、5月14日に矢内原の仲介と司式で婚約したが、6月に渡部（東京）への手紙で、藤田が東京の職場で出会っていた女性への思いを書き、「人間として僕は血まみれで歩きます」と苦しみを告白している。1950年3月に藤田は渡部（鳥取県）への手紙に「戦

---

[39] 詩編2編7節，イザヤ42章1節参照。

前戦争中、あれほど勇敢に軍部と闘った先生も今日では労働運動は大そうきらっていられ、学内においては弾圧の急先鋒です」と書いている。渡部は鳥取県出身の人形製造者であった。渡部の息子・恵一郎は藤田聖書研究会のメンバーになった。

（2）秋山宗三（1916〜1942年）は1937年6月から矢内原集会に出席（当時、東京帝大法学部学生）、39年4月に三菱鉱業に就職、40年4月頃仙台第二師団に入隊、41年東京陸軍経理学校入校、同年11月陸軍少尉に任官、42年ジャバに派遣され、42年10月25日南太平洋ガダルカナル島で戦死した（26歳）。

秋山は信仰と軍隊の矛盾に悩み、それを仙台で藤田に語り、彼らは親しく交際していた。秋山は幹部候補生になることを当初辞退し、そのために要注意人物と見做され、日記を書かされて思想を調査された。日記の内容が重苦しいのはそのためである。

藤田は自分も直面した戦争問題を秋山が背負って戦死したことを考え、彼の日記を矢内原の手を通じて秋山の両親から借用して抜粋転写し、その清書原稿を矢内原に預けた。藤田は1973年に矢内原未亡人から前記原稿をもらい受け、同年タイプ印刷の形で秋山宗三『軍隊日記』として刊行した（非売品）。藤田は秋山を兵役問題で苦しんだ批判的兵士として位置づけて「軍隊日記」の解説を書いている[40]。

（3）坂井基始良（きしろう）（1912〜1976年）は藤田と同じ年に同じ北海道で生まれ、東京高校時代に左翼運動に参加して中退、早稲田大学経済学部卒業、1941年に矢内原集会に入会、46〜58年北海道新聞社に勤め、北海道新聞労働組合執行委員長などとして活動、60年に矢内原集会で『東京独立新聞』編集・発

---

[40]『著作集』第3巻104頁以下。

行(藤田と協同)、個人通信『新生』発行、62〜65 年『矢内原忠雄全集』全 29 巻の編集に専念し、65 年公開聖書研究会を開き、66 年に脊椎小脳変性症と診断され、口、手、足が不自由になり、闘病の後、76 年 2 月 10 日に逝去した。

　藤田は『矢内原全集』の編集・発行を成し遂げた坂井に感謝し、その難病に心を痛め、66 年に坂井の『第二次・新生』刊行を励まし、68 年 10 月に坂井と共に講演会を行ない、坂井は「明治 20 年と戦後 20 年」と題して不自由な言葉で講演をした。藤田の演題は「百年目の混迷の中から」であった。70 年に藤田は『坂井基始良著作集』全 3 巻を坂井集会の人々が刊行するのを助けた。そのことは「男の友情」と評された。坂井の告別式で藤田は式辞を述べた[41]。

13　藤田若雄における「小」の思想

　藤田は戦死した友人・秋山宗三の「軍隊日記」を戦後 28 年経って編集・発表し、その意義を考えようと呼びかけた。藤田は難病に苦しむ友人・坂井基始良のために自分ができることを実行して彼を力づけた。藤田は一人の(或いは少数の)同志のために心を傾けて尽力した人であった。藤田は「小なる端緒小ならず」という内村鑑三『愛吟』の言葉を好み、一粒の「からし種」が大きな木になることを信じていた。

　聖書の根源にある「選び」の思想は、いわゆる「選民思想」ではない。神ヤハウェは権力的で強大な民族(王国)を選ばず、非権力的で貧弱な一つの民を選び、その民に自らを顕わして「ヤハウェの民」にしたのである(申命記 7 章 7 節参照)。ヤハウェは「小を選ぶ神」である。そのようにして選ばれた小さい民が反王国思想・人権思想を生み出したのである。イエスも、権力者や宗教者から排除されていた「徴税人・罪人」を選んで食事を共にした(マルコ 2 章 16〜17 節)。マタイ 25 章 40 節の「この最も小さい者の一人にしたのは、わたし(＝イエス)にしてくれたことなのである」というイエスの言葉は、イエスが「最も小さい者」と連帯していたことを示している。藤田は『東京通信』第 47 号に「一人の人をも大切に」を書き、第 114 号に「一人のために」を書いている。

---

[41] 『東京通信』第 162 号。

藤田は、三池労組の闘いで第一組合が長期抵抗路線の中で「五人組」を形成して戦い、労働者の夫婦が助け合って抵抗を持続し、その生き方によって人間らしい誇りをもつようになったことを高く評価していた。そのような人間の尊厳と人権の自覚を生み出した第一組合の「五人組」の思想が藤田の誓約集団論につながっていると考えられる。藤田は「二人、三人がイエスの名によって集まるところにイエスがいる」という聖書の言葉（マタイ 18 章 20 節）をしばしば語ったが、この言葉は単に人数の少なさを語っているのではなく、イエスの名によって集まっているために迫害されている少数者を励ます言葉であろう。

　藤田は自分が出会った小さい問題から出発して大きいテーマへと導かれて行った。彼は最初の職場である産業組合中央金庫で給仕さんのための「学校」を作り、そのために仙台へ転勤させられ、その後もいくつかの職場で様々な体験をしたが、それらの体験に基づいて彼は「職場問題」を研究するようになった。彼は「一つの会社を具体的に追究することによって一つの産業へ、一つの産業をマスターすることによって日本資本主義を研究する」という学問形成の道を進み、そのような進み方を若い人々に期待した（『東京通信』第 7 号）。また、彼は 1934 年に塚本虎二の講演を聴いて塚本と矢内原の差異に注目し、長い間、その関心をもち続けて無教会二代目の共同研究に至った。また、藤田は矢内原との緊張関係の中で自己の固有の課題を自覚して行った。一つの体験から出発し、考え続け、問題を掘り下げ、展開して行くことによって藤田は新しい道を切り拓いて行った。

　藤田の生涯と探究は「小」（ミクロス）の重要性を示している。それは現代世界の「巨大化」に抗する思想にもなり、「小日本主義」の思想、「神は小を選ぶ」「神は細部に宿る」「スモール・イズ・ビューティフル」の思想とつながっている。藤田は、現代の管理社会化状況（鋼鉄の外枠）において、人間の回復を求める人々の「自発的な小集団」が重要であることを力説した[42]。それが藤田の「誓約集団」の中心的な思想である[43]。

---

[42] 『労働問題入門』（ダイヤモンド社, 1975）32, 56 頁。
[43] 『革新の原点とはなにか』（三一書房, 1970）15〜16 頁。

14　二つの時期[44]の社会的課題

　藤田の労働運動の捉え方は、年功的労使関係の崩壊が始まる 1964 年頃を境として変化した。

　年功的労使関係のもとでは、「同一労働同一賃金」の原則に反して、賃金が年令別や勤続年数別・男女別に決定され、昇進も学歴別に決定される。年功体制は、労働者が労働生涯の前半には支給されるべき賃金の一部を会社・官庁に預けておき、後半になってからそれを支給されるという仕組みであるから、中途退職者・中途採用者にとっては不利益であり、それが退職金にも影響するので、労働者は定年退職するまで同じ職場に勤めることになり、会社・官庁を越えて横断的に移動する自由を持たず、会社・官庁に忠誠を尽して優遇される生き方を選ぶようになる。こうして年功序列は終身雇用・企業別労働組合と結びつき、それらが三位一体となって家族主義的・半封建的・前近代的な日本社会を深部から支え、労働者を半ば奴隷化しているのである。

　藤田若雄は「法社会学者が『(天皇を頂点とした)日本社会の家族的構成』と呼んでいるものを労働問題研究者は『年功的労使関係』と呼んでいる」と説明し、労働者の下からの運動によって年功序列を廃止することを目指して年功体制との戦いに集中的に取り組んだ。「年功的労使関係」とか「年功制度」という言葉は藤田の造語である。なお、年功制・終身雇用制は天皇制と同じく家産官僚制[45]であり、そのことを湯浅赳男は『天皇制の比較史的研究』(三一書房,1978 年) 54 頁以下において藤田の学説を引用しつつ明らかにしている。

　藤田の著書の中には『日本労働協約論』など「協約」という言葉を含む著書が五冊もある。藤田は「協約闘争の藤田」と言われていた。藤田は聖書から契約思想を学んで労働協約を主張し、それによって年功的労使関係—労働者を縛る近代天皇制—と戦ったのである。

　1964 年の資本自由化によって年功制度は崩壊期に入り、それは下からの

---

[44] 本書 91, 160 頁。
[45] ウェーバーの官僚制の分析理論によれば、官僚制には家産官僚制と近代官僚制とがある。家産官僚制は前近代的、封建制的身分制社会で形成されるものであり、近代社会において形成されるのが近代官僚制である。官僚制ではどちらも合理性が支配するが、近代官僚制のもとでは「形式的」合理性のみが支配する。

主体的な運動による変革ではなく外圧による変化であったが、前近代的・特殊日本的な年功制度が崩壊し始めたことを藤田は認識し、70年3月の講演で「特殊日本的社会は音をたてて崩壊しつつある」と言い[46]、72年の「（戸塚）聞き取り」（第1部に収録）で「もう近代化を完成したというべきかとも思ったりしています」と言った[47]。そして藤田は日本社会に先進国の近代に共通する諸問題が起きていることを指摘し、それらを「近代化現象」と呼んだ[48]。

藤田が取り上げた「近代化現象」は、専門化、巨大化、官僚化、附従契約関係、交通戦争、公害問題、人間疎外、大衆社会化、管理社会化、であった。それらについての藤田の説明を概観しておこう。

> 「戦時中の軍の思想統制に対し、繁栄下の今日は、管理社会化・交通戦争・公害問題等々、人間の営みそれ自体が人間を圧迫し死に追いやる形で迫ってきている。」[49]

現代は「専門化」が進み、各人が専門領域に埋没して全体についての判断力を失い「専門バカ」に陥っている。ウェーバーが言った「精神のない専門人」の問題である。われわれは「専門領域を出て総体としての立場に立つ」ことが必要である[50]。そのためには学際的な研究によって総合化することが必要であり、「労働組合運動は平和学の上に立て」と藤田は書いている[51]。

「巨大化」について藤田は大学の巨大化と取り組んだ[52]。

「官僚化」については71年『東京通信』第101, 105号、75年『労働問題入門』30頁などに説明されている。

「管理社会」という言葉を藤田が最初に使ったのは71年1月『東京通信』第100号においてである。藤田は「管理社会においては国家が国民の生活の隅々まで介入するようになる」と言っていたが、そのことは藤田以後、盗聴法、国民総背番号制などとして起きている。

「附従契約」は、ガス・水道・電気・ＮＨＫ視聴料など、個々人の自由な契約でなく、一方がすべての契約条件を決め、他方はこれに従うしかない契

---

[46] 『東京通信』第91号。
[47] 本書94頁。
[48] 『東京通信』第101号。
[49] 『東京通信』第126号。
[50] 『東京通信』第145号。
[51] 『総評新聞』1975年および『東京通信』第158号。
[52] 『東京通信』第145号「ICUの問題」。

約であり、それは労働の非人間化と関連する一連の非人間化現象である、と藤田は書いている[53]。

労働における「人間疎外」については、藤田はすでに1961年の講演「『活ける事実』と『選びの絶対性』」においてパッペンハイム『近代人の疎外』を挙げて述べている[54]。75年『労働問題入門』29頁以下に「労働疎外と管理社会化」が書かれている。

「大衆社会」について藤田が定義したり論じている箇所は見当たらない。この用語は多様に理解されているが、二、三の事典の説明を要約すれば、「大衆社会」とは、資本主義が独占段階に移行するのに伴って、マスコミ等を通じてパワーエリート（政界・財界・軍の上層部）が大衆を操作し、機械化や官僚化が進み、大量生産・大量販売、大量消費が行われて生活様式や思考が画一化され、人間の主体性が失われる状況を指す。それはファシズムの温床になりやすい。大塚久雄が「敵の正体が見えにくく、空を撃つような状況」と言ったのは、大衆社会化状況なのであろう。

藤田は明治100年にあたる1968年を、家族主義的・年功序列的な古い日本社会から近代的な新しい社会への転換を象徴する年と考え、古い家族主義的・丸抱え的な労働組合や無教会集団が新しい集団に転換すべき時であると主張し、新しい集団を「誓約集団」と名づけた（1968年）。そして藤田は70年代になってから「近代化現象」について語り始めたが、それは無教会三代目の藤田にとっては中心的な課題ではなく、藤田はそれを主として四代目の課題として位置づけていた[55]。70年頃までの藤田の課題は年功体制との戦いであったが、71年頃からの藤田の主要な課題は「無教会二代目の戦争責任」の研究と、それに関連する自己総括と無教会主義の研究であり、「近代化現象」については問題を指摘したが、その中の「大衆社会」については殆ど語っておらず、また、「公害問題」を挙げているが「自然破壊」を問題にしていない。それらは主として藤田以後の四代目世代の課題となった。

15　誓約集団に関して

藤田は「戸塚聞き取り」（本書の第1部93頁）において「世間に対し『誓

---

[53] 『東京通信』第144号，『労働問題入門』54頁。
[54] 『著作集』第1巻155頁以下。
[55] 『東京通信』第138, 140号。

約集団』という用語を使うのは「原点なき革新」という小論を『展望』43 年 2 月号に書いたとき——42 年暮ですね」と言っている（註：ここで「43 年」は西暦 1968 年である）。

しかし 1968 年『展望』2 月号掲載の「原点なき革新」には「誓約集団」という言葉は書かれておらず、2 年後の藤田著『革新の原点とはなにか』（三一書房, 1970 年）に収録されたとき、原文では「自発的集団」と書かれていた箇所が「自発的誓約集団」に書き変えられているのである。藤田はその関係を正確に覚えておらず、最初から「誓約集団」と書いたと思い込んでいたか、或いは両者は趣旨が同じであるから「誓約集団」という用語で代表させて語ったのであろう。

それでは、「誓約集団」という言葉を藤田は最初に何時、どこに書いたのであろうか。それは、1968 年 2 月号『東京通信』第 65 号 3～4 頁であり、その翌月（3 月）の第 66 号 4 頁には「Sekte」と書かれている。藤田自身の「用語解説」[56]によれば、藤田は自分が構想している集団をどのような用語で呼ぶか思いめぐらしていた時期があり、それは恐らく『展望』原稿を書いた 67 年 12 月頃から 68 年 3 月頃までの時期であったのではないだろうか。

その後、68 年では『東京通信』6 月号, 11 月号, 12 月号, および 12 月『東大新聞』、『経済評論』などに藤田は「誓約集団」という用語を書き、69 年には『東京通信』及びそれ以外の原稿（例えば『現代の眼』『情況』など）にもその用語を多く書き、それらの論文の中から数篇が 70 年『革新の原点とはなにか』に収録されているのである。

藤田の「誓約集団」という言葉が 1968 年の『展望』原稿では「自発的集団」と書かれていたことは、「自発的」であることが「誓約集団」の特質であることを示している。藤田は、従業員丸抱え組合のように周囲の力によって強制されて加入する「強制団体」（アンシタルト）ではなく、個人の意志によって自発的に加入する「自発的集団」（フェライン）が重要であることを力説している。時流に流されない主体的な生き方を重んじた藤田の精神が、ここにもよく表われている。

日本において個人参加の運動は、60 年安保のとき鶴見俊輔たちが「誰でも入れる声なき声の会」を提起したことが始まりであると言われており、それは 65 年からの「ベ平連運動」に引き継がれ、80 年代に「市民の意見 30 の

---

[56]『東京通信』第 106 号。本書 48 頁以下。

会」が生れ、意見広告運動が現在も続いている（『強者の政治から弱者の政治へ』第三書館、1990年、参照）。このような市民運動における思想と労働運動における藤田の誓約集団の思想は、共に 1960 年代に始まった画期的な意味をもつ思想である。労働運動においては藤田以後、総評時代の終わり頃から個人加盟の組合ユニオンの運動が始まっている。個人の主体性に基づく根源的な運動は、市民運動においても労働運動においても極めて重要である。

　キリスト教も、誓約集団（＝主体的集団）の提起を受けとめて、地域丸抱え的或いは同窓会的にではなく、各個人の主体的な選択・決断によって集団を形成することが課題である。個人の主体性を喚起する神学が求められている。

　藤田は「聞き取り・キリスト教社会思想の探究」（本書の第 2 部）で、無教会キリスト者の誓約集団形成は「一世紀でできなければ二世紀かければいい」と語っている（本書 182 頁）。おそらく藤田は誓約集団形成には社会思想だけでなく、それを生み出し支える内面的・原理的な信仰の論理（いわば神学）の把握が必要であると考え（その一つの仮説として藤田は「回心と召命」という視点を考えていたが）、そのような「内面化」が藤田の最晩年の課題であった[57]。藤田は無教会キリスト教におけるそのような長期的な課題を考えていたのであろう。

16　「職場で十字架を負う」

　「わたしについて来たい者は、自分を捨て、自分の十字架を背負って、わたしに従いなさい」とイエスは弟子たちに言った（マタイ 16 章 24 節）。藤田はこれに従って自らの立場を「職場で十字架を負う」とした。

　矢内原忠雄は平和論のために大学辞職という十字架を負ったが、藤田は言論人として戦う立場に立っておらず、矢内原より低い普通の職場で生きる者の立場で十字架を負うことが自分の戦いであることを自覚したのである。また、同世代の人々が戦場で十字架を負っているのに対して、結核既往症のため兵役を免除された藤田は自分が十字架を負うべき場は職場であると考えたのである、と藤田は言った。

　藤田は産業組合中央金庫の職場で「給仕さん学校」を作り、また産青連の

---

[57] 『東京通信』第 169, 170 号など。

運動に関わって特高警察に追及され、転勤を重ね、自由を奪われ、職場では「サナギになる」「貝になる」という状態になり、家に帰ると生き返って『資本論』を読み、新約聖書をギリシャ語で読むためのギリシャ語の勉強をした。

敗戦直後の解放された時期に藤田は住友鉱業唐津鉱業所の職員組合の委員長となって奮闘し、職員組合と鉱員組合との関係にも尽力した。藤田は、同じ労働者でありながら職種や身分の相違のために連帯できず対立や争いが起きることを克服するために努力した。藤田は労使関係だけでなく労労関係とも取り組んで職場で重荷を負ったのである。後に、藤田は大学紛争のとき、学生同志が立場の違いのために激突することを心配して石田雄など教官有志と共に「流血回避」「非暴力連帯」の座り込み行動を行なった[58]。

藤田は矢内原没後、「我々は、日本の社会機構の中で、具体的現実的な仕事に従事している。その中で、真理を具体的に適用しなければ十字架を信じているとは言えないのだ」[59]と言い、新たに発足させた藤田若雄聖書研究会においても、「職場では何も良いことは出来ない」と言って、若手グループ「アンテオケ会」に職場問題研究の指導をした。

職場で人権を抑圧する経営者に忠誠を誓う労働者と、反逆し冷遇されて怨念（ニーチェの言うルサンチマン）を軸に結集（あるいは孤立化）する労働者とが対抗しているとき、藤田は、この怨念を超越することを「焼き切る」と言い「職場で十字架を負う」と表現した。その方法として、各自の職場の経験を帰納法的に整理して捉え直すことを藤田は提唱した。

藤田は1949〜73年、東大社研に勤めたが、1968年までの20年間は専任講師（三等級）とされていた。それは藤田が中途採用者であることのためでもあるが、数々の目覚ましい調査・研究を行ないながら、長期間昇進ルートから外されて差別されていた藤田の姿は、まさに「職場で十字架を負う者」であった。

藤田が1973年から勤めた国際基督教大学では長い間、教授会内部の対立が続いており、藤田は長時間の会議と難問題に耐えて尽力し、病気が早期発見されず64歳で逝去した（当時の日本人男子の平均寿命は72歳であった）。職場問題の解決にすぐれている藤田を招聘して問題を解決させようとしたとすれば、そこに問題があったのではないだろうか。

藤田はしばしば「体制の外へ出ること」が大切であると言った。それには、

---

[58] 『東京通信』第75号。
[59] 『東京通信』第3号。

二つの場合があり、一つは不敬事件後の内村鑑三や矢内原事件後の矢内原忠雄のように「体ごと体制の外へ出る」場合であり、もう一つは「身は体制の中にあっても、体制の誉の外に心を置くものである」と藤田は言い、後者を「職場で十字架を負うと呼んできた」と藤田は書いている[60]。

1966 年の矢内原記念講演で藤田は大学卒で職業に生き甲斐を感じている人々に向かって「諸君は、職場から距離をとり、余暇時間に聖書を読んで構想力を新しくせよ」と語った[61]。藤田は 1973 年の書簡に「企業内で何も良きことはできません。企業の中で出世することは戦時中の産業報国会の役員になることと同じことです」と書いている。

藤田は「職場で十字架を負う」を「職場で重荷を負う」と言ったこともあり、それはピューリタンの「職業＝天職」論とは異なる立場であり、職業・職場に対する社会科学的な批判（真理の具体的適用）の思想であった[62]。

藤田若雄『革新の原点とはなにか』（三一書房, 1970 年）
　　　　に寄せられた清水一（労働問題研究家）の言葉

　もう十数年も前のことになるだろうか、「日本の労働運動の出発も、資本主義擁護運動だった」という意味を、藤田さんがある座談会で発言しているのを読んでギクリとさせられたことを覚えている。もちろん「平和と民主主義」信仰篤かりし時代だった。以来数多い藤田論文は、長かった私の労農記者生活にとっても欠かせない糧となった。ときどきお目にかかる座談会での藤田さんは、さり気ない朴とつな語り口で、重く鋭い視点をひらめかせる。ある学閥と癒着したセクトの、テーゼに合わせる解釈論議から、自由で独自であったということ、その意味で孤高に耐えてきたということは、キリスト者矢内原学風をうけついだシンのたしかさによるものだろうか。
　いま、藤田さんの"誓約集団論"が、青年労働者の活動家層に反響をよんでいる。退廃と右傾化の根源を探りつづけてきた藤田運動論の帰結点として偶然ではないだろう。

---

[60] 『東京通信』第 123 号。
[61] 藤田・大塚『混迷と頽廃のなかから』（みすず書房, 1967）70 頁。
[62] 『著作集』第 3 巻 86 頁「何故職場問題をとりあげたか」参照。

用語解説

1　内村鑑三

　内村鑑三（うちむら・かんぞう、1861〜1930）。明治・大正期のキリスト教の代表的指導者。高崎藩士内村金之丞の長男。札幌農学校・アマスト大学卒業、ハートフォード神学校中退。1891年第一高等中学校講師の時、信仰上の立場から教育勅語に対する敬礼を拒否して「不敬事件」を起こし免職となる。1893年、井上哲次郎と「教育と宗教の衝突」論争。この頃から著作活動に入り、93年『基督信徒の慰め』、『求安録』、95年『余は如何にして基督信徒となりし乎』などを著わす。94年、日清戦争に際して義戦論を唱えたが戦後それを自己批判。97年『万朝報』に招かれ、1900年『聖書之研究』創刊、01年足尾銅山鉱毒事件に関し、「鉱毒地巡礼記」を同紙に連載し、その実態を世間に訴えた。社会改良をめざして社内の有志と「理想団」をつくる。03年日露戦争開戦にあたり、幸徳秋水・堺利彦らと非戦論を主張して退社。以後、自宅で活発な聖書研究会を開き、伝道・研究・著述生活に入る。特定の教派・神学を持たず、聖書に基づいて「無教会主義」を唱え、学問的聖書研究と武士道的エートスに基づいて、まれにみる強烈な福音主義的思想を形成し、一部知識人に深い影響を与えた。その門下に藤井武・塚本虎二・矢内原忠雄・三谷隆正らがいる。1918〜19年、中田重治・木村清松と再臨運動を起こし、社会的関心や行動は後退した。1980〜84年版『内村鑑三全集』全40巻が岩波書店から刊行されている。

　　　　　　（主として三省堂『コンサイス日本人名事典』1990年による）

2 　矢内原忠雄

　矢内原忠雄（やないはら・ただお、1893〜1961年）。愛媛県出身、大正・昭和期のキリスト者・自由主義者・経済学者。一高時代から内村鑑三・新渡戸稲造に私淑し、信仰上・思想上大きな影響を受けた。東大卒業後、住友別子鉱山に勤めたあと、1920年に東大助教授となる。23年教授となり、植民政策を講義した。33年から自宅で聖書集会を始める。37年『中央公論』に発表した「国家の理想」が反戦思想として民間右翼・軍部・大学内の右翼教授らの攻撃の的となり、その年12月に辞職（矢内原事件）。38年から個人雑誌『嘉信』を毎月発行、日曜集会で聖書を講義し土曜学校でダンテ・ミルトンなどを講義、信仰を通じて若い人々に平和と真理を説き続けた。敗戦後、45年東大に復帰、47年経済学博士、東大社会科学研究所の設立に努力してその初代所長となる。その後、経済学部長・教養学部長をへて、51年南原繁のあとを継いで総長に就任、任期中52年東大ポポロ事件の際に警察に対し毅然たる態度を示し、激動期の大学の自治と学問の自由を守るために尽力した。キリスト教の信仰に基づく硬骨の人として57年に総長の任期を終えて退官。60年に安保反対の講演をして61年に逝去。名著『帝国主義下の台湾』（29年）はロシア語などに翻訳されて世界で広く読まれ、その他『帝国主義研究』『イエス伝』『余の尊敬する人物』などの著書がある。没後、『矢内原忠雄全集』（全29巻，岩波書店）が刊行された。

　　　　　（主として三省堂『コンサイス日本人名事典』1990年による）

3 　無教会主義

　無教会主義は内村鑑三によって提唱された日本に独特なキリスト教信仰（プロテスタント）の在り方である。

　内村は不敬事件（1891年）によって職を失い、「国賊」として日本国中で迫害され、教会からも遠ざけられ、「余は無教会となりたり」と『基督信徒のなぐさめ』（1893年）に書いている。その体験に基づいて彼は教会のない者たちの交流の場を作ろうと考え、1901〜02年に雑誌『無教会』を発行し、1900〜1930年に『聖書之研究』を発行し、日曜集会に集まる人々に聖書を講義した。

　1909〜1911年の時期に第一高等学校・東京帝国大学の学生たちが内村門

下に入って「柏会」「白雨会」が形成され、彼らの中から内村の信仰を継承する者が輩出し、その人々が内村逝去（1930年）後に無教会二代目のリーダーになったので、無教会は主として学歴エリート層の集団になり、学者・著名人を生み出した。内村および二代目・三代目の主なリーダーの氏名・年代は次項の通りであり、内村に学んだ矢内原忠雄は二代目、矢内原に学んだ藤田若雄は三代目である。

　無教会は「日本的キリスト教」を主張し、また、教会がなく神学がないので、「先生」（リーダー）の比重が大きく、先生の権威が重んじられて先生に対する人物崇拝的な感情が支配し、また、信仰の依り処として聖書と簡単な教義（贖罪・復活・再臨）が重んじられ、日曜集会では先生による聖書講義が行なわれ、先生は定期的に聖書講解雑誌（伝道誌）を発行し、文書による伝道と集団形成（いわゆる「紙上の教会」）が行なわれた。そのような無教会は「高級知識人」中心の集団となり、日本社会の学歴別年功秩序を支える役割を果たし、社会を変革する働きをすることはなかった。

　二代目のリーダーには世俗の職業から退いて聖書研究と福音宣教に専念する人々—彼らは「独立伝道者」と呼ばれた—が15人ほどもいたが、三代目になると「独立伝道は経済的に成り立たない」と考えられ、殆どすべてのリーダーが世俗の職業に従事しながら伝道と聖書研究をするようになった（それは二代目の政池仁によって「片手間伝道」として批判された）。その場合、会社や官庁に勤めていると時間の余裕が乏しいから聖書を研究して集会のリーダーとなることが困難であるが、大学教員は時間の余裕を作ることができ、世間からも高く評価されるから、無教会には大学教員になって集会のリーダーとなる傾向があり、その事情のためにも無教会は高級知識人集団になっている。労働者の側に立っていた藤田若雄は、高級インテリ化した無教会に対して批判的であった。

4　無教会主義キリスト教の系譜

内村鑑三　（1861～1930）
畔上賢造　（1884～1938）早稲田大卒, 1911独立伝道（千葉中学を辞職）、
　　　　　　1919内村の助手
塚本虎二　（1885～1973）東京帝大卒、1919農商務省を辞職、1923伝道開始・
　　　　　　内村の助手

用語解説

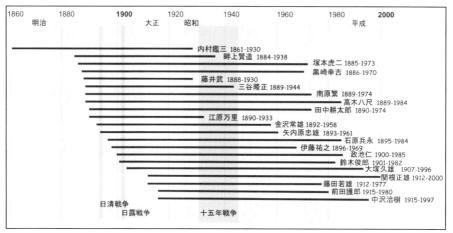

無教会主義キリスト教の系譜（編者原図）

黒崎幸吉	（1886〜1970）	東京帝大卒、1921住友総本店を辞職・内村の助手
藤井武	（1888〜1930）	東京帝大卒、1915山形県理事官を辞職・内村の助手
三谷隆正	（1889〜1944）	東京帝大卒、第一高等学校教授
南原繁	（1889〜1974）	東京帝大卒、1921官庁から東京帝大に、1945東京帝大総長
高木八尺	（1889〜1984）	東京帝大卒、1918東京帝大教授、政治学者
田中耕太郎	（1890〜1974）	東京帝大卒、1917母校助教授、1923教授、1926カトリックに、1950最高裁長官、1960文化勲章（商法・法哲学）
江原万里	（1890〜1933）	東京帝大卒、1921住友総本店から東京帝大に
金沢常雄	（1892〜1958）	東京帝大卒、1923神奈川県庁を辞職・内村の助手
矢内原忠雄	（1893〜1961）	東京帝大卒、1920住友総本店から東京帝大に、1937矢内原筆禍事件、1951東大総長
石原兵永	（1895〜1984）	青山師範卒、1931独立伝道
伊藤祐之	（1896〜1969）	京大卒、西南学院大学教授、1933独立伝道、再び西南学院大学教授
政池仁	（1900〜1985）	東大卒、1933静岡高校辞職、独立伝道
鈴木俊郎	（1901〜1982）	慶応大卒、十字屋社長など、執筆活動
大塚久雄	（1907〜1996）	東大卒、東大教授、西洋経済史学、1992文化勲章

47

関根正雄　　（1912〜2000）東大卒、旧約聖書学、東京教育大学教授、聖書集会主宰、月刊誌発行
藤田若雄　　（1912〜1977）東大卒、産業組合中央金庫、住友鉱業、西南学院、東大教授、労働法学、聖書集会主宰、月刊誌発行
前田護郎　　（1915〜1980）新約聖書学、東大教授、聖書集会主宰、月刊誌発行
中沢洽樹　　（1915〜1997）東大卒、旧約聖書学、立教大学教授

5　「ゼクテとキルヘ」

　マックス・ウェーバーによれば宗教的集団には二つの基本的な類型、ゼクテ（Sekte, 信団、教派）とキルヘ（Kirche、教会）、がある。ゼクテは宗教的な有資格者の自発的な決断と相互の契約に基づく「目的結社」的な集団であり、芸術やスポーツなどの同好会・愛好会的な世俗組織（フェライン＝Verein＝協会）と類似するのに対して、キルヘは普遍主義的な「恩恵」の機関であり、アンシュタルト＝Anstalt、すなわち一定の標徴（出生、居住、一定の施設の使用）に該当する各人に対して、強制された秩序（例えば国家）の宗教的形態である。

　歴史上ゼクテ的な組織が社会変革を担った例がある。エジプトを脱出してパレスチナに地歩を得た古代イスラエルの誓約連合、近代初期の宗教改革によって生じたピューリタンの様々なゼクテが、基本的人権、とくに「良心の自由」の確立、血縁原理からの解放・伝統主義の克服、市民革命を担ったこと、社会主義的ゼクテがレーニンの率いるボルシェヴィキ運動（ロシア革命）へと展開したこと、などである。藤田若雄は、労働組合運動に於いて丸抱え集団である従業員組合の行き詰まりなどを切り開く「ゼクテ」すなわち個人が自立的に加入を決断（契約）して結成される集団として、「誓約集団」を提唱した。

6　藤田若雄「用語解説・誓約集団について」[1]

「誓約集団と言う語も、私の用語のように言われている。しかし、これほど

---

[1] 『東京通信』第 106 号（1971 年 7 月）に掲載された文章。文中の「無教会が押しも押されもせぬ社会的勢力となった」は矢内原の言葉を承けている（『全集』第 17 巻 346 頁「内村鑑三死後 20 年」）。藤田は『東京通信』第 103 号 1 頁でもこの言葉を引用している。

理解されずに使用されたり、反対されている用語はないであろう。私の用語で抵抗なく普及したのは、年功的労使関係とか年功制度である。昭和34年刊行の大河内・氏原・藤田『労働組合の構造と機能』（東大出版会）の序章を私が執筆し、日本の労使関係の歴史を粗描し、これを年功制度として特徴づけた。当時、アベグレンの『日本の経営』という書物が刊行され、その中で日本の労使関係の特殊性を指摘し、これを終身雇用とした。わが国の人々は何事も外国人の言うことをよく信用するためであろうか、終身雇用という語が流行しかけていたところであった。そこへ、終身雇用（定年まで勤めること）を含めてもっと全体的に日本の労使関係を特徴づけた用語として年功制度が登場したためであろうか、この語は、瞬く間に普及し、昨日まで反対していた人が産まれる前から使っていたと言わんばかりの顔で使っている。

　年功制度という語が普及したのに反し、誓約集団という語は評判が悪い。それは、おそらく年功制度というのは我々の間に日常化している労使の関係を概念化したものであるに反し、私が誓約集団という語に持たせようとする意味内容は、我々の日常の生活関係には極めて異質なためであろうと思う。

　私が誓約集団という語を使用し始めたのは、昭和42年以降の労働組合運動を分析したり論評した時である。昭和39年における転機が運動として現れるのは、42年以降であり、とりわけ、大学紛争を機会に出てきた全共闘や新左翼の人々の集団を理解するときに使用したのが始まりであろう。

　私の念頭には、昭和39年を転機とする労働運動の変化には、これまでの革新政党や労働組合の組織論自体を問い直さねばならぬ問題が含まれている、そのための基本的な概念としては、日本の革新政党や労働組合の集団としての性格を特徴づけてきた従業員組合だとか丸抱え組織といった集団性格に対してM・ウェーバーのいう Sekte（ウェーバー学者は適訳がないと言うので、原語で書いたりゼクテとカタカナで表現している）を用いることが重要であると考えた。

　さらばと言って、ウェーバーのことを知らない私がゼクテなどと書いたら笑止千万である。そこでイギリスの労働組合では、組合加入するときには、誓約の儀式をするということを物の本で読んだのを想起した。誓約の儀式は今日も行われているかどうか知らない。あるいはその当時の誓約儀式が形式的であったのかもしれない。しかしそういう儀式を生み出す基盤には、その集団の性格が強く働いていると考えられる。その本質は、成年に達した人間の自律的な決意によって組まれた集団であるということにある。この辺から

《誓約集団》という用語を用いることにした。

これは用語を作り出した事情であるが、意味内容はこの誓約集団という語で、M・ウェーバーが、『社会学の基礎概念』の中でVereinとAnstaltとを両極とする集団認識（宗教上ではSekteとKircheを両極とする）をなすときのVerein (Sekte)を含意しようとした。それは、先に述べた個人が自律的に加入を決断（契約）して結成される集団という意味内容と同質である。

幼児洗礼によりキリスト者となるというカトリック的方法に対し、成人の洗礼によるという成年の自律的決断を重視するプロテスタントの集団が最もその本質をよく示す。キリスト者に説明するためには、ピューリタンの事例をとって説明することは容易であり、その集団がいかなる働きをしたかは、大塚久雄先生の訳出によるウェーバーの『プロテスタンティズムの倫理と資本主義の精神』（岩波文庫）を読めばよくわかる。

英米の社会では、ピューリタン革命が市民革命として行われたから、社会関係が個人の自律的決断による集団を基盤として営まれている。その点を最もよく示すのがアメリカであるとM・ウェーバーは言う。アメリカはクラブによって社会関係が作り上げられている。アメリカ民主主義の社会的な基礎はこのクラブ内の民主的運営にあると。このクラブは宗教上のものではなくて、世俗のあらゆることを行う場合の集団であるが、その社会学的性質は、宗教上のゼクテと同質であり、ピューリタンが生み出したゼクテという集団形成の方法が、世俗のことを処理する集団形成の原理としてあらわれたものである。こういうことを世俗化現象という。

イギリスでも1800年前後の時期にTrade club同職クラブが現れた。これは、職業を同じくする者（例えば大工）のクラブ（今日の労働組合の前身）が生まれた。これが、中世的なギルドの性質を変革して近代的なゼクテ的集団に転化させた原点である。やはりイギリスででも世俗化現象があるのだ。これを起点として英米の労働組合ができている。

わが国の労働組合は、工場・事業場別の従業員組合（あるいは企業別組合）と言われる。それは、例えばA会社のP工場に勤めたとする。彼はA会社に就職するについては自律的決断をしたと言えるが、P工場に配属され、そこに結成されている労働組合（これはP工場の従業員のみで結成されている）に加入するのはもはや自律的決断などと言えるものではない。それはその工場に働く限り多くの人々が当然に加入することになっている慣習に従うというだけのことで、村の青年団がその村に居住する一定年齢の青年をもって組

織されるのと本質的には異ならない。個人の自律的決断が組織結成の要因になっていない。それはいわゆる丸抱え組織というものである。

　ところで、昭和39年を転換点として労働運動が変化しはじめ、わが国の年功制度は弛緩の度を強めてきた。しかし年功制度は、弛緩してきたが、もっと大きなゆるい形で再編成されようとしている。これを突き破る運動が誓約集団の形成ではないかというのが私の見とおしである。

　英米は、ピューリタン革命でゼクテの社会的基礎がおかれた。これに対して、共同体的なものが強く残ってきた欧州大陸やロシアならびに中国においては、むしろ近代に入っての社会主義革命党がゼクテとして結成され、このゼクテが原点となって他の世俗領域に誓約集団を産み出して行く。ドイツの労働組合がギルド的なものから脱するのは、社会主義革命政党を母体としてである。この方が、日本の労働組合（組合と政党を含む）の今後の問題を見るときの重要な仮説であろう。そのために、誓約集団という語で問題を提起しておくのである。この語を使用し始めた頃の論評をまとめたものが拙著『革新の原点とはなにか』（三一書房, 1970年）である。

　私はこのゼクテの精神を無教会の人々の集団の組み方を点検する照明として用いる必要があると思う。自己批判のないキリスト教は、悔い改めないキリスト者というのと同じく矛盾である。戦後無教会が押しも押されもせぬ社会的勢力となったとしても、むしろ社会的勢力になったからこそ、自己点検が必要なのではないか。点検の基準が誓約集団なのである。これこそが歴史を前に突き破って行く主の僕(しもべ)の存在である。」

1975年8月妙高夏季聖書講習会

内村鑑三と無教会キリスト教

　内村鑑三（1861～1930）が提唱した「無教会」と呼ばれるキリスト教は、制度的な教会堂や聖職者や儀式に依存せず、新約旧約聖書を教典とする点で伝統的なキリスト教を踏襲するものであった。赤江達也は、近著「『紙上の教会』と日本近代—無教会キリスト教の歴史社会学」（岩波書店, 2013年）において、その伝道の特徴として、師弟関係を一つの基盤としてキリスト教思想運動が形成されたこと、出版物による文書伝道が挙げられると述べている。

　初期内村は不敬事件、足尾銅山鉱毒事件への関わり、日露戦争非戦論などをとおしてこの世の罪の権力構造と対決したのであるが、晩年には内面的な信仰の世界に沈潜し社会的には後退したという指摘は多い。内村の門下から藤井武、塚本虎二、黒崎幸吉、畔上賢造、矢内原忠雄、江原万里、三谷隆正、金澤常雄、石原兵永、政池仁、などの伝道者を輩出したが、彼らの中には一高帝大の出身者が多くエリート官僚から職業的な伝道者へと転出し文筆によって生計を立てた者も少なくなかった。内村は無教会キリスト教を「教会の無いものの教会」と表現しているが、組織的に礼拝や聖書研究を行うのであるから、その教義内容は別としても、社会的に担う役割、とりわけ十五年戦争の時期に内村を継承した2代目の弟子達が果たした社会的機能は看過すべからざるものがあった。

　その内村の死去を契機として、日本帝国主義がアジアや太平洋諸国へと侵略を仕掛けた十五年戦争（1931～1945）の時期に、内村の弟子達はどのようなキリスト教を信じ何を考えていたのであろうか？　矢内原忠雄の門下生であった藤田若雄（1912～1977）はこの問題に1970年前後から門下生との共同研究を敢行した。藤田の師であった矢内原忠雄は、筆禍事件により1937年東京大学経済学部教授を追放され、戦後復権したのであるが、内村門下の他の多くの弟子達は戦時中、非戦の立場ではなく、日本の侵略戦争を鼓舞する論陣をはったことが明らかになった。研究は『内村鑑三を継承した人々』上下二巻として1977年に木鐸社から出版された。このような事実関係を記載するだけでも、無教会の内部から強い反発がおこり、藤田らの研究成果を完全に無視した「無教会60年史」を論ずる短文さえ見受けられる。前掲赤江著書においては、藤田を無教会の戦争責任追及者ととらえるよりは、むしろ組織論の立場から藤田の「誓約集団論」に注目している。「誓約集団」は藤田が、無教会の戦争責任を放置しえず、今後の無教会の有り様を決める重要概念として提唱したもので、両者は不可分の関係にあるが、別項で改めて論ずることとする。

第1部 〈回想〉藤田若雄先生に聞く
——その学問と信仰——

聞き手　戸塚秀夫
とき　1972年9月13日
初出　1973年3月『社会科学研究』第24巻第4号

1　はじめに

戸塚　藤田先生が還暦を迎えられましたので、先生の学術上の論文だけでなく宗教上の文章や随筆なども含めた文献目録をつくってみたのですが、その目録をみわたしてみて、本日は、次のような四つの柱に関してお話をうかがいたいと思います。第一に、社研の、いわゆる労働問題研究グループのなかでは、藤田先生は法律学の畠から長期にわたって実態調査に従事してこられた、おそらくただ一人の研究者として、かなり特異な位置を占めておられたのではないかと思います。そこで、その調査研究を通じて、法律学の分野から労働問題研究に提起された問題、また逆にそのなかで法律学自体の分野に提起された問題などについて、多少とも触れていただけないか、と思うのです。第二に、先生は、研究者としての生活を続けると同時に、無教会派のキリスト教信徒としての、宗教上の活動を熱心に続けてこられたので、その信徒としての先生の宗教上の情熱と、労働問題研究に注がれてきた情熱とが、どういうふうに関連しているか、それが先生の独得の軌跡をどのように形づくってきたか、ということに関してうかがいたいと思います。一般的にいうと、これは信仰と科学の関係にかかわることですけれども、そういう抽象的な次元の問題としてではなくて、先生御自身の場合に即してお話をうかがえ

ればと思います。第三に、先生は社研のスタッフのなかでは、やや特異な職業経歴を経ておられて、大学を卒業されてから、民間会社にほぼ10年ぐらい勤められ、その後、30を越して、この研究所に来られた。そこで、その在野時代に先生がどんな修業をされたか、その職業生活上の体験が、その後の先生の学問上の関心なり研究方法にどういう影響を及ぼしているか、という点について、この際うかがっておきたいと思います。第四に、先生ご自身がそれを意図されているかどうかは別として、先生の議論の多くは現実の日本の労働運動に直接的に実践的な影響を与えてきたのではないか。その運動とのかかわり方は、私どもの周辺の他の労働問題研究者とは、かなり異なるように思いますので、その点についてもできればうかがいたいと思います。だいたい以上の四つの柱に関してうかがいたいと思いますが、時間が限られていることもありますし、いままでに労働調査論研究会で、社研での実態調査については一応うかがっておりますので[1]、その部分の重複はなるべく避けて、本日はできれば第二と第三の柱を中心にお話をうかがいたいと思います。

2　キリスト教との出会い

戸塚　まず、先生が旧制高校に入られてからキリスト教に出会われる過程の問題と、学生時代に社会科学の上でどういう勉強をされたかということについて、自由にお話し願いたいと思います。

藤田　私が大阪高等学校の文科甲類[2]に入学したのは昭和5年です。中学は北海道庁立滝川中学校で、北海道から大阪へ行ったのです。昭和5年前後は不況のどん底で、大学卒業生の就職が4月現在で、50〜60％であり、ルンペンのなかに大学卒業生がはじめて出たという時代でありました。汽車で東京を経由して北海道から大阪へ行ったのですが、あの哀調をおびた枯れすすきという歌が流行していました。その中に出てくる「潮来出島のお月さま」の潮来とはこの辺のことかと思いながらいったのです。そういう時代を反映して、大学はもちろんですが、高等学校では学生運動がさかんでありました。

　私が入学した年、昭和5年の11月初め、大阪高等学校の寮祭記念日に、

---

[1] 労働調査論研究会『労働調査論研究会中間報告（其の二）』1968年7月非売品。
[2] 旧制高校のクラス分けの名称。文科と理科に2分し、更に履修する外国語の相違によってクラスを分けた。

寮の機関誌『帝陵』というのが配布され、これがプロ文学でみちていたので発禁処分をうけ、その直後にストライキがありました。記念祭の直後に、河合栄治郎先生が講演に来られて、「トーマス・ヒル・グリーンとジョン・スチュアート・ミル」という題で講演された。先生が帰ったとたんに講堂を占領してストライキが始まった。それは、『帝陵』発禁に関し、授業中編集責任者が連行されたのを生徒主事が黙認したのはけしからぬということと、学生の経営する消費組合を認めよということでした。そのストライキのかなり中心に今日中国問題で有名な竹内好さん（三年生）がいたようです。戦後岩手県の江刈村で農民解放をした中野清見さんもいた。いまの竹内さんは美事な禿頭ですが、そのころは漆黒の髪がふさふさとしていてたいへんするどい頭をしていました。竹内さんは私が入学した時、文甲の歓迎会で、ほかの人はスポーツをやれとか、遊べとか、いろいろ話をしていたが、今は意気と感激の高校生活などといっている時ではない、君達は社会をみなければいかん、と静かにいったのが今も印象に残っています。

　そういうことがあって、生徒主事との対立が強くなり、新入生の中に、子供扱いするな、われらも戦うという人が出たりして、大変でした。それから検束がはげしくなりました。私の一級上は半数ぐらいになり、結局軍事教練で小隊が組めなくなるという状態でした。結局、私は田舎から出てきて、呆然としておりましたが、竹内さんの一言がいちばん心に打ち込まれていました。それではひとつマルクス主義というものを研究してみようと思い定めたのが二年生の時の年の暮れです。年明けてからかかろうときめ、二学期—私の学校は三学期制—の期末試験にのぞみました。12月17日〜18日が休みで、19日から試験—に喀血した。当時結核は不治の病と考えられていたから、私は天地が転覆したように打ちのめされた。それで昭和7年2月に私は四国の新居浜に療養に行った。その療養に行った家が無教会のクリスチャンの家であった。その年、昭和7年2月に矢内原忠雄先生の『マルクス主義と基督教』が出て病床でよく読みました。それがキリスト教に姿勢が向く最初でした。私の行った家には刊行されはじめていた『内村鑑三全集』も『藤井武全集』もありました。内村全集は、なかなか親しめなかった。藤井武全集の12巻にある「友情物語」は無条件に親しめた。矢内原先生の『マルクス主義と基督教』に関心があったから読んだ。ひまですから、そればかり読んでいました。

　矢内原先生の見方は、私の理解によれば、マルクス主義を社会科学と世界

観とに分けてしまうのです。世界観として対比すれば、キリスト教のほうが徹底している、社会科学上の仮説としてのマルクス主義は、使えるところは使えばいいという考え方であった。その影響が強かったせいか、世界観としての、マルクス主義に、私の頭がかたむいたことはない。科学上の仮説としては、いろいろ関心を強くもったけれども。偶然のことから矢内原先生に出会った。昭和7年の夏に矢内原先生がお墓参りに長男伊作君をつれて新居浜に来られ、かつて矢内原先生たちが基礎をすえた無教会の教友会館に泊って講演された。そのときに紹介されて、どういう先生かと思って矢内原先生に会ってみた。私の書いた『矢内原忠雄』（教文館）の「出会い」という一文にその事情は書いてあります。私が聖書を読むようになったのは、やはりこの人に触れたためではないかと思います。矢内原先生の人柄に触れたということです。

戸塚　そのあとすぐ先生は矢内原先生の『通信』などを読まれるようになったのですか。

藤田　そうです。それで墓参に来られたのは、矢内原先生が満州へ調査に行くについて、かなりいろいろな問題があったのですが、関東軍の要請を拒否して研究費で行くことにし、お父さんのお墓詣りに来たのです。矢内原先生が船でお帰りになるのを私はお送りした。先生は満州へ行って匪族[3]の襲撃に会って、その年の暮れに『通信』という信仰上の個人雑誌を出し始めた。私はその読者になったのです。

戸塚　そのあと健康を回復して学生生活にもどられたわけですね。

藤田　昭和7年9月にまた高等学校の二年生にかえった。一年留年—落第したのです。大阪では矢内原先生の先輩であった黒崎幸吉先生が集会をしていたから、そこへ行って聖書を学びはじめた。昭和9年4月東京に来た。昭和9年の『通信』4月号に簡単な広告が出た。「集会について」という題で「拙宅にて毎日曜日、午前10時から家庭集会をもっております。二、三人を入れる余地があります。ただし希望者は必ずあらかじめご照会の上のこと」—面接

---

[3] 日本占領下の中国東北部満州で、政府に反抗して武装ゲリラ活動をしていた勢力。匪賊とも書く。当時、日本ではこのように呼ばれた。

試験するということです。

それで私は早速ハガキを出したところが何日に来いということで、矢内原先生のところへ行って、テストされた。さんざんな目に会った。ちょうどそのとき私は風邪をひいて床についていたが—医者からみれば、また胸の病気が動き出しているということ—面接試験をうけているうちに、弱っていたから汗がいっぱい出てきた。それが好い印象を与えたらしい。一生懸命やっているとみえたのでしょう、そういうことで入れてくれました。口頭試問はまったく落第でした。

戸塚 そのころ東大では帝大聖書研究会[4]がありますね。

藤田 自由ヶ丘の家庭集会に入ったのですが、東大構内をみると、掲示板に帝大聖書研究会という掲示が出ておりました。来聴歓迎しないなら掲示するはずはないから、私は高等学校から私の今日でも親しい友達で、小倉で弁護士をしている山口君—いちばん貧乏な人のための弁護士をしている、韓国問題に関心の強い人—を誘って二人で行ったところがそこは大塚久雄先生、湯沢健先生、等々—大塚先生クラスの、当時でいうと無教会の若手ではあるけれども、大学のなかの相当な人々、みな内村先生の集会に行っていた人々、要するに内村門下の職場研究会なのです。それで私はそこで大塚久雄先生を初めて知ったのです。書物よりも実物から先に見たのです。

この研究会は矢内原先生が途中で運営の仕方を変えるのです。当時は輪番報告の運営でした。私は初歩的なものですから歯が立たない。それで矢内原先生は、ある時期に学生相手に先生が話をし、学生に質問させて先生が答える方法に変えるのです。こういう研究会の第一回目の委員を私がし、二回目の委員は私が卒業したから、中沢洽樹君〔聞き取り当時立教大学教授〕に引継いだ。二年目は、矢内原先生が大学を辞めたから一年足らずで研究会は解散になります。場所を借りるのに、他人名義で借りねばならぬので人に迷惑をかけてはならんといって解散された。昭和13年2月17日でした。

戸塚 学生で矢内原先生の自由ヶ丘集会に参加していた人はかなりいたのですか。

---

[4] 東京帝国大学内の内村鑑三の弟子たちによる聖書研究会。

藤田 私の入った家庭集会は、昭和8年3月末に矢内原先生が内村鑑三記念講演会で講演された、その聴衆の一人が先生の家に来て、いろいろ質問をし、その希望に応じて始まった。私が入会したのは昭和9年ですから、一年経って入ったのです。先生の奥さんやお子さん方と藤井武先生（これはご親戚）のお子さんたちと、先にのべた希望をした人たち三人いたきりで、今回の広告で行ったものは私よりも一週間前に行った、当時、第一高等学校の学生であった久保田力君（東芝研究所に長くいた）と彼のお姉さん、それに私の三人でした。それから私が二年になり、三年になってから、あとぼつぼつ入会してきた。ですから私は矢内原集会ではかなり先輩になるわけです。

戸塚 矢内原集会は昭和8年5月からですね。矢内原集会の雰囲気についてですが、それは、矢内原先生が大学のセミナーみたいに学問上の手ほどきをするということもあったのですか。

藤田 そうではなかった。家庭集会は信仰上の集会です。聖書の講話ですが、信仰のほかに、それを通じて古典の読み方を教わったといえます。学問について多少は、影響があった。というのは、日曜日には、午前中でお話が終わると、自由ケ丘の町のソバ屋へ行って、ソバやウドンを食べて、それからまた矢内原先生の家へ行って、午後には一緒に多摩川方面へ散歩するのです。当時は散歩するによかった。散歩途中の雑談のなかにいろんなことが出てくる。自分が東大に帰ってきた時は新渡戸先生はいない——先生がいないので勉強するのに、こんなに困ったことがあったとか、いろんな話が出てくる。こういう話には影響をうけたことが案外に多かった。

戸塚 先生が最初に参加されたころ、その家庭集会は入門を許可される過程からいうと、かなり閉鎖的というか、厳しいものだったのですか。

藤田 厳しかったですね、信頼がおけないとみると拒否する。それは覚悟していたのではないかと思う。昭和8年3月の内村記念講演会[5]では、矢内原先生は「悲哀の人」という題で講演するのですが、その内容は、要するに満州へうって出ている日本の前途についての見通しができていて、そのなかで自分が

---

[5] 1930年3月の内村鑑三逝去後ほぼ毎年3月、4月に開催された。内村の有力な弟子を講師とする記念講演会。本書25頁も参照。

どういうことをするかということをいうのです。つまり日本人には国家観念——軍国主義的な国家観念が強いから、そこのところで勝負しなければならない。キリスト教的な表現をとれば、そこで十字架を負う、迫害をうける、そういう闘いでなければ、キリスト教の闘いにならないんだという講演をするのです。

戸塚 反動としての国家主義に対して、具体的に抵抗しなければならない、という主張ですね。

藤田 そうです。そういう闘いをしていく上で、少数の弟子をつれていくわけですから、これは自分が言ったことを方々へ言って歩くような人間だとだめです。そういうことは初めから非常に注意深かった。

戸塚 あとで話題にのぼりますけれども、当初あった『葡萄』[6]という同人雑誌は非公開を前提にした秘密文書ですか。

藤田 まあそういってもいいです。各自一部もらうだけですから、集会外の人にはわたさない。他人に渡すな、君達だけのものとせよ、というのです。その意味はそういうふうに封鎖しておいて、自由に書かせた。書くということは、頭で考えているよりも、思想をはっきりさせるわけでしょう。そういう意味で書かせるわけですが、自由に書けば、私が書いたもの(「戦闘的平和論」)のようなのが出てくる。これは、下手に使われると大変なことになるから、そういう意味で人に見せびらかすなという意味だったと思います。

3 社会科学への道

戸塚 社会科学の上では、矢内原先生と同様に、マルクス主義は社会科学上の仮説としては重要だ、おおいに勉強したい、というお考えだったと思いますが、学生時代に具体的にはどういう文献を勉強されたのでしょうか。

藤田 矢内原先生は大内兵衛先生[7]と仲がよかった。大内先生とは山上御殿——

---

[6] 自由ヶ丘集会の同人雑誌。
[7] 1888 – 1980 東京帝国大学経済学部教授、財政学講座担当。1938年人民戦線事件で検挙。戦後、法政大学総長。

今日の山上集会所——への昼食の往復など議論しながら歩いたらしい。その議論の中味は、時によって色々であったらしいが、大内先生が矢内原先生の信仰をひやかした話はよくきいた。そういうことは、私には刺激になった。私は矢内原先生の書物のなかで、専門は違うけれども、『帝国主義下の台湾』とか、そのあとの『南洋群島の研究』といった調査ものが好きだった。ぼく自身は小学校の上級から旧制中学の初めにかけて、野蜂の巣をとってきて、じっと観察するのが好きだった。そういうこともあって、法学部で詰将棋的な解釈論になじめなかった。そればかりでなく、席取り競争がものすごかった。いまの人には想像がつかないが、三一番教室にマイクロホンがまだなかったから、きこえない。ですから高等学校別にグループをつくり、前の席をとる。一高の人々は数が多いから強いにきまっていた。いつか早く行って聞こうと思ったら、押しとばされて、傘が折れてしまった。そういうことも手伝ってどっちかというと、自分の好きな本を読んでいた。調査ものが好きだった。

それで矢内原先生の学問は、かなりマルクス主義の手法を採用していた。法学部でしたから、十分理解することはできなかった。平野義太郎[8]の『機構』『法律における階級闘争』、山田盛太郎[9]の『分析』は読んだ。読んだというよりも好きだったといった方がいい。いちばんわかりやすいのは、平野さんの『法律における階級闘争』であった。おもしろかった。少しあとになると、大河内一男先生[10]の『ドイツ社会政策思想史』（昭和11年）や大塚久雄先生の『欧州経済史序説』（昭和13年）、『株式会社発生史論』（昭和13年）なども読みました。『発生史論』もよくわからなかったが……。

戸塚 大河内先生などの労働問題研究者の当時の仕事も、出るとすぐ読むという強い関心をおもちでしたか。

藤田 大河内先生の書物はもう少しあとです。『社会政策の基本問題』とか『スミスとリスト』は昭和18年。学生上りのころは、風早八十二[11]の『日本社会政策史』（昭和12年）、そのあと『労働の理論と政策』（昭和13年）、

---

[8] 1897-1980 東京帝国大学法学部助教授。1930年山田盛太郎とともに共産党シンパ事件で大学を追われる。
[9] 1897-1980 東京帝国大学経済学部助教授。前注8も参照。
[10] 1905-1984 東京大学経済学部教授。社会政策学講座担当。1962〜68年東京大学総長。
[11] 1899-1989 九州帝国大学法学部教授。治安維持法違反で二度にわたり検挙される。戦後、衆議院議員、弁護士。

大河内・風早論争があった。これも興味をもっていた。遠藤湘吉[12]、隅谷三喜男[13]両君と同期の本田昌男君（三菱セメントの重役）が、矢内原集会に来ていて、私とは仲がよかった。本田君は社会政策を専攻したい意向もあった。私は産業組合中央金庫につとめていたから、ペンネーム立田信夫、本名井上晴丸[14]の『日本産業組合論』もずいぶん読みました。愛読書だった。

戸塚　理論としては、矢内原先生との関係では、大内さんなどの理論があるとしても、むしろ講座派[15]系統の日本資本主義分析に、深く影響を受けられた、ということでしょうか。

藤田　その点では矢内原先生があるとき言いました、自分と仕事するなら理論も一緒でないとできないと。私はそうだとは思ったが、さらばといって、変えることはできなかった。

　大塚久雄先生はあの当時からマックス・ウェーバーをやっていたが、キリスト教信仰との関係で学風が近づきやすかった。大塚先生のそのころのものはいまは『宗教改革と近代社会』という小さい本に収められているが、あのころは無教会の信仰雑誌にルッターの関係、カルヴァンの関係を発表されていた。それを私はずいぶん読みました。大塚さんを通じて、ウェーバーを読んだことになる。梶山力訳『プロテスタンティズムの倫理と資本主義の精神』を大塚先生がさかんに書くものですから、一生懸命、読んだ。私は実際あの本で、キリスト教のエートスと資本主義の精神そのものとは、なにもイコールじゃないが、親和関係に立ったということを知った。親和関係に立つということはなかなかつかみにくい考え方です。

　それに関係して言っておくべきことは、矢内原先生との関係がずっとあとまで続きますが、大学を卒業するころ私は調査の仕事をしたいと矢内原先生に志をつげた。それはそうだなあ、君はそのほうがいいだろうといってくれたが、当時の矢内原先生にはどうにもならなかった。それから産業組合に入るの

---

[12] 1916 - 1975　東京大学経済学教授。財政学講座担当。
[13] 1916 - 2003　東京大学経済学教授。労働経済学講座担当。
[14] 1908 - 1973　1934年農林省入省。経済更生部産業組合課嘱託のかたわら、立田信夫のペンネームで講座派の『経済評論』誌に協同組合論などを発表。1937年『日本産業組合論』を刊行。
[15] 戦前の日本の資本の性格をめぐる資本主義論争において、講座派と労農派とが対立した。

ですが、入っても仕事がおもしろくないから、何回もそのことを訴えた。そうしたら、そういうときは熱い風呂に入ったようにがまんしろといわれました。

それでね、矢内原先生御自身は、昭和17年に矢内原ゼミの卒業生で、満州へ行ってえらく成功した清野剛氏が、矢内原先生に自由に研究してくださいといって、ひもつきでないお金を出し、「東亜共栄圏の批判的研究」という大きな題で共同研究をしておられた。

先生と方法論が違っていたことで思い出すのは、昭和12年2月号の『中央公論』に書いた「支那問題の所在」という論文のことです。戦後矢内原先生は、あの仮説は考え直さなければ、といった。この論文は浙江財閥中心に中国が資本主義化してゆくという仮説であった。あれは考えなおさなければいかんと二回ぐらい言った。そうすると私の立場を認めたということになる。矢内原先生自身は自分の仕事をやりなおすということはしなかった。戦後は大学行政のほうに自分の任務があると思っていたからでしょうが、ただ私にはそういうことをいっていた。そんなわけで先生と私とは学問の方法が違っていたが、信仰は一つであって、先生の信仰の闘いについていった。

戸塚 そうすると、先生は矢内原先生からは信仰上の生き方について、いちばん大きな影響を受けられたが、学問上の問題では、むしろ大塚さんとか、講座派系統の学者とかの影響の方が大きかった、といっていいわけですね。

藤田 学問の仮説はね。ただ矢内原先生から影響を受けたのは調査です。仮説を出して具体的な調査をする。しかしそれは矢内原先生の成果がそのまま正しいということではないんですよ。時代の制約がありますから。非常に事実を大切にするということを私は肝に銘じた。それは新渡戸稲造先生の学風を受け継いでいるのでしょう。戦後、社研でなにかをやらせようと思ったのでしょう。矢内原先生は氏原〔正治郎〕[16]君にも君は学生の相手をしているよりも、社研で調査をやったほうがいいといったときいています。

4　農業問題への関心

戸塚 次に、大学卒業のときに、すでに在学中に司法官試験、高等文官試験[17]

---

[16] 1920 - 1987 東大社会科学研究所教授。
[17] 文官として高級官吏に採用されるための国家試験。高文と略称された。行政科試験

第1部　〈回想〉藤田若雄先生に聞く——その学問と信仰——

をパスしておられながら、産業組合中央金庫に就職されたのは、どういうわけですか。

産業組合中央金庫

藤田　私は法学部へゆきましたので、法学部の人はだれでもほとんどが高文を受けますから、世間並みのつもりで受けた。別に司法官になるつもりはなかった。行政試験がとおればそっちへ行ったかもしれないが、行かないほうが私の性格からいえばよかった。行政と司法と受けて行政は落ちて、司法が受かったということです。

　その当時は、非常に心情的だった。自分の家が農家であったということもあるが、猪俣津南雄[18]の『窮乏の農村をゆく』という本がそのころ出た。猪俣津南雄が東北をまわってきた時、東大で緑会[19]が招いて講演をやって、立錐の余地がないくらいでした。雪の降る日にみんな新聞紙をしいて坐って聞いた。そういう窮乏状態の農村があり、一方あのころで思い出すのは、大学に入って間もなかったと思いますが、国際連盟を脱退した直後ですから、やはり緑会が松岡洋右を呼んで、講演をした。これもたくさん人が来た。彼は東大出ではないから、こんな大学をつぶしてしまえといっていた。当時は農村問題にひかれて産業組合に入った。

　産業組合に入ってからのことをお話ししますと、私が入ったころは、産業組合青年連盟[20]があって、ちょうどいまの労働組合の青年部みたいなことをやっていた。そのなかで私らの中央金庫もわれわれのときには、多く採用された。新人がたくさん来たというので、中央金庫支部の活動も活発になった。産青連研究部の農村調査計画があった。私も参加した。それは『農村視察報告—埼玉県下における—』（昭和14年2月、中金産青連研究部編）になって出ています。農村視察報告グループをつくって、青年連盟の調査費をもらってゆくのです。

と司法科試験とがあった。
[18] 1889‐1942　労農派マルクス経済学の論客。
[19] 東京帝国大学法学部の学友会の名称。
[20] 全国の産業組合における青年職員の組織。産青連と略称した。

戸塚 当時は先生は農業問題に関心があったということですね。

藤田 井上晴丸の『日本産業組合論』など一生懸命、読んだ。そういう書物に使われたデータを確かめるような調査をした。もう一つは給仕さんの学校をつくった。人事課長ににらまれて、私は二年ぐらいで仙台に転勤を命ぜられているはずです。

戸塚 先生が書いておられるものによると、昭和14年5月に仙台に行き、15年8月に札幌に行かれる。また、その年の11月には大阪へ行かれる。かなり転々と動いておられますね。

藤田 東京から仙台へ行くのは、明白に私が給仕さん学校をつくったからやられたのです。その給仕さん学校の第一回の出発——開校式をやる直前に私は追い払われたのです。仙台にきて一年たって産青連運動をやった。一年も経てば、どの職場には、どういう不平分子がいるかということがわかります。人数が多くないから。

　産業組合にいたとき、私は後にはっきりとらえることができた「忠誠と反逆」という関係が、うまくとらえられなかった。なぜかというと、産業組合中央金庫はまだできて間もない組織で、人事に一つの秩序ができていない。どこからきた人びとの群とか、だれが連れてきた群とか、いうものがひしめきあっていて、私からみれば、勢力のいいものについている者と、疎外されているものというふうにしかみえなかった。だから一つの経営体のなかに組み込まれた忠誠と反逆とはみえなかった。だから単に不平分子をひっくるめて、産青連の執行部にぶちあたったという感じです。そこの産青連は私が行くまでは、御用組合みたいになっていた。そこへ私と東大の農学部を出て中央金庫に入っていた尾崎都司也君——長野の出張所から仙台にきて一緒になった——と二人で産青連をやった。御用産青連を戦闘的産青連にひっくりかえしてしまった。そして執行部をこっちがにぎった。組織が御用のときは必ず不平分子がいるから、——高卒の連中が当時の大学卒に対して不満をいっぱいもっていた——そういうのと一緒になって、こんどは宮城県の野原を日曜日になると一緒に歩いた。レクリエイションをやったのです。

戸塚 ひっくりかえすときのイシュー、今日風にいえば職場闘争の課題です

第1部　〈回想〉藤田若雄先生に聞く──その学問と信仰──

けれども、それは具体的にどういうことだったのですか。

藤田　大会がありましたから、そこで、本部（東京）の方針が消化されていない原因は何かと質問したら、ランク・アンド・ファイル[21]の不満が爆発して執行部交替─私が委員長、尾崎都司也君が研究部長になった。中卒の木村喜内君とか高商卒の中川喜一君という勇ましい人々が、突上げ闘争したのです。
　北海道へ行ったのは、北海道支所ができるというので札幌支所転勤になった。私はずっと経理の仕事をしてきた。半官半民の組織の経理はおもしろくない。農村問題に興味があったから、政府資金による農村特別融資とか、負債整理資金の貸付けの仕事をすれば、調査をして、貸し付ける。農村調査ができるからこれをしたかった。何回も自分にそういう仕事をやらせてくれと所長に訴えた。おまえのいうことはわかった。しかしおまえにいわれたから仕事を変えてやるわけにはゆかないというのです。松本という所長がおまえはたいへん不満らしいから、十日ほど出張してこいというので、出張させてくれた。それで東北地方の土地協同組合を調査した。調査してみたらそれは入会地であることがわかった。入会地を関係の村々の土地協同組合としてあるのです。そして報告書を書いた。これはぼくの最初の調査報告書になるのですが、残念ながら昭和24年東京に引越すときに荷物が一つなくなって、そのなかに入っていたので失いました。その後、松本所長が私の希望を新しい事業所が開設される機会にかなえてくれたのが札幌転任です。転任申渡しが、私が仙台へ矢内原先生をお招きして講演会をひらき、休暇をとり、出勤した日に申渡されたので印象に残ることでした。

戸塚　当時、農業問題に関心をもたれたときは、仮説としては山田盛太郎先生の日本資本主義の捉え方を前提にしておられたと思いますが、戦時過程でどんどん農村の諸関係も変わってくる時期ですね。それをどうみておられたかという……。

藤田　仙台で尾崎研究部長中心で研究会を開いたテーマは、機械化であった。吉岡金市[22]の『農業の機械化』がテキストであった。それは岡山の興除村で

---

[21] 一般大衆、平社員たち、一般組合員。ここでは一般組合員のこと。
[22] 1902‐1986　京都帝大卒。農学者。

は機械が入っている。東北は入らない。彼の本には入らない条件がいろいろ書いてあるが、要するに土地制度。調査に行くのがたのしみでした。ちょうどそのころ東北へ風早八十二氏が調査に来た。あの人もその頃は農業のことをやっていた。風早氏も農村に機械が入らない、また少しぐらい入ったからといって、その程度の機械化は、機械化とはいえないという論調だったと思う。風早氏は私のことを記憶していないと思います。猛烈な風早ファンの中川喜一君が世話役で私もついて廻った。北海道へ行って、こんどは私も農村調査のできるポストについた。しかしすぐ大阪へ行ったというのは、本所の理事のなかに大蔵省から来た井川忠雄さんという矢内原先生の同級生がいて、おまえそんな田舎におらんでいいというので、私の希望もきかずに大阪へ呼んでしまったんです。

5 「戦闘的平和論」の立場

戸塚 ちょうどその前後になりますけれども、先生は矢内原先生の『葡萄』という雑誌の、第3号（昭和13年12月）に、「平信徒の信仰」という問題で次のような文章を書いておられます。

「我々は、今どのような時代に住んでゐるでせうか。大きな過渡期に住んでゐるといへませう。国の内には軛負ふものの呻吟と、国の外には流された血の叫びとを聞きます。自由平等の旗の下に建設された社会も、今は隷属と貧富の懸隔を見るばかりです。再び自由と平等が主張されねばなりません。世の中のことは世の中のことと、どうして棄てておくことができませう。信仰はこう云ふ世の中の状態を見て被抑圧者、隷属者に自由と平等を与へやうとする熱心と勇気とを興すものであると思ひます。かかる精神に把握せられた社会科学の知識は有力な武器であります。」

そして、これが「戦闘的信仰」である、といっておられます。そのあとで、『葡萄』の第9号（昭和14年1月）には、「戦闘的平和論」と題する文章を書いておられます。これは、丁度、学界では「戦時社会政策論」が出てくる時期ですね。私は、その時期に大学を出た先生が、こういうことを考えながら、職場におられたということを知って、それが大学の諸先生の立脚点とあまりに離れていることにおどろいたのですが、その結論部分で次のように述べておられます。

「我等は規律に従って従軍するが、戦争は否定する。国家も亦身を殺し

て、霊魂を殺し得ぬ者の類である。法は行為を規律するが、思想はその限界の外にある。我等は思想として戦争を否定する。さらにこの帝国主義戦争の根底をも否定するのである。我等は資本主義に対する積極的或は消極的否定の態度をば、この神から出た平和の灯によって維持するのである。平和を尊重する者の力を致すべき点はここにある」

　一般に入手しにくい雑誌ですからあえて長い引用をしたのですが、そこでうかがいたいのは、二点で、一つは、この当時、矢内原集会の信徒のなかで、従軍はしても戦争に反対する、さらに帝国主義戦争の根底をも否定するという先生のこういう考えかたについては、どのような反響があったか、ということ、もう一つは、先生のそういう考えかたはどんな理論によって裏づけられていたのか、ということです。たとえばレーニンの「帝国主義論」を学ばれて、こういう考え方を打出されたのか、それとも、矢内原先生の植民政策の文献などをとおして、確信しておられたのですか。

藤田　それは両方です。それは少しコメントしないとわからない。平信徒主義[23]は、無教会主義のなかで、矢内原先生の行き方です。無教会主義の内村先生の弟子の中に塚本虎二[24]という大先生がいるのです。矢内原先生より学校は六年位先輩で、大塚久雄先生はそのお弟子さんであったのですが、内村鑑三が亡くなると、事実上、後継みたいになった人です。無教会主義は後継者をつくらないというが、雲のごとく集まった秀才の中から、何人かの独立伝道者がでた。その中の一人塚本虎二先生が、信仰は信仰、世俗の仕事は仕事という行き方をとった。それに対して矢内原先生は世俗の職業をもち聖書も教え信仰と仕事を分離しなかった。これが平信徒主義です。その点は、私は矢内原先生のまさに弟子で、その立場でこれを書いているのです。

　もう一つ、戦争の問題が出てくる。戦闘的平和論を書く前に私は召集を受けている。昭和13年9月です。東京から帰郷するのは、8月末です。それで、そのときに矢内原先生にあいさつしようと思って、矢内原先生のいた山中湖畔に行って一泊した。そのときに、矢内原先生は内村鑑三の平和論を教えてくれた。私はそれまで内村さんの非戦論を知らなかった。その時に先生が作った詩は、私の書いた『矢内原忠雄』に収めてあります。その詩に戦場に行

---

[23] 本来はキリスト教において牧師、教師などの職制を否定し、信徒間の平等を徹底しようとする主義。ここで藤田は別の説明をしている。
[24] 本書 25, 36, 46, 70 頁。

って死ねという……。これが内村先生の非戦論の思想です。

　要するに再臨とか、復活という信仰[25]に支えられて国民の罪を負って死ぬという内村先生の非戦論を教えてくれた。先生は復活・再臨の信仰は自分もわからなかったが大学やめてわかった。同様に君も戦地へ行ってわかるであろうというのです。よりよく受けとめようとして、戦闘的平和論を書いた。合法主義ですね。内村鑑三の非戦論は明治36～7年に展開され、37年の10月「非戦主義者の戦死」で頂点に達する[26]が、私は今日では、「良心的兵役拒否」の思想と対比して考えています。内村鑑三の非戦論は「花巻非戦論事件」があり、結局、私らの自由ケ丘集会の仲間で、いちばん戦争の問題を問題にしたのは、私よりも一級か二級あと、東大を出た秋山宗三君[27]です。まじめな人で、両親は矢内原先生の集会にくるのを許可しない。彼はいつも私の下宿に日曜日にきて、きょうの話はどうだったかと聞いて帰る。彼がいちばん熱心で彼は仙台に入隊した。私も仙台にいたから、彼は日曜日になると、私の家にきた。阿部知二の『良心的兵役拒否』（岩波新書）の中に彼のことが出ています。ずっとあとでしたが、集会では経済学部出身の二宮健策君が召集されて広島の原爆で死んだ。秋山君はガダルカナルで戦死した。私らの仲間で直接知っているのは、この二人です。このごろ戦時中の反戦の記録がよく出るが、私らの仲間のものは、内村流の考えですから行って死ぬので、記録は出にくいのです。だけど、考え方としては内村流の非戦論でしたね。私らよりも少し年が下になると、非戦を問題にしなくなったように思います。というのは、大学の自然科学系を出たら、海軍将校になるという制度ができたから。制度化すると、制度だからというので個々人の責任が問われなくなりがちです。私はこのごろ無教会のこの非戦論が良心的兵役拒否という形にならなかったのは無教会がゼクテの形をとっていないことと関連があると思っています。

戸塚　戦争を否定する、さらにその根底にある資本主義を否定するという点についてはどうでしょうか。

藤田　戦争の根底にある……というのは、マルクス主義ですが、そういう認

---

[25] キリストの十字架死と復活と再臨は、キリスト教教義の基本であり、使徒信条の内容である。
[26] 『内村鑑三全集』第14巻363頁。
[27] 藤田により秋山宗三著『軍隊日記』が刊行されている。本書34頁参照。

識―資本主義と戦争の関係もありますが、非戦には、キリスト教的考えが入っています。

戸塚 先生のそういう考え方については、矢内原先生は批評されませんでしたか。

藤田 矢内原先生は自由主義者だから、悪いとは言わなかった。藤田はかなり左だなと思っていたでしょう。けれども、別に教訓らしいことは言わなかった。
　そういえば、先生は、藤田君は相当いかれていると思っていたかも知れません。私もにぶい方ですから……。こんなことがありました。それが多分「戦闘的平和論」を先生が読んだ時だったでしょう。日曜集会のあと、「藤田君、ゆうべ、ぼくは夢をみた。東大にレーニンがきて、講演をやっている。舞出〔長五郎〕君[28]がきて、聞きに行こうというので、レーニンが講演している入口まで行った夢をみたよ。」といって笑った。それは皮肉なんでしょうね。その程度の皮肉では、私に通じなかった。

戸塚 「戦闘的平和論」はもし外に出れば危なかったですね。

藤田 矢内原先生は集会の人々に注意した。『葡萄』は絶対に他人に渡すなと。矢内原先生はなんでも書けというのです。私はとくに先生の前では口が重い。なかなか思ったことを言えなかったから、なんでも書けということで書かしたんじゃないでしょうか。

6　無教会信仰と社会生活

戸塚 先生のように、戦争や平和の問題、さらには職場の問題などを正面からとりあげようとするキリスト者は、当時の無教会派のなかでどんな位置を占めていたのでしょうか。

藤田 塚本虎二先生が無教会のなかで力をもっているということは言いまし

---

[28] 1891・1964　東京帝国大学経済学部教授。労農派学者グループに属する。同学部における矢内原忠雄の同僚。

矢内原忠雄の退官願 1937 年 12 月 1 日

たが、矢内原先生との考え方の違いが出てくるのは、昭和 8、9 年ごろからですね。昭和 8 年に、矢内原先生は、内村鑑三記念講演会で「悲哀の人」という講演をします。いろんなことを言うのですが、そのなかで塚本先生にコチンとあたる言葉がある。というのは、無教会の人びと特に塚本先生ははげしく教会批判してきた。矢内原先生はこの講演で無教会が教会を批判しても検察当局からの迫害はこないといったのです。

これに対し、昭和 9 年に塚本先生が講演をして、自分は日本の国の預言者みたいなことはいわない。つまり矢内原のようなことはいわない。預言は旧約だから昔の話であって、いまは福音の時代である。個人の罪の赦しを説く時代である。国家批判のようなことはやらない宣言をします。矢内原先生は、昭和 10 年に「信仰は個人的か社会的か」という題で反論を書くのです。そういうことがあって、昭和 12 年に塚本・矢内原両先生の舷々相摩するのですが、矢内原先生は、神の国の一員としての個人を問題にし、塚本の個人が私的であることに対決し、その極は昭和 15 年だと思います。

私も調べたところでは、塚本先生は聖書の改訳に没頭するからということで、塚本、矢内原両先生が一緒に内村鑑三記念講演会をもつということができなくなった。

戦後塚本先生の個人雑誌『聖書知識』[29]の昭和 21 年 6 月号に塚本先生が昭和 11 年 11 月 3 日に明治生命館でした講演「神とカイザル」が掲載されました。その要旨は、もしも福音を説くことを迫害するならば、自分はいつでも死を決するつもりだった。しかし平和のために死のうとは思わなかったというのです。それは塚本先生は、自分は福音を説くために神に選ばれたから、独立伝道者として、福音に命を懸けて説く。しかしこの世の戦争反対といった、政治にかかわるような問題については、それぞれの責任者がいるわけで、

---

[29] 塚本虎二の個人伝道雑誌。

第1部　〈回想〉藤田若雄先生に聞く——その学問と信仰——

自分の職務ではないというのでしょう。他方南原繁先生〔用語解説参照〕の書いた『小野塚喜平次』[30]の中に次の記述があります。

「また、矢内原に好意をもつ教授の間にも、そのために彼が余りに早く一身の進退を決したことについて、彼は学問の自由のために最後まで闘うべきであったといって、批判する者もある。だが、ことの真相はそれではなかった。もし問題の論文や著書をめぐる問題が学問のことだけであったならば、長与総長は彼を擁護すべく、木戸文相の同意を得ていた。ここに至るまでには、大内、舞出の奔走があったことは言うまでもない。しかるに、最後に事件を決定的ならしめたのは、矢内原が友人故藤井武（独立伝道者）の記念講演会において、故人の言葉を引用して述べた「日本国よ滅びよ」の一句であった。この資料が警察を通じて提出されるに及んで、木戸も長与も匙を投げた。この経緯を大内から聴いて、矢内原は直ちに辞表を書いた。12月1日、冬の朝陽が静かに射していた経済学部三階の廊下に、われわれ二、三人の友人が落合ったとき、矢内原は『学問以外のことで御迷惑をかけて済みません』と言って、心もち頭を下げて、寂しく笑った。けだし、これが彼の真意であり、また事件の真相であって、事信仰に関する限り、もしそれが問題となったときは、いつでも大学を罷めると言っていた平素の主張を実行したものといっていい。」
〔南原繁ほか『小野塚喜平次』岩波書店, 1963, 282頁〕

この書き方から推定してみると、南原先生は学問のために選ばれた。信仰はもっているが、神に、おまえこれをやれといって選ばれた仕事は、政治学である。だから自分は矢内原君のようにキリスト教の講演会をやったり、日曜日に聖書講義をしたりすることはしないということになる。だから内村鑑三記念講演会なんかには出たことがない。矢内原先生がはじめた帝大聖書研究会にもこない。高木八尺先生〔用語解説〕も来なかった。田中耕太郎・江原万里両先生〔用語解説〕は参加した。南原論によれば、学問の問題なら職を辞して戦うが学問外の信仰問題だということになる。これは私の推定ですから南原先生は別様に御考えかも知れない。塚本論によれば、矢内原平和問題は、福音問題ではなく政治問題だということになります。矢内原先生と戦いを共にしたのは、金沢常雄、伊藤祐之、政池仁〔用語解説〕の諸先生であった。こういう事実も知っておいていいと思う（藤田注：矢内原先生のように体制の外に出て闘った人と、塚本・南原先生たちのように体制内にとどま

---

[30] 1871 - 1944　東京帝国大学法学部教授。政治学者。南原繁の師。

って戦う立場が双方あることを知るべきである。体制内で戦うとは何か、が論ぜられるべきであるが、ここでは省略する）。これらの人々は、旧制一高—東大の人々で、新渡戸一高校長の下に個人主義が台頭し全寮制—皆寮宿制度が批判された時代の児であり、大正デモクラシー時代に藤井武（社研にいた故藤井洋君の御父さん）、黒崎幸吉といった人たちは仕事を投げうって、独立伝道者として内村鑑三のもとに行くのです。

　同じころに南原先生は内務省から、矢内原先生は住友から大学に帰る。職業を変えている。その職業を変えるときは、明確な使命感をもっている。天職の観念です。独立伝道者であり、大学教授であったが、共に同じ質の天職観をもっている。下って大塚先生は、南原‐矢内原両先生の中間に位する。すなわち、矢内原先生より学問と信仰の関係を対象化したのではないでしょうか。日曜集会はしないのです。

戸塚　一方どうなんでしょうか。矢内原先生にとっては、そのように二つに簡単に分離できない問題でしょうから、南原先生が描かれた過程も、実は矢内原先生としては、気持の上で相当しっくりしないものがあったのではないでしょうか。

藤田　それはそうでしょう。しかし他人に対して、おまえも、戦えとは言えない—職を賭するのですからね。だから、ああいう挨拶になるんじゃないですか。矢内原先生がそのころ書いたものの中に、世の中が少し反動化すると、おっかなびっくりしてがたがたするとは何ごとだ、歴史は何のために学ぶのかと書いています。何処で言われたか忘れましたが〔『矢内原全集』第24巻344頁参照〕。

戸塚　とくに矢内原先生の『嘉信』[31]のなかに、私は宗教家ではないという言い方をされていますね。福音と職業の未分離というか……。

藤田　独立伝道者でなくて、平信徒—職業をもつもののことです。塚本先生の分離に対して、先に述べたように神の国の一員という点で社会と離せない形で個人をとらえるのです。ライ病患者[32]とか、結核患者が戦時中に、おま

---

[31] 矢内原の個人伝道雑誌（『通信』の後継誌として1938年1月から発行）。
[32] 今日ではハンセン病患者と表現するのが適当であるが、当時の（らい予防法に基づ

えら、穀つぶしだと軍部にいわれたときに、怒って―人権の立場で反論するのです。何もできなくても、国のために祈ることはできるのだ。国のために戦っている私（矢内原）のため祈って助けることができると主張して行くところに相違がでてきます。

7　「サナギ」になる

戸塚　先生は戦後、『橄欖』[33]第6号（1950年6月）に「断想・続」と題する文章で、当時のことに触れておられますが、その中で「昭和16年8月大阪で友人三名と相談の上、産業組合を止めることにした。……一人は、某教授について東亜研究所に入った。私は、当時、調査研究の仕事を希望していたが、機会を得ることが出来なかった。私は、或る友人の批判を受けて会社に入った。私の心境は『サナギ』になる以外にないということであった。」と述べておられます。おやめになった経緯との関連で、この点をうかがえないでしょうか。

藤田　私は昭和16年11月末に産業組合中央金庫を退職して、12月1日付で住友鉱業に入社し、約一週間後の12月8日に真珠湾攻撃があった。その直後に仙台の裁判所から出頭を命ぜられたのです。それは尾崎都司也君が治安維持法違反の被告で裁判されており、その証人として出頭しろということであったのです。産青連の活動家はみな引張られて、みな予審判事に調べられた。予審判事は、おまえ（藤田）が問題であるというのです。要するにむこうは学歴でみている。中学卒はあまり問題にしない。

戸塚　こういう文章―「戦闘的平和論」―が洩れていたわけではないんですね。

藤田　そうではない。しかしそれに近いようなもの、戦争反対ではないが、産青連雑誌の巻頭に「戦闘的協同組合論」を書いた。一般向けですから、人道主義の立場で書いているのですが、戦闘的といった言葉を使うからいけないんでしょう。それは押収されていたらしい。尾崎君の調書ができていた。尾崎君を拷問にかけてデッチ上げたものです。要するに私は仙台で、藤田若

く）強制隔離政策の下にあって語られた言葉として、そのまま掲載する。
[33] 矢内原から信仰的指導を受けた者たちの同人雑誌。

雄らと研究会をやって、機械化を論じた。それは日本の土地制度が悪いということをみんなにＰＲするためであったといったものです。当局は、彼は私有財産制を否定するものであるから、治安維持法にひっかかるというのです。藤田とこれこれしたというところに全部赤い附箋がついていた。そこを一つ一つ確めて行くのです。お前は問題だからよく考えて答えよといった。別に悪いことをしていると思わないから初めはひょいひょいと答えていた。ところが、みていると、藤田、藤田とあまりにも多く出てくるのでだんだん慎重に答えるようになった。予審判事は、なんだ答えないじゃないか。気が変ったかという。しばらくして対質訊問[34]をするかといって被告を呼べと命令した。しばらくして尾崎君がきた。羽織、袴で正装して、網笠をかぶって、頭はまる坊主で、アゴヒゲだけが長くのばされていた。写真をとるためにそういうふうにしていたのでしょう。おっかない、悪面相に写るように。黙礼して始めた。被告は調書でこういっているが、藤田はこういっているぞ。要するに藤田は、キリスト教の立場であって、マルクス主義でやったんではないといっているぞ、というのです。尾崎君は、調書の立場は自分の意図であって、藤田君の意図ではないといってかばってくれた。

　附箋のところを一つ一つきいていって、途中で、おまえ、『資本論』を読んだろうといった。読まないと答えた。うそだという。おまえはこういうものを書いているじゃないかといって、証拠を取りに行き出した。その時これはいかんと観念した。ところが予審判事は、まあいいかといって証拠とらずに引返してきて何かいったから、自分は司法試験を受けたんだ。司法試験を受けるためには『資本論』など読んでいる暇がなかったといった。そしたらそうか、といって、では対質訊問でいこうかといって、尾崎君を引張ってきたのです。おそらく私を救うつもりでしょう。尾崎を呼べば私をかばうことはわかりきっていますから。被告はよろしいということで、尾崎君は帰って行った。予審判事はさあ、どうするかねといって、相談に行った。もどってきて、帰るか、といって、旅費をくれて帰してくれた。

　産業組合をやめたのは、尾崎君が仙台で引張られたという情報が入った時、大阪で前野良君と石井嘉郎君と山下君とで『資本論』読んでいたときでしたが、その直後相談してやめたのです。

---

[34] 刑事訴訟法手続で二人の証人を立ち会わせて証言させ、各証言を相互に付き合わせつつ訊問すること。

戸塚 そこは、戦前、戦中の先生の活動のなかでは、「サナギ」になるというか、一つの節だったわけですね。

藤田 そうです。太平洋戦争が始まってからは、私はクズ鉄で軍艦や大砲を製作している国が、親玉と戦争して勝てるものかという考えは変わらなかった。私の単純な見通しは単純なだけ強かった。産めよ、ふやせよというのですから、われらは子を産む戦力しか期待されていない。精神的にはサナギになるしかない。戦争は行くところまで行かねばやまないだろうから。そんな考えです。

8　財閥企業における「合理性」

戸塚 そこで住友鉱業に入られてからのことをうかがいたいわけですが、まず、戦時中から敗戦に至るまでにどんな体験をされたでしょうか。

藤田 私は住友鉱業の経理部の経理課に勤めたのです。その経理部長さんが安井冨士三さんという方で、画家の安井曾太郎の弟です。大学は東大経済学部の卒業で大内兵衛先生の初期のゼミ出身でした。大内先生から大学へ残れといわれた人でしたから、学問が好きな人でした。私が採用試験の時に言ったことを聞いていたんですね。おまえは調査が好きだそうだが、文書戸棚をみながらここにあるのはみな生きた資料である。ここは大学とはちがう。これを使ってやれるかどうかというわけです。そういう人でしたから、サナギ、今日の言葉でいうと貝になったつもりで、資本家の馬の足といわれるようなところに入ってみて、意外に思いました。

　住友の経理は特殊で、金銭は扱わないのです。金銭は経理部の中の会計課で扱う。経理部経理課はフロー・シートからはじめて人、物、金の動きを全部みる。鉱石が何トン出て、品位がいくらで、ネットでどれだけ銅がとれて、それがいくらで売れてどうなるか。それが起業（新しい事業）としてどれだけ使われるか。要するに再生産論なんですね。『井萃』[35]というオール住友の社内雑誌に、生命保険かどこかにいた、経済学部を出た人が「戦時再生産論」を書いていた。住友金属にいた三島甫君なぞは大内ゼミでしたが、大内ゼミの人々が集まっているということもききました。その安井冨士三さんのもとで働いているうちに、応召でどんどん人がいなくなるから、だんだん私

---

[35] 「井」は住友の井桁のマーク、萃は集めるという意味を表す。

は重要な仕事を担当するようになった。ある時、私は重要な会議に、安井部長の書類もちで出席するということがあった。本社から移ってきて生産部長をしている、安井さんよりも格の上の人がきて、彼が中心になって会議が進められた。そのときは軍からのある鉱山を引受けて経営せよという命令が課題であった。最後の頃になって安井部長はそんな無理なことをいわれても、民間経営の筋に合わないといって反対した。生産部長は軍の命令だぞといってどなった。安井部長はすいかけのタバコを灰皿に強くおしつけて消し、立って、藤田君、とうながした。私はそのとき痛快でした。ここにはこういう人がいるのかと思った。反軍思想の抵抗を自分でやったような気持で、さっそうと出て行く安井部長の後にしたがった。安井部長には民間魂みたいなものがあったのではないですか。

戸塚 その点については『東京通信』[36]の第28号（昭和40年1月）に「安井冨士三さんのこと」という題で、先生が追憶風に書かれた文章があります。その文章のなかに、自分は身体で学問方法の転換を安井さんのもとで教わった、と述べておられますね。それは研究室風の作業だったのですか。

藤田 安井部長は、要するにおまえの発想はまだ研究室的だというのです。人が証明したことを真似て、調査して確めていただけですから。

戸塚 むしろ具体的なものからやれ……。

藤田 採用されたときにそういわれて、あっと思った。しかし、すぐ何かしたわけではありません。戦時中の私は、家へ帰っては『資本論』を読んでみたり、他方では聖書をギリシャ語で読むため黒崎幸吉先生にギリシャ語の手ほどきをうけたりしていました。—ギリシャ語はものにならなかった—。事務所に行ってはある程度の仕事をするけれども、なるべく早目に帰宅した。安井部長は経理の仕事は頭が疲れるから早く帰れという人でしたから、早く帰れた。残業などほとんどしなかった。ですからそんなことができたのです。

昭和19年3月にもう一度私は召集をくらうが、それから帰ってきて6月に、唐津炭鉱へ行けといわれた。安井部長は、こんどは本社とは違うぞ、本社の仕事は机上の空論で、現場は人を動かさなければならん、自分が動かないと、

---

[36] 藤田の個人伝道雑誌（1962年10月創刊）。本書18頁も参照。

現場の人は動かない。そこへ行って具体的にやってみろ、というので行った。そのときの課題は、現場の小企業の大福帳式経理[37]を住友系に――予算統制方式[38]に一年間で切換えろということでした。これが問題を身体で知るということになるんです。

　安井さんは禅を随分修業した人で、西田哲学も基礎は禅の体験であり、西田幾多郎さんの禅の先生と、安井さんの禅の先生は同じ人でした。禅の公案[39]式にきたえられた訳です。

戸塚　先生はそれ以前にすでにウェーバーの仕事を読んでおられたということを前提にしますと、日本の財閥企業のなかにある合理的な精神というか、そういうものの持主に会われたような印象を受けられたのですね。資本主義的に合理的な魂をもっている……。

藤田　そうです。民間企業だから、マルクスがアジ的に書いているところによれば、頭のてっぺんから足のつま先まで貪欲の血が流れているところに入ってみると、意外に合理的な人物がいる。それで、ウェーバーの言うようなことは、なるほどこういうことを指しているのかということがわかり始めるのです。

　ただ、今日からいえば、しかしそれも限界があるわけでウェーバーの場合はもっと先を言っている。日本の財閥企業の合理性は、家産官僚制の枠組の合理性にすぎない。でも私にとっては、産業組合のなかの無秩序からみれば、人使いに秩序があり、学歴別年功制[40]がみごとに貫徹していました。もっともウェーバー流に言えば、安井部長に代表される東洋的合理性とでもいうべきものと、永年勤続労働者のもつ生活態度がワンセットになっているところが要点なのですが、このワンセットに突き当るのがこれからです。

戸塚　そこで、昭和19年6月、唐津炭鉱にいらっしゃる。そこでの作業で体

---

[37] 企業者が大福帳を利用して行う旧式会計・経理のこと。大福帳は江戸時代から商店で行われてきた編年体の会計帳簿。
[38] 貸借対照表や損益計算書などの複式簿記会計による近代的経理方式のこと。
[39] 禅宗では簡単な言葉で課題を与え、座禅によってその意味を悟らせる修業が行われる。このときに与える簡単な課題の言葉を公案という。
[40] 簡単に年功制度ともいう。藤田が創始した日本の経済社会的構造の性格を規定する学問的用語である。一般的な用語としても普及している。第3部の解説参照。

験された問題をうかがいたいと思います。

藤田 山口慶八氏が経営している岸嶽炭鉱と、小城炭鉱という小山〔小炭鉱の意味か〕の一つ—岸嶽炭鉱を住友に渡した。そこへわれわれは行ったんです。それを住友では唐津炭鉱といった。

　小山の経営はひどいもので、金を払う場合も領収書なしでどんどん払う。石炭を増産するためには、上がり酒をやる。採炭員が石炭を掘って身体中、炭塵で真っ黒になって上ってくる。そのまま酒をぐーっと飲みます。札束でホホを叩くというが、掘ってきた函数に応じてお金を即座に支払う。縁故採用が多いから、何も仕事ができない人が高い給料をもらっている。全員、引継いだんですからね。

　これをどうして住友式予算統制に切換えるか、一年間という期限ではとてもできない。住友から四人行ったきりで、私が一番年少でした。

　そこで、私なりに案を立てた。切換えるためには、こういう人を配置してもらわなければならん。住友関係の九州の事業所には、忠隈炭鉱があり、長崎の近くに潜龍炭鉱がある。まんなかに唐津炭鉱ができた。私の案は、ここで人事の交流をしてもらわなければ困る。そして、住友風の仕事に慣れている人がそれぞれの仕事のランク・アンド・ファイルの中に一人づついなければできない。私は係長だから—現場係長は本社の課長相当ですが—こんなところだけ入れかえてもだめだ。みんなと一緒に仕事をしながら、みんなを引張ってゆく人間を据えなければ仕事のやり方を変えることはできない。

　そういうことを考えたのは、山田盛太郎の『分析』の中にキイ労働力というのがありますね。キイ労働力というのは、軍需工廠でいうと、製鑵工であるとか、旋盤工であるとか、職種のような考え方が一つ入っている。もう一つ、役付工の考えが入っている。「技師と役付工の二重の……」と書いてある。その役付工を思い出した。「永年勤続の役付工」という語句がありますが、それは永年勤続ということではあるが、具体的には、まさに忠誠の権化、エートスをもった人間、それは潜龍炭鉱とか飯塚炭鉱へ行って話をしていれば、気風がわかりますが、その経営の風をなす中心は、どういう人間か。やっぱり住友に長くいて、仕事がよくできて—いわゆる切れるという意味ではない、仕事は普通にできるが非常に誠実である—のが中心になって、それが給料もよくしてくれるから、それをめがけてみなついてくる。そういう人間がいなければ、私みたいに上にぽかっとすえられても自由に下が動くもので

はない。だから要所にこういう人員配置をしなければできないというので、そういう案を出して、本社の神林人事課長と、討論をした。

そのときに、私の呼称でいうと、基幹工＝永年勤続者—忠誠心が強い労働者の姿が浮かび上ってきた。こういう人々と相容れない人々がいる。そういうのは、永年勤続者に対してみれば、戦時中どんどん雇われていった。召集が多いものですから、人手が足らないから採用するでしょう。この人々は相当、仕事はできても給料は低いし、差別がつけられている。なんとなくおもしろくないいわゆる中途採用者ですね。私も中途採用者だが、待遇はよかった。私は住友に対して不平分子ではなかった。仕事の仕方の切換で目をつけたのは、永年勤続者でした。

戸塚 そういう人間類型は、産業組合中央金庫におられた当時は、むしろ先生が否定的にみていた人間類型だったのではありませんか。つまり産業組合の時代には、先生としては、「バカ者」というか、いわゆる昇進ルートの中心にいるのではなくて、むしろ企業に対する忠誠心が少ない、そういう連中に、親和感をもっていたわけですね。唐津炭鉱にいらっしゃったときには、それとは違う類型の人間たちをいかに組織するかということをやらざるを得なかった、ということでしょうか。

藤田 課題を実現するための目的合理性を追究してゆけば産業組合にいた時と逆になるのは当然です。産業組合にいたときは、それがシステムになっていない。勤続年数も短いし、有能でなくても特殊な関係で威張っている人が多かった。個々人としてしかみえなかった。しかし住友では、仕事がある程度できなければ、そういう秩序には入れないから、筋が立つわけですね。制度でゆくというのが財閥の特徴でしょう。制度でものをみることが、制度的合理性がみえてきたのです。事実として非常にはっきり出てきた。

9　戦後動乱期の組合委員長として

戸塚 次に住友鉱業で、敗戦を迎えられたのですが、その際に敗戦を先生がどう受けとめて、そのあとどのような社会的な実践を開始されたか、その中でどういう問題をつかまえられたか、という点についてお話をうかがいたいと思います。

藤田 敗戦をどう受けとめたかといわれると、卒直にいって、頭の上から百貫目の石がとれたようでうれしかった。いちばん深く心にしみたのは、矢内原先生の終戦観です。いわゆる「苦難の神義論」です。終戦六講演があります。『日本精神と平和国家』（岩波書店、1946）、『日本の傷を癒すもの』（白日書院、1947）として刊行されました（ともに『矢内原全集』第 19 巻所収）。敗戦を日本国民の罪に対する神の罰として受けとめよ。つまり戦争責任の問題です。神のこらしめとうけとめれば、神のゆるしと救いが期待されるから、自暴自棄になることはない。耐え忍べば必ず救いがあるから希望がある。旧約聖書エレミヤのバビロン捕因に対する考え方です。戦争責任の受けとめ方はこうでなければならぬと思った。しかし私は気持としては自由になってうれしかった。うれしいほうが先でとび歩いたのです。この戦争責任観が身にしみてくるのは、むしろ、沖縄復帰の時になるといってもいい。この時再び心を刺す思いで問題を考えました。

　20 年の暮に結成されはじめた鉱員組合は既に活動を開始し、職場の戦犯追放という形で打って出てきている。職員のほうは下から――鉱員から、おまえら戦時中、酷使したじゃないかとやられるから、防衛の組織をつくり始める。坑内の採炭現場関係では坑親会を結成し、工作関係は土地が千草野ですから、千草野会をつくって、鉱員の攻撃如何では、会社に対して首の保障を要求しようとした。鉱、職両方、それと会社と三つ巴になって争う形勢が出た。そこで、私は少くとも鉱職の激突をさけること（階級的統一）を考えたのです。

戸塚　『東京通信』第 28 号に安井さんのことにふれた文章の中に、「私は職員組合を組織した。それは労働組合という場で、職員と工員の問題を処理するほうが激突が少ないと考えて、職員組合を組織したのである」と書かれていますね。

藤田　そうです。職員だって労働者なんだ。労働組合を組織しているではないか。いざこざはあるにしても、鉱員組合は職員組合を徹底的にいじめるということはするなといおうと思った。しかし具体的には山口鉱業から引継いだ職員の中に相当ひどく鉱員をいじめたのがいる。これが鉱員に袋叩きになるのを避けようというのが、私の意図だった。一方、朝鮮の人たちがいる。いろいろ複雑だから、朝鮮の人は早く帰したが、あとのけんかをなるべく血が流れたりしないようにという意図のほうが、私には強かった。終戦直後は、

夕方には外を歩くのがおそろしい状態が出ていましたから。私の運動は、鉱員・農民を働くものとして「同一立場に立つ」ものとして——これは産青連発想ですが——とらえ、働くもの内部の対立抗争を避けようとした。

暮に私が中心になって有志を集め、明けて 21 年 1 月 10 日、公式に出発した。そして委員長になって、最初はだいぶうまくやった。あのころ坑外平均 30 円、坑内平均 50 円という高い賃金要求を鉱員が出した。いろんなことがあって、結局鉱員組合はストライキに入った。そして鉱員が兵糧が尽きて負けかける。そのときに私は大活躍するのです。職員組合だから会社側につかない。第三者みたいな顔をして調停役に立った。鉱員組合は夜私のところにたのみに来ているのですから。それで結局藤田株が上がった。坑内の責任者、技術の責任者が所長で、事務系の責任者は勤労から出ていた。これが次長でした。調停の過程で次長と大喧嘩した。私は内気ですし喧嘩は下手ですが、あの時はやむを得なかった。青年部が激昂して次長追放という動きが出た。それを押えた。そのうちスト解決でとりきめた坑外の賃上げの協約を次長は実行しないといったことから問題がおこり追放が再燃した。そうこうしているうちに藤田の動きはけしからんという動きが係長の中から出た。

戸塚 調停は会社として感謝すべきものだったと思いますが………。

藤田 会社の考えは藤田は係長だから、会社を助けて鉱員組合を負けさせるべきだ。しかるに中立面して鉱員組合を勝たした。会社側は勝てるのに藤田がいたばかりに勝てなかったということから、私の悪口をいうのがたくさん出てきたのです。課長や係長が本社の石炭系最高重役（専務）に訴えて、藤田追放がはじまるのです。

私はにらまれた。本社の石炭の関係では——石炭と金属との二つの仕事の流れがあり、人事の系統がことなっていた——藤田をなんとかしなければいかんということになり、結局組合を分裂させることがきまり、分裂工作の密使がくるのです。私は何も知らなかった。私はそのころはお山の大将で所長よりも私のほうが威力があった。そして労働学校を開いて、労働基準法の説明をしたりすると、軍隊帰りの青年が沢山来たが、みな青共（今日の民青に当る）[41]に入ってゆく。そんなことをして得意になっていたら、労働学校でお話を

---

[41] 青共は日本青年共産同盟の略称で民青の前身。民青は日本民主青年同盟の略称。いずれも日本共産党指導下の青年組織。

している晩に突然第二組合が旗上げをした。調べさせたら、職員組合員のほとんどがむこうにいっている。大変びっくりした。それから戦いがはじまるが、結局私は勝ったのです。10月闘争と二・一スト[42]へ世の中が昂揚して行く波に乗っていたからね。

そのときに、以前にみていた忠誠と反逆が、組合運動のなかでは、どういうふうに出てくるかがはっきりみえたのです。会社は私を福島県の山の中の小山へ転勤の発令をします。しかし、昭和21年12月3日附で総務部長は、人事発令撤回の件という一文を社内報に発表して私の転任は取消された。

戸塚 その過程は先生の著書『第二組合』にかなり出ていますね。

藤田 半分位、載せた。あれは本社にいた勤労課長の神林幸次君が社内報に「渦巻」という題で連載しました。彼は情報をよくとっていたし、私から聞いているから、スジは極めて正確。表現もうまいです。だいたい事実とみていい。もうひとつ、そのときにこんなことがあったですね。私の転任反対の事件は唐津事件とよばれ、住友鉱業の住友鉱業全事業所の組合代表が唐津にきて応援してくれた。そのときに三浦健次君——当時は共産党員であったが、いまは「日本の声」[43]のほうにいる、東京支社の委員長——と話をしていたら、彼は、いまや日本では社会主義革命が行われるという。私はそんなバカなことはあるか。アメリカという資本主義の大将がきて、占領しているじゃないか。そのもとで社会主義革命ができるというのは頭が変じゃないかといった。ところが彼はおまえは田舎者だからわからない。東京にきてみろという。田舎者といわれたら田舎者だからしょうがないけれども納得しなかった。そんな議論をしたことを思い出します。

戸塚 そのあと先生は22年に会社をやめられる。これは、組合としては、先生の転勤命令、辞令を撤回させてやめられるわけですね。

藤田 組合分裂で、第二組合ができるのです。この第二組合をどうするかということで、地元の鉱員組合はかって私が支援したこともあって、絶対に藤

---

[42] 1947年2月1日に予定されたゼネラル・ストライキのこと。占領軍総司令官マッカーサーの命令によって中止された。
[43] 日本共産党から分裂した親ソ派共産主義政党。

田支援でした。離れているところほど私の支持は強い。潜龍や、飯塚の職員組合も鉱員組合も、北海道のそれらも私を支持したから、会社もずいぶん困った。第二組合のなかでも大変なことがおこった。石炭関係のいちばん上の専務が分裂策動をやったのですが、うまくゆかないものだから——その人は単純な性格の人でした——長引いてくると、なんでみんなごてごてするのか、いいかげんに仲よくしたらどうかなんて言いだした。そこで一生懸命、現場で分裂運動をやらされた連中が怒り始めた。第一組合に自分たちはひどい目にあわされるかも知れない。そうなったらどうしてくれるか。そういうことで、第二組合の中にひどい対立がおこった。……今日新聞に出ている鉄労が当局にかみついたのと同じです。会社側から主謀者を定期移動で処置するから、がまんしてくれということになった。私はそれでいいといったが、青年部が承知しない。藤田は妥協し始めたというのです。これをなだめるのに苦労したが、要するに定期移動で転任させ、その直後私も委員長をやめて、勤労課長代理になった。しかしそのときひそかに辞職を決意した。私を傷つけまいとして安井冨士三さんはずいぶん苦労したようでした。私はこの人に対してはっきり責任をとろうと考えた。

10　戦後調査の仮説形成

戸塚　以上のようなお話から考えますと、先生の理論活動の前提になる原体験というのは、むしろ在野の時代に先生が経験され、観察されたもので、その問題をいかに理論化するかという観点で、戦後の実態調査がおこなわれたというふうに理解していいですか。

藤田　そういうことになります。忠誠と反逆。それが勤続年数と関連のある基幹工＝標準採用者と、中途採用者の関係、そういうものがみえてきていたのです。氏原正治郎さんと一緒に調査した大工場調査のなかで、年令分の勤続年数・経験年数といったあらわし方は、何程か私の考えも入っていますが、あのとき私の以上のような見方で整理して、最初に報告し、大体氏原さんと同意見であることがわかりました。『構造と機能』と『労働協約論』で大スジを整理し、多少の歴史的お化粧をして発表したことになります。学歴別年功制度という表現をとって、内容は官僚制の内部観察であった。しかし私はそこまでは家産官僚制というウェーバーの用語をつかわなかった。大学を卒業して、そのまま研究者になってきた人々と調査をしてみると、以上のような経験

が彼らに対して私が持っている独自の存在理由であった。彼らが頭で考えても、なかなかわかりにくいところで、私にはすぐわかるという面がありました。

戸塚 その点に関連してうかがいたいのですが、ソーシャル・テンションの調査のときに、先生の問題のつかまえ方が、氏原さんと意外とぴったり一致したそうですね。氏原さんは氏原さんなりに、文献などを読むなかで、そんなものじゃないかと思っていたところに、先生の具体的な話で裏付けられたということでしょうか。

藤田 そうだと思います。氏原さんは多分ウェーバーの大工場調査の方法を採用しようとしていたのではないか。またこんなことをいったら叱られるかも知らないが、人柄そのものが日本的関係に親和的なのかも知れない。彼に何を読んであの調査を整理しようとしたかきいてごらんなさい。研究室で読んではいなかったが、家では読んでいたんじゃないかと思います。

戸塚 ここで関連してうかがいたいと思いますが、戦争直後の運動をどうつかまえるかという点に関して、先生が書かれたものを読みかえすと、時期によって微妙に変っているんじゃないか、と思うのです。先生は記憶しておられないかと思いますから、その個所を読みますが、『橄欖』第 5 号（1949 年 12 月）に「断想」と題する文章が出ている。また第 6 号（1950 年 6 月）に「断想続」が出ております。その第 5 号にこう書かれています。

> 「封建社会が発展の極点において崩壊し、資本主義社会に転化するというのが、理論的順序であるが、現実の崩壊転化は、封建社会が最も強く発展したるところではなくて、封建社会としては比較的弱いところにおいて、又資本主義が最も強く発展したところにおいてではなくて、比較的弱いところにおいて、資本主義社会が、又社会主義社会が成長する。それは革命的勢力の均衡がそのようなところで破れるからであり、古き勢力が強いところでは破り得ないからである。そうであるとするならば、我々は今二重の課題をもってゐる。即ち、市民社会的精神的態度がまだ確立してゐないのにも拘らず、既に新しき社会の精神的態度が要求されている。日本社会の近代化は、単に近代化を問題にするだけではなしとげられないのであって、それは新しき勢力によってしかなしとげられないのであるから、新しき精神的態度によってしか、市民社会の精神的態

度は確立し得ない。」
そしてその新しい精神的態度について、第6号では、
　　「それは根本的には近代的意識を止揚するプロレタリアートの意識である」
と書かれています。また、第5号では、現実の労働運動への期待が次のように述べられています。
　　「労働者の生活やその運動を常に何らかいまわしきものとみる生活感情のうちに、いかなる論議が闘はされても、それは社会の無駄花であろう。その個々の行動に問題はあっても労働運動そのものの中には新しき感覚が生き生きと働いてゐる。教養から隔絶された労働者の個々の行動には教養深き人々の如き洗練された行動はないかも知れない。然しその表面的現象にも拘らず、その底には新しきものがある。これこそが新しき精神的態度の萌芽である」
こういう1949年、50年頃の文章での問題の捉えかたと、昭和28年、29年頃からのそれとではかなり違っています。昭和33年の論文に、「信徒の世代的差異」（東大聖書研究会[44]編『信仰と生活の中から』所収）というのがありますが、そこでは、キリスト教徒が労働問題に反感をもっている、それは問題だといわれながらも、労働運動の側にも問題がある、と次のように指摘しているのです。
　　「戦後の労働組合運動が戦前戦時中の資本家政府の労働政策の対抗物としてあらわれた時、運動それ自体が対抗物であるに拘らず、同質なる汚れを多くもっていた。具体的にいえば、個人の尊重を認めなかった戦前戦時中の資本家官僚の労働者支配の性格を、戦後の労働組合は、その組合運営の中に深く受けついでいた。……」
また、『橄欖』第15号（29年4月）に出た「社会的実践について」と題する文章ではこう書かれています。
　　「戦後の解放が肉体そのものとしての人間解放であったり、没社会的行為であったように、労働組合運動そのものも多くの偏向をもっていた。あの時期の人民裁判的な団体交渉、生産管理ないし行政管理、実践によって経営者を押え、降伏文書的労働協約をもって経営の奥深く赤旗を掲げた組合運動は多くの場合、幹部独裁であり、政党支持の自由を唱えつ

---

[44] 戦後東大の中に生まれた教職員および学生による職場聖書研究会。戦前の帝大聖書研究会をモデルとする。

つ、その実態において組合を政党の下部組織とするフラクション活動[45]をおこない、その組合運営は官僚主義とセクト主義[46]であった」

つまり運動の否定面がとくに強調されてくる。私の印象では、先生が昭和24〜5年にもっておられた戦後労働運動についてのイメージが、その後、日本の運動自体が挫折する過程をとおして、昭和28〜9年頃には相当大きく変っている。敗戦直後に先生が描いていたある種の希望的観測が挫折するというか、先生の意識の上でもかなり大きな屈折が、この二つの時期の間にあったと仮定した方が、先生の思想の軌跡がよく分るのではないか、と思うのですが、どうでしょうか。

藤田 終戦の最初のころには、プロレタリアートの中に近代を超えるものがあるという書き方があるでしょう。今日の新潟大学の湯浅赳男君[47]に近い考え方が出ています。ウェーバー的でなくて、〔ルヨ・〕ブレンターノ[48]的です。それは大塚久雄先生の禁欲[49]がわからなかったからかも知れない。大塚先生のはイギリス的な発展をふまえてものをいうのですが、研究者なら禁欲は、わかりますが、戦後、私のように自分で行動の先端に立って、やって行くときは、新しいものが出るような気持になります。特にストが終結し、協約ができたのに、次長が履行する意志がないと表明したりすると、社会主義革命ではなく全く近代的関係を主張していても、それは経営側のみの欠陥としかみえなかったのです。労働組合とくに第一組合はいいと思っていた。

もう一つ、私が非常に反感をもったのは、無教会の塚本虎二先生の系統の人はもちろん矢内原先生の系統の人々でも、そうじて無教会の人たちは全部、労働組合を赤鬼のようにいうのです。私はサタンみたいにみられる。それに対して肩を張って、おまえらだけいいわけではない。労働組合の労働者だって、どろまみれになっているかもしれないが、これだっていいところがあるんだぞ。おまえら会社の幹部で戦時中どれだけ悪いこと黙っていたかわから

---

[45] 分派的活動のこと。
[46] 分派が引き起こす病理現象を強調して表現する日本語。ゼクテ（ドイツ語）あるいはセクト（英語）は日本語では分派を意味する。
[47] 1930‐ 新潟大学経済学部教授。著書に『革命の軍隊　赤軍史への一視点』（三一書房, 1968）、『革命の社会学―非ヨーロッパ世界とマルクス主義』（田畑書店, 1975）がある。
[48] Lujo Brentano (1844‐1931) はドイツの経済学者。
[49] 大塚久雄が紹介するウェーバー宗教社会学のキーワード。

ないじゃないかという感情が強いのです。そこが理論では、そこまで言わなくても適当な—近代を超えるようなものがあるというような書き方をしなくてもいいんだけれども、肩をはりすぎて—表現がわからないものだから筆が走ってしまったのです。

　それから28〜9年になると、だんだん労働者の中にも変なものがあることがわかってきた—目につくようになった。そのころは東京に出てきていたし、実践の立場になかったが、大友福夫さんや田沼肇君にやっつけられた[50]。この対立が事実をみる目を開いてくれた。30年の社会政策学会で、労働運動の反省—研究の反省であろうが—が論題になった。私も急に報告させられた。氏原先生は急に病気になったりしたから。あのときも私の『第二組合』のゲラを私の断わりなしに日評から誰かがもって行った。いろいろのことがあり、私も相当アタマにきたのです。そこらで私の裏返し論が出はじめるのです。戦後の労働運動は戦時中の労使関係の裏返しだとみるのです。生地は同じだという。それは整理されていないけれども、感じがそうなってきた。

戸塚　そういう問題のうけとめ方の変化が理論的に整理され、自信をもたれたのが、『協約闘争の理論』だと考えていいですか。

藤田　何か方向がみえたという感じだった。なぜ私が労働協約の研究を選んだかというと、約束、今日の私の用語なら誓約ですが、約束が客観的に表現されたものは、協約—団体間の約束だから、そこに合理的なものが出てくるのだということ、もう一つは、その当時の協約研究は後藤清先生[51]の研究のように理論的研究しかなかった。そこでもっと多くの協約の実態から研究しようと考えた。その協約に一つの変化がはっきりみえたのが28〜9年ですね。北陸鉄道労組27年の協約闘争が28〜9年に表面に出てきた。それで、戦後の協約は整理できることになった。あの書物は粗っぽいが、えらい勢いでまとめたのです。昭和30年には、『第二組合』と、『団結の法構造』も出せた。同時に29年が戦後の区切りになる。大友福夫さんの主張してきたストライキ委員会に疑問をもつようになった。私の目からウロコが落ちたわけです。それには、昭和28年北鉄労組の協約闘争を知り、昭和29年三鉱連の六山の調査をやってみて、そこに出てきているのは、ストライキ委員会ではな

---

[50] 本書第3部解説参照。
[51] 1902・1991 和歌山大学教授。労働法学者。『労働協約理論史』の著作がある。

くて、職場交渉団であることがわかったことが影響します。それと職場調査（『構造と機能』に整理）と総評組織綱領[52]のための調査が平行します。

戸塚 よくわかりました。その辺のところで、ある意味で戦後の先生の理論活動というか、理論活動の前提になっている仮説が、一度、屈折しているような感じがするのですね。

11　誓約集団論の形成

戸塚 もう一つ、これが屈折であるかどうかは、まだよく分りませんが、誓約集団という概念が、先生の書かれるもののなかで、重要な位置を占めてくるという問題があると思いますが、その過程について説明して下さいませんか。

藤田 初めは信仰の世界だけで体験する。戦時中の矢内原先生の自由ヶ丘聖書集会[53]は、封鎖的で、先生が新人を入れるときは、きびしいテストをした。誤解を招きやすい言葉ですが、信仰における親子だから……、親子という言葉は、イザヤ書の冒頭に「われ、子を養い、育てしに……」と、親の心が出てきますが、矢内原先生はそこが好きだから、それを使ったのですが、要するに親子という、非常に親しい誓いをしたから、絶対に集会内部のことは外にもらすな。あるいは信仰の戦いを共にする——一生をとおして——同志であるということです。M君が矢内原集会に行っていたら、出世しないからやめるといってやめた。彼は率直であったから、そういったのであり、私は何も敵意はもたなかった。当時矢内原先生についていることはこの世的に不利であった。だから集会に続けて行くことは一生賭けることを意味した。これが私が体で知った誓約集団です。戦後になって、今井館集会[54]へ来る人は、『嘉信』を一年以上読んでいる人は誰でもよいことになり、矢内原集会はものすごく大きくなった。その上、先生は東大の要職をおびてくるから、その点からも人がものすごくついてくる。戦前、戦時中とは全く様子が変ります。そうなってくると、誓約集団的、地下組織的な性格は崩れてきて、大組織にな

---

[52] 総評は日本労働組合総評議会の略称。かつての日本最大の全国的労働組合中央組織。1958年に組織綱領草案が作成されたが、結局は採択されずに終わる。
[53] 自由ヶ丘の家庭集会（本書57頁）のこと。
[54] 戦後、矢内原忠雄主宰の自由ヶ丘集会が発展的解消して今井館集会となる。今井館は内村鑑三がかつて聖書講義に使用した建物。

り、大組織は好むと好まざるとにかかわらず、官僚化がすすんでくる。一種の行政スタッフが事実上できる。今度は、私はその集会のなかの批判分子になる。これは必然的な傾向できれいごといっても仕方のないことです。内村鑑三研究会など組織して丘友会と名づけるが、事実上、追い出されてしまう。丘友会という名の会は今も残っているが、私が始めたものとは全くことなったものです。結局、自分一人でやろうと考えることになってきた。

昭和30年頃から、総評の組織綱領のための調査に参加したり、われらの調査を『構造と機能』にまとめるとき―氏原さんは病気していたから私が中心になってしまった―は、今井館集会では孤立して一人で調査に打ち込んでいたのです。

『構造と機能』の調査をやっているとき29〜30年画期をどうみるかで津田〔真徵〕君[55]や高梨〔晶〕君[56]は崩壊だという。私は崩壊ではなく、再編成だといった。そこでは誓約集団論は出てこない。職場闘争論が出てくる。終戦時の職場闘争は、要するに生産管理みたいな闘争あるいはあっちむけ闘争ですから、戦時中の上からの統制の裏返し―職場の人民管理である。それに対して私が調査で確かめたのは、職場闘争といっているが、団体交渉―職場交渉で協約をとるのです。いかにして合理性を経営管理のなかに下から入れてゆくかという運動であって、総評組織綱領に参加した私の考え方です。三池労組が35年に敗れて、総評の綱領草案（33年）は37年には活動方針案に変り、同時に職場闘争という語も消えて職場に組合活動をという表現になり、産業別組織を強化することが力説されるようになる。それが結局、39年に総評大会でみとめられたのでしょう。

私に言わせると、それでもって職場を下から合理化＝近代化してゆく運動がつぶれた。下から合理化する可能性はなくなった。あくまでも日本は上からですかね。労働運動でつぶれた運動が、終戦時に大企業の中で発生したような民主化運動のおこらなかった大学で43〜44年に噴出した。ここでも下からの運動はつぶされた。それはともかく39年が画期です。43年初頭に、誓約集団が出る。こんどは年功序列が以前よりも一層強く弛緩してきたとみた。いままた再編成されつつありますけれども30年初頭の再編成とはことなる。だから誓約集団のできる条件も出てきつつあるというのが私の判断です。それを労働運動の面で誓約集団の結成として提起したのです。断ってお

---

[55] 1926・2005 労働法学者。
[56] 1927・2011 労働法学者。

きますが、誓約集団として労働組合が出てくる条件もできるというのは、従業員組織がなくなるというのではないのであって、両組織が併存するというのです。

　信仰の面でいえば、矢内原先生がなくなったのは36年の暮で、37年に私は自分で集会をもち始めた。その集会を誓約集団にしなければならないと思った。そのことを無教会主義について考えているうちに、痛烈に感じたのです。今日の無教会は、変り果てている。ウェーバーの語でいえば「カリスマの日常化」[57]現象がはげしく進行しているのです。どうしてもそれをやらなければならない。集会と労働組合との両方の課題が正面にかみあって出てきたのが大まかにいって40年以降ということになります。

戸塚　先生の議論では、従来の総評とか、産業別組合とかが組合の体質として、変質してきているのじゃないか、だめになっているのじゃないか、という認識と、いまおっしゃった、年功的な職場秩序がゆるみ始めている、ゆえに誓約集団を組みやすい、組み得る条件が出てきている、という認識とがあると思うのですが、そのどっちに力点があるのでしょうか。

藤田　二本柱があるという意味です。

　今日、日本の人々が労働組合と呼んでいるものはなくならない。それは従業員組織である。総評もだめになったというのは、従業員組織というものは、平和な時は腐るものがあることがはっきりしてきたということです。それをいくら労働組合と呼んでみても、従業員組織でできることしかできない——企業別の労働条件や福利厚生施設しか交渉できない。だから革マル[58]の諸君が藤田は現在あるものを否定すると私を批判したって当っていない。私は現実あるものを否定していない。私も認める。それを労働組合と呼ばない。呼べば、今日産業別の労働条件の基準をつくる組織運動がかくされてしまう。企業別組合が産業別労働条件の基準なぞ形成できるはずがない。ヒョウタンから駒は出ない。そういう非整合的な議論を学者はしてはならない。産業別の

---

[57] マックス・ウェーバーの官僚制研究における学問的概念。カリスマとはすぐれた賜物もしくはそれを持つ人物のこと。カリスマの死後その後継者らの間に官僚制が形成される現象をカリスマの日常化という。

[58] 日本革命的共産主義者同盟（革共同）系の新左翼党派の一つ。革命的マルクス主義派の略称。1962年結成。

労働条件基準（最低）がないから、成長産業の目玉職場ではどれほどに労働時間の延長が行われているかを考えればよい。

戸塚　いまいわれた点を、先生の書かれたものに即して確かめてみたいと思います。私は昭和43年5月に先生の著書『労働組合運動の転換』の序文で、はじめて誓約集団論を書かれたものと思っていたけれども、もう一寸早いのですね。まず、42年の6月に『労働通信』[59]第6号が出ていて、そこに「活動家集団の任務」という先生の巻頭論文がのっている。そのなかで、
> 「全員組織である工場ソヴェト[60]と労働組合は団体の性格をことにする。わが国の労働組合は工場ソヴェトに労働組合という名をつけたものと考えればよい」といわれて、「ただ、わが国の労働組合が工場ソヴェトで労働組合ではないかといえば、そうはいえない。……（日本の労働市場の特殊性のために）……労働組合は日本では企業別に結成されるしかない。だから、やはり労働組合ではあるが……団結の性格からみれば、工場ソヴェト的になるのである」

といっておられます。そして「自覚的人々の集団」を「企業別組合の中に不断につくる必要」がある、と主張しておられます。

また、42年6月、『東京通信』第57号の「長征的生涯」と題する文章の中で、住谷一彦[61]さんの『展望』[62]に載った論文「長征と出エジプト」が有益であるとおっしゃって、ここで誓約共同体を純粋に保持する方法は何かというかたちで議論をしておられる。ですから、42年の住谷さんの論文が大きな示唆になったのかどうかは存じませんが、その頃に先生の考え方が転換してくる、現実の労働組合運動に対する認識も変ってくる、いわば、戦後の二度目の先生の思想の飛躍ないし屈折の時期を迎えているのではないかという気がします。

さらに『労働通信』の第8号〔昭和42年12月〕に、先生は「組合運動における個人性と集団性」を書かれて、そこでは、日本の労働組合が従業員組織であって、「本来の意味での労働組合の自主性」を打出しがたい状況にな

---

[59] 藤田が1966年3月に創刊した労働問題関係雑誌（共同編集者）。
[60] ロシア革命時に各工場、軍隊、農場の全員で構成された組織をソヴェトといい、工場におけるそれを工場ソヴェトという。
[61] 1925-　立教大学教授。経済社会学者。
[62] 筑摩書房発行の月刊総合雑誌。

っている、この状況では「民主主義の担当者である労働組合が、個人の権利と義務を確立する主体として十分でない」と強調されるわけです。そして、道としては二つある、とおっしゃっている。一つは、日本の労働組合が不十分なものであるとしても、「このままで行動にかり立て、社会主義社会の到来をはかる」という態度があるけれども、これは自分としてはとらない。社会主義社会が到来したとしても、「個人の自覚の確立の問題」が残るのであるから、「今日から個人の自覚の確立をはかる運動を最も重要な基礎運動と考えていく態度があり得る」といわれる。

これが先生の誓約集団論である、というのですね。こうみてくると、先生の誓約集団論は42年頃から固まってきた、といってよいでしょうね。

藤田 自分のやっている信仰の集会を誓約集団(部分的であるが)としてはじめるのは昭和37年からですが、39～40年の転換の展望の中に誓約集団論を出すのは、42年の総評大会での運動路線論議がおこったことをどう考えるかです。宝樹論文[63]が正月に出て、7月末に路線論議がおこった。そのとき民間だけとれば、同盟の組織人員が上回る。だから路線論議がおこったときに転換があらわれたなと感じた。39年の四・一七スト[64]で一つの転換とみていたけれども、いよいよ動いたなというのが42年ですね。あのころ私は書いていないと思いますが、組織で注目していたのは、名古屋にあるものすごくでかい共産党の合同労組[65]です。あの頃日本共産党は、合同労組を軸にした地域組織を考え、総評を統一の場と考えていなかったようにみえた。私はそれにはえらく賛成していた。共産党はやるなと思った。いい線が出てきたと思っていたら、四・八[66]でぱったりととまってしまった。合同労組と日本共産党の関係が共産党とは別の形であらわれることを期待したりして、42年の労働戦線統一運動を反動とみて、新しい運動の出現を期待した。が、住谷君の論文は信仰の問題を世俗の問題にくっつけて理解してゆくのにはよかった—日本の人に理解してもらうにはよいと思ったので—毛沢東の長征を事例としているので—引用をした。日本の労働組合をソヴェトとするのは少し行

---

[63] 全逓労組委員長宝樹文彦の労働戦線統一を主張する論文。
[64] 1964年4月17日に計画された総評のゼネラル・ストライキ。不発に終わる。
[65] 所属する職場や雇用形態に関係なく組織される労働組合。合同労働組合の略称。一般労働組合とも呼ぶ。
[66] 1964年の四・一七ストに反対する同年4月8日の日本共産党声明のこと。

きすぎで、今年の夏、1917年のロシア革命を勉強してみて、日本の労働組合はロシア型労働組合とし—従業員組合組織とした方がよいと思っていますが[67]、ともかくも、世間に対し「誓約集団」という用語を使うのは「原点なき革新」という小論を『展望』43年2月号に書いたとき—42年暮ですね。

戸塚 私が引用した先生の文章の真意を憶測すると、この頃から先生の社会主義に対する考え方も変ってきたということにならないでしょうか。現実の社会主義をどうつかまえるかという議論が当時あったわけですね。

藤田 私の主観ではあまり変りないですね。スターリン批判が強くなっていること、私自身ソヴェトのスターリニズムはやりきれないと思っていたが、別にあれに影響は受けていない。簡単に日本に社会主義革命がくる、とは思っていないしね。ウェーバーの問題関心に一層近寄ってきたということはいえる。ウェーバーの場合、社会主義革命が不必要だとはいわない。しかしウェーバーの問題の立て方は、社会主義革命をやったからといって、解決しない、あとに残る問題を提起する。だから私は社会主義革命は必要ではないとはいわないが、おこるならおこってもなお残る問題はこうだといっているつもりです。

戸塚 主として官僚制の問題としてつかまえているわけですね。

藤田 そうです。質ですね。私の理解は、もう近代化しているというのが私に言わせると、そうではない。近代化しているといいたいのでしょうが、家産官僚制である。官僚制は一つの合理性のあらわれでしょうが、完全な近代的官僚制ではない。企業内の権利だって先任権[68]となっていない点が問題です。全電通労組はもう数年先任権獲得を運動方針に出しており、最近国鉄労組では部分的に先任権を実現したと伝えきくから、微妙になってきましたが。十年も前になりますか、国鉄門司地本の機関誌に原稿をたのまれて先任権をとれば組合が強くなる、と書いたら原稿返却された。しかし、名古屋大の鼓

---

[67] 藤田若雄「赤色労働組合主義について」『労働問題研究』第5号、亜紀書房、1972年8月。
[68] セニオリティー（seniority）の邦訳。アメリカの労使関係制度であり、勤続年数の長さに基づいて労働者が取得する権利のこと。第3部注42も参照。

肇雄氏が支持してくれた[69]。そんなこと思いだして、もう近代化を完成したというべきかとも思ったりします。カリスマが生み出す合理性もあることを知ってもらいたいということです。官僚制の合理化しか知らないのではせますぎるのではないかと思ったりするのですが、これは別の問題と関連します。

12　誓約集団論の解釈をめぐって

戸塚　先生の誓約集団の出てくる経緯はよく説明していただきましたが、こういう問題が残っているのではないでしょうか。無教会内部の信徒集団での誓約集団としての意味はよくわかるけれども、そこでの誓約集団の原理をある意味で世俗化して、世俗の社会組織に、組織原理として注入する場合には、それぞれの組織に適合的な戦略、戦術を立てなければならないという問題がある。それを先生としてはどのように整理されているのでしょうか。

藤田　そんなことまで私が答えねばならないのですか。きいておいてみようという気持はわかりますが、答えられないのではないですか。こんなことがありました。キリスト教の信者で、矢内原先生の影響を受けた、山口県の日教組の人がいました。日教組が山口県で分裂したときに第一組合にとどまるべきかどうかと私に聞いてきた。私は返事して、教育に使命を感じているならば、校長になれなくてもいいじゃないか。第一組合に残れば校長にはなれないかもしれないが、校長になれなくても、教育に生きる使命を見つければよいではないかといった。その人はそのとおりにしたのです。私が他の用件で山口県へ行ったときに、私を彼の家へ呼んで最大のもてなしをしてくれた。その人が、退職金を計算してみれば、200万近い損になるというのです。が、一度手紙に書いたことは、出た汗みたいなものでもとにかえらない。その人は別に私をうらんでいなかったからいいが、人に200万円も300万円も損の行くことはすすめがたい。自分の責任できめてもらわないと困ります。しかし私は日教組の教研集会で確かめてみたところ、みなさん、校長になると思っているのです。仰天しましたね。教師に誓約集団ができるためには、校長になろうなどという考えがなくならないとはじまらない。教育者として生きとおすということでなければ、可能性を云々することはできない。国鉄労組の人々も、みな助役になれるということを前提にしてものを考えている。そ

---

[69]　『公労委季報』第7号（1971）。

ういう考えから全部はみ出さないと、—体制から外に出なければ考えられない。体制のなかにいるということは、企業別組合のなかにいるということで、それは従業員組織にすぎない。30年代ならば年功秩序の外に出る要素は少ないから—外に出る可能性がないんだから、内から合理化する職場における闘いでよい。しかし40年代は、誓約集団への可能性はでてきたが、切り込んで行く人はそれぞれ犠牲がかかる。それは個々人が決断する以外ない。誓約集団の本質は本人の決断なのだから。それを前提として戦略戦術は考えるべきですが、今は考えるどころではないでしょう。

戸塚 『労働通信』第17号（昭和45年3月31日）の「反戦派運動と労働組合」という文章で、「反戦派運動が兄弟組織としての労働組合をもったときの全貌を簡単にスケッチしよう」ということで、A、B、C、Dの同心円を描いておられますね。

　まんなかに最も戦闘的な集団Aがあり、これは日雇労働などで生活する。これは「地区反戦運動の中核部隊」である。その外側に組合活動家のB層がいて、これは「地区の合同労組の組織者」である。その外側のCというのは「産別活動家クラブ」みたいなもので、さらにその外側のDはそういうもののシンパ層である。そう説明されているのですが、この中心のAというのは、事実上、労働組合的な誓約集団というよりも党というべきものだと思う。

　一般に、労働組合が誓約集団にならなければならない、というのが先生の誓約集団論だ、と伝わっていると思うのですが、先生のお考えでは、革新政党こそが中核ですから、そこの誓約集団としての再生、これが決定的に重要だという議論になるはずですね。それに応じた組織論を抜きにして、組合活動家諸君が単に産業別クラブ的な誓約集団を作ればいい、という形で議論されるのは、先生の本意からかなり離れているということですね。

藤田 別に反対はしないが、筋からいえば、それだけではできない。社会的効果は少ないと思います。

戸塚 それを確かめておきたかった。

藤田 おおまかには、イギリスの場合だとピューリタン革命で一つの原型ができてゆくが、そういう革命ができなかったところでは、社会民主党は非難

されるけれども、それでも社会民主党を作った最初の段階をみれば、社会主義革命をするという結社ですから、誓約集団である。これがドイツでいえば、自由労働組合を兄弟組織としたのですから、自由労組はかっての日本共産党シンパの組合みたいなもので、これだって覚悟しなければ加入できない。今日の日本共産党のように、社会的におとなしいものとなった時は問題は別です。鼓肇雄先生は、ドイツの場合を調べてみると誓約集団の関係とはいえないといっているが、私は後進国に誓約集団があらわれる形をロシアのボルシェヴィキ[70]を含めて大づかみに仮説をつくっているので、ドイツのものがドイツ的現実に侵されていることを否定するつもりはない。理想型をつくったまでです。

戸塚 もうひとつ誓約集団に関連してうかがいたいと思いますのは、『東京通信』第14号（昭和38年11月）に書かれたものですが、ここではクリスチャンが労働組合を敵視してはいかんと説き、「われらはいかに闘うか」を論じておられますが、そのなかで、

「組合幹部は、しばしば、組合のひきまわしをやりますが、そういう傾向が出てきたときは、討議を要求することです。さらに組合員相互の問題としては、組合内に戦闘的グループがあって、その意見に従わない者を反動よばわりします。これに対して闘うことです。それは使用者に内通しているものと、そうでない者とを見分け、内通していないが、弱い意見の人を敵よばわりすることに反対することです」

と述べておられます。

いわば統一戦線の思想での労働組合の組織活動が重要だというふうにおっしゃっていた時期があるわけですね。それが近来の昭和42年以降の文章では、そこに力点があるのではなくて、戦闘的な核をつくりそれを横に広げる。それこそが真の労働組合だという議論になってゆくわけで、『労働通信』の第20号（昭和45年12月）に、先生が寄せられた論文では、日産の組合みたいなタイプとの闘いを念頭におかれてのことと思いますが、現在の条件では思想別の労働組合が存立する理由があると断言しておられる。このような新しいお考えは、先生が昭和28～9年頃にセクト主義であり、誤まった組織方針ではないかと批判なさった当時の共産党系の人が唱えた行動委員会組織

---

[70] 1903年のロシア社会民主労働党の中の分派でレーニンが指導者。後にロシア共産党となり、ロシア革命を成功させた。

などの方針とどの点で違うのでしょうか。

藤田 27〜8 年頃のものは、古いものを裏返した戦闘性ですから、マッセン・スト状況[71]の下における従業員組織の戦闘性をもっている。これに対して最近のものは全く個人の誓約に基くという考え方です。統一戦線の考え方は、30 年代の三池闘争みたいなものを中心に考えた過程の考え方ですね。新しいのは 42 年以降発表されてきます。そこに核づくりの周辺のところに統一戦線的考え方をちりばめても別に悪くはないと思いますが、中心は核づくりです。

13　組合、「新左翼」との関係

藤田　総評その他労働組合との関係を言いますと、総評と関係ができるのは高野事務局長の末期です。私は総評とそんなに関係が深くなかった。他の偉い理論家の論では問題の処理ができなくなった頃からお席がかかってきだした。高野さんの頃は電報がきました。普通のハガキで通知してきた場合は私は行かなかった。偉い人々の間にまじっても何もいう気にならなかったからです。どうしても私の意見が必要な時は、むこうは電報か速達でくる。何ごとかと思って行くと、たいしたことではなかったりした。いちばん関係が深くなるのは、太田さんとでした。彼は比較的早くから私を呼んだ。昭和 27 年 6 月に『季刊労働法』(第 4 号) に「統一的労働運動の方向と条件」を書きました。これが太田さんの私を呼んだ最初だったと思います。太田・岩井路線とは割合に親和的だった。昭和 32〜3 年の綱領草案から 35 年三池争議の頃が最も深かった。これと縁が切れるところを言っておきましょう。

　はっきり切れたのは、39 年です。39 年に、全労が自由労連[72]に加入した。自由労連のベクー書記長が日本にきて、総評にも、自由労連に入らないかということで、総評との調整をやろうとした。そのあとに総評のある実力者から書記が使いにきて、要するにヨーロッパの労働組合—自由労連系の労働組合に対して、総評は一つの文章を出したい。全労を相手にしたからといって、日本の労働組合はどうにもならないのだという趣旨のことをいいたいという

---

[71] マッセン・ストライキ (大衆ストライキ) 状況ともいう。第 3 部注 64 参照。
[72] 国際自由労働組合総連盟の略称。冷戦下の 1949 年に世界労働組合連盟 (世界労連) から分離して設立された自由主義国を中心とする労働組合の世界組織。

のです。原文を書いてくれないか、これは藤田先生に対する最後のお願いだというのです。そこで私は箱根に何日か缶詰になって書いた。それは『労働者の経営学』という本の最後の第七章に「総評と同盟会議」として載っている。総評に出した文章と全く同じではないが、この本の枠組に合せて多少は修正してあるが、骨子は同じです。それは自分の立場を崩さないで書いた。日本の年功的労使関係のなかの忠誠と反逆の対立を用いて、全労は忠誠グループで、総評は反逆グループである。だから忠誠グループ―御用の方だけつかまえたからといって、日本の労働組合はつかまえられるものではない。暴れ者の総評をどうつかまえるか、そのほうが問題だと書いた。それを総評で翻訳して、西欧の組合にまいた。それが私のところにきていました。研究室を移転してからどこへいったか、わからなくなってしまった。それで総評とは切れたんです。

戸塚 どうして切れたんですか。

藤田 どうして切れたって、それは先方の問題です。利用価値がなくなったのでしょう。私の考えとは反対の組織方針が大会で通過した年ですから。敵対的に切れたということではない、太田さんは、43年に私を使おうとした。43年秋に、合化労連[73]、全部を回ってくれということでした。承知して出かけようとしたら、東大で禁足令が出て、私は行かれなくなった。太田さんは、『労働組合運動の転換』についても活動家クラブについては評価するが、他方で、藤田さんも評論家みたいになってきた、といっています。それでいいのです。

戸塚 先生はいまでも総評の講師団に入っていますね。

藤田 講師団には入っているけれども、ほとんど使われません。私は、総評は本物の労働組合じゃないなどといっているのですから、使うことはできないでしょう。

戸塚 労働運動との組織的コンタクトという面では、先生のいわれる産業別の組合活動家クラブ、あるいは労働者活動会議といったものとコンタクトし

---

[73] 合成化学産業労働組合連合の略称。1950年結成。長らく太田薫の指導下にあった。

ておられるわけですか。

藤田 いや、そういうのともほとんどコンタクトはない。しばらく前に革マル系だと思うが、動力車の青年部が呼びにきた。革マルは私を随分批判するらしいが、労働組合の中で活動している連中は呼びにくる。新左翼の革マルは、私が日本の従業員組合は、労働組合じゃないというから、反発するのでしょうが、労働組合だといってみたって、することは従業員組織のできることしかできない。この事実は変えることが出来ない。ところが、ほかのセクトの連中は、私の誓約集団論でいいように言っているが、私が言うのと違う意味内容を盛り込んでいるのじゃないかな。彼らは私が否定するところ—従業員組合は労働組合でない—が気に入るんじゃないか。彼らは飛んで走っているが、私に言わせれば、そんなことで労働組合運動になるわけではない。だからもっと労働運動に還らなければならない。そういう私の主張を入れたのは、京都地方地域労働組合という合同労組です。それから、三菱長崎造船所の第三組合は偉い人ばかりですから私の意見なんか問題にしません。

　新左翼は政党的なので、これが流動性を抑えてゼクテを打ち出せるかどうかが問題。その兄弟組織である労働組合ができるかどうか。少数第一組合も今日では労働力不足の故に簡単に首切られないから全国組織を打ち出せるかも知れない。

戸塚 『労働通信』の中に、職場活動家グループとの座談会が出てきますね。

藤田 それはぼくに近いクリスチャンの、組合活動家です。マンツーマンで知合っている限りで広めているから、極めて少数です。40名もいるかどうか。

14　藤田的な研究方法

戸塚 この辺で、先生の研究方法に関して、できれば先生がとくに強調されたい方法的な論点にふれて、自由にお話し願えないでしょうか。

藤田 私が研究生活に入ったのは、30歳過ぎですから、給料は安い。どうしてもアルバイトをしないと生活が維持できないという事情があった。若い研究者の参考にはなりません。

　もうひとつは、私は研究費をもらったことが少ない。共同の研究費はもら

ったことはあるが、自分の研究プランを研究費で行ったということはない。どうしても組合に行って活動をするというアルバイトをやらなければならなかった。

そこで、私はやむを得ずすることを、どういうふうに研究に使うかということを考えた。それは二つあります。

一つは話をする代わりに、資料をもらうことです。もう一つは、今日ならば、40年以降の組合の問題はこういうふうであろうという仮説をつくる。また職場はこういうふうになっているだろうという予想を立てる。それで話をしにいってみて、反応がどうであるかを確かめる。話の後の質疑応答が大切なのです。だから半分調査をするということであった。研究費をもらって調査をするということではなくて、自転車操業的調査なのです。先に述べたように住友にいた時の体験をこの自転車操業的調査の中で確かめて歩いた。そんなこともあって、事例調査が中心になってきた。だから、流し調査が少ない。流し調査[74]としては、国鉄婦人部の調査がほとんど唯一のものではないか。丸沢君に依頼された高松調査、あれが家族組合の強化に役立った。これは国鉄職員に婦人部が流した調査です。ほかは事例調査になっている。これはほかの先生と違う行き方じゃないかと思います。

次に多少、方法的な論点にふれますと、労働問題でウェーバーの方法を導入されたのは大河内、氏原両先生ですが、私は両先生と違った意味で、ウェーバーを使ったといえるのではないでしょうか。たとえばリーダー問題でいうと、高梨先生のユニオン・リーダーはあるが、あれはウェーバーも何も使っていないと思う。私の見方はウェーバーの使っている労働調査だけではなくて、ウェーバーを多面的に使おうとした。最後に誓約集団をもってきたのは、日本のプロテスタントもあまり考慮に入れてなかったピューリタンの組織原理を、とくに日本の無教会の欠点を突く（反省する）意味ともあいまって、労働組合に採用した。もっと大きくしぼっていうと、私の労働問題での特徴は、固有の経済学者ではないんだから、官僚制を使ったということではないかと思っています。家産官僚制との関係で、年功制度としてとらえた。同じことは経営家族主義[75]とか、日本社会の家族的構成[76]などと表現されてい

---

[74] 比較的多数を対象とするアンケート方式の調査。
[75] 経営学の方法で日本の社会構造の特殊性を説明するときの学問的用語。これを法社会学でいえば「日本社会の家族的構成」となり、家族法社会学でいえば「家父長制」となり、藤田の援用する労働問題研究の方法でいえば「年功制度」となる。

るが、大工場の組織を家産官僚制としてとらえ、農村調査の人々が家父長制としてとらえているのに対したことだと思います。

　だいたい 40 年ごろから、私は労働法のほうに移っていったのです。以上の観点で労働法の理論をみたらどうなるかという問題に移っていった。これは年もとっていたし、それから若い研究者の中で過ごすのは苦しかったが、東大労働判例研究会[77]（責任者石川教授）の人々は忍耐と寛容をもって遇してくれました。だんだんみえてきました。私の理論は、最後へいって誓約集団が出てくるのですから、従業員組織の法と誓約集団としての労働組合の理論が対立していることがわかります。日本的労働法理論—末弘厳太郎[78]法理論の伝統があります。これは従業員組織の法—社業規制法規説[79]—であって、イギリス流の労働組合の法ではない。だから日本の労働争議でいえば、労働契約が継続しているなかで、ストライキをやる。切れない。イギリスの場合はスト中は契約がないことになる。労働契約の解約型ストは横断組織＝誓約集団の法である。継続型ストは従業員組織の法である。その両方の区別と関連の仕方を明らかにしなければならない。私の研究はそういうところへきています。法理論はフィクションだからそんなことこだわることないという人もある。これは実用的実証主義者[80]のいうことであって、いかなるフィクションを使うかの中に人間関係の基本的性格があらわれているのです。それから組織と理論の整合性を追究すべきでないかと思っています。これは昭和 30 年の『団結の法構造』以来の問題です。

戸塚　ヨーロッパの場合でも、従業員組織の法と、先生の言う本来の労働組合の法の関連が近来、大きな問題になっていますね。それとの対比でいうと、日本における法関係は外国の事態をやや先取りしたような面があって、その意味では、日本は世界的にも優れた理論の産出国となりうる、という議論をたてる人がでてきているようですね。

---

[76] 前注 74 参照。法社会学は、日本では川島武宜東大法学部教授によって創始された。同教授の著書に『日本社会の家族的構成』がある。
[77] 東大法学部における石井照久、石川吉右衛門両教授を責任者とする労働判例の研究会。
[78] 1888・1951 東京帝国大学法学部教授。東大判例研究会を創設した。
[79] 社業規制とは就業規則のこと。就業規則は企業の中で使用者が作成するが、その性質を法規と解する説があり、これを就業規則法規説という。これに対して、就業規則を使用者と労働者との契約と解する契約説がある。
[80] 学説の実際的効果を重視する立場の学者のこと。

藤田　私はそうは思わない。そこは人によってたいへん評価が違うのではないか。あなたのいわれたように評価する人びとは、インドでもインドネシアでも、アジア諸国に対して日本の年功序列を入れれば、社会主義にならなくてもうまくゆくという考え方です。そううまくはゆかないだろうというのが私の考え方です。だから私はそういう人びとに対して、私が年功制度という場合には、私たちを拘束しているものの本体は何かを解き明かしたのが年功制度だったのです。解体する相手に画いたのです。彼らの場合には逆に年功制度はよきものだということです。要するにアジアの途とは何か、です。そんなことあまり考えなかった人々がいま時流に乗っている。私はこれがかつての戦時中の大東亜共栄圏の今日版だと思っています。これは時の経過をみているべき問題ですね。

15　無教会派の中での位置

戸塚　ところで、先生がだしておられる『東京通信』に関連することですが、日本の無教会派の中で、先生の信仰活動はどんな位置をしめているのでしょうか。

藤田　『東京通信』は矢内原先生が亡くなられて、私が集会をもつようになって、私の集会に出ていたある人が高知に帰ったから、彼との通信といった意味で出しました。昭和37年10月からです。満10年たちました。

戸塚　いまこういう通信を出しているセンター、指導者は何人位いますか。

藤田　東京だけでも20人ぐらいいるんじゃないか。正確にはわかりません。無教会は小集団主義で多いからつかめない。

戸塚　その人たちは相互に話合う機会がありますか。全国大会みたいなものがあるのですか。

藤田　内村鑑三記念講演は無教会の全国大会に当ります。戦前は東京、大阪、京都、名古屋などで3月末から4月上旬に(内村の死は昭和5年3月28日)行われたが今日は一層多極化して方々で行われています。その意味では全国大会はなくなったといえる。

戸塚 無教会派のそういう分裂、離合集散の過程を考えると、何故にそうなるかということが、社会科学的な研究対象になり得ると思いますけれども、こう考えていいでしょうか。矢内原先生が言われたように、抽象的、一般的な形で真理を語る限りではだめで、具体的な現実のなかで真理を適用するということが決定的に重要だ、そこで十字架を負って闘えという場合、現実社会のどこで、どういう風に十字架を負うべきかという点では、いろいろな考え方があり得る。その考え方の違いは、現世社会をどうみるかという、社会科学的な認識に媒介されざるをえない。そこで事実上、

『東京通信』第 1 号 1962 年 10 月

無教会派のなかでもたくさんのグループができざるを得なくなる、ということでしょうか。それとも、純粋に聖書をどう受取るかという次元の問題として、そこまで見解が分れて分裂するととらえていいのか、どっちでしょうか。

藤田 両方で、複雑に両方がからんでいると思います。私はあなたの言った前〔者〕に近い。しかしあなたの言った後〔者〕の行き方でとらえる人もいる。しかしそれらの人はあまり職場で重荷を負うということは考えない。藤田のような聖書の読み方は反対だ。もっと罪の赦しを強調すべきだという人もいる。

戸塚 藤田先生の信徒集団の一員になるためには、少なくとも世界観としてはキリスト教の絶対性を確信すると同時に、社会科学的には、マルクス主義を仮説としては尊重するという理論的なふんいきをもった人でないと、つい

てゆけないという形になっていますか。

藤田 結果としてはそうかもしれませんね。マルクス主義の本を読む人が多い。若い人が研究会をやっている場合も、マルクス系のものは一通り読みますね。同じぐらいウェーバーもよく読みます。しかし、マルクス主義を仮説として尊重するというほどのことは全くない人もいます。

だけど、こういうことは言えるんじゃないか。生き生きとした運動は、どうしても小集団主義になる。大きくなれば必ず組織官僚制が出てくるでしょう。官僚性をこわすためには小集団で行く以外にはない。だから無教会のような実存主義的[81]な立場のものは、小集団にならざるを得ないんじゃないかというのが、私の理論ですね。無教会の伝統は一人の先生が死んだら、その集会をあとへ残さないというやり方ですから、かなり大きくなった集会も小集団に分解します。

私がなぜ職場で十字架を負う—世俗用語では職場闘争という—かを説明しておきましょう。戦時中、自由丘集会の同人雑誌『葡萄』のなかに、藤田若雄と二宮健策、それから藤田若雄と三島甫が報告した記事がある。これは矢内原先生の集会で育った、われらがそれぞれの地方—仙台や大阪—に行って、矢内原先生をそこへ呼んで講演会をもった。そのときの報告なのです。矢内原先生の集会が地方に戦闘的に拡大してゆくときの姿なのです。ですから転任して行ってオルグ集団[82]として活動するのです。そういう活動をしていた。そのうちに私は考えた。

矢内原先生は一身の利害をこえた戦いの目標があっていい。私は矢内原先生のカバン持ちで、講演会の設営をしていてそれで生きがいがないわけではないが、これでいいのかと考え始めた。矢内原先生の時代の人々は、そんなに苦労しなくても出世するのですが、私らの時は上がいっぱいおって、下積みの長い時代です。特に大正時代の人間はそうです。そんなこと考えていた時、ちょうど唐津炭鉱に行った時ですが、矢内原先生は国家に対して重荷を負うと言われるのが、私らの重荷はもっと下の方の小さいことではないかと

---

[81] 個人の決断を基礎に理論を組み立てる哲学的、思想的な立場。これに対するものとして社会主義がある。
[82] オルグとはオルガナイザー（organizer）の略称で、労働組合など種々の組織・団体においてその構成員以外の者に働きかけて入会を勧め、あるいは同調者を得るために活動する者をいう。

思った。自分が見てきた職場の忠誠と反逆で言うと、忠誠は良さそうにみえるけれども、精神態度からいって、変なやつがいっぱいいる。経営の引き継ぎのところではいいほうを言いましたが、家産官僚制のなかですから妙なものも出てくる。アメリカ流の近代的官僚制[83]のなかだと、もっと割切ってしまうのでしょうか。家産官僚制のトロッとしたものを職場で焼き切るようなものとは何かということを考えた場合、矢内原さんが教えてくれた、戦争に行って死ぬということがヒントになって、職場で死ぬという考えが出てきた。おれは戦争へ行かなかったから、職場で死ぬのだ。それが私の使命だ。やっぱり矢内原先生との世代の違いがある。われわれの世代は職場にどんな問題があるかという時代で、その時の大学卒は、こういうところに目をつけなければならんと考えてきた。職場で重荷を負って死ぬとか、トロッとしたものを焼くといってもわからないでしょう。それをわかりやすくいえば、こういうことです。忠誠と反逆の対立は、今日よく行われている怨念なのです。ニーチェのルサンチマン[84]です。その中におぼれていてはそれを克服することができない。"うらみ"を超越することが死ぬこと、十字架による重荷を負うということです。

　それと、私のような学問をしてみると、職場におこっていることは、アメリカ経営学の横文字を縦にしてみてもとらえられないでしょう。日本の職場の現実をうまくつかまえる——職場の経験をよく整理して使う方法論を出せば、生きたものがでるのではないか。大学で学ぶ学問と職場でする学問とは方法がちがうのではないか。職場で十字架を負うということは先に述べた精神面のみでなく、帰納方法という勉強の方法を伴うのでなければならない。こんなこと考えました。

戸塚　先生は内村鑑三先生のいわば第三世代ですね。これからの第四世代にはそういう考え方の人が、無教会派のなかで多く出そうですか。

藤田　私の集会の人々は第四世代ですが、大体はそういう考えです。しかしほかの集会の人々は違うのでしょうね。

---

[83] マックス・ウェーバーの官僚制論における、近代以前の官僚制を特徴づける家産官僚制を克服して出現する官僚制を近代官僚制という。
[84] ニーチェが使用した怨念あるいは怨み(個人的なものではなく、民族的、階級的、集団的なもの)を意味する思想的、哲学的用語。

戸塚 先生のお考えは、無教会派のなかでは少数派でしょうね。

藤田 もちろんです。だいたい私は受身でものをやってきた。私のように労働組合の委員をしていても、無教会派でないとはいえないぞという主張を強くしてきた。矢内原先生の集会にも妙高講習会[85]などの出席者にもいわゆる労働者、中卒の労働者は4％くらいしかいない。私のグループのなかには、民青から変ってきた人とか、中学卒の人がいる。民青から変ってきた人のいうところを聞くと、民青の運動は組織活動としての原理はあるが、個人でどう動くかということになると何もない。あなた方の原理は個人が動く原理だといっています。

戸塚 藤田信徒集団の原理からいえば、宗教上の誓約集団であって、それが世俗の社会で、どういう組織原理でどういう組織に即して活動するかという場合、革新政党のなかでも誓約集団が必要だといっているわけですから、そのなかには社会主義政党員、共産党員であっても、藤田集団の信徒であることには矛盾しないという点が、矢内原さんのもとでの信徒集団、誓約集団との決定的な違いになっているということですね。

藤田 矢内原先生はどういうふうにいわれるか知りません。私が現場で、実際にやってきたことは、資本主義をひっくりかえすことではなく、労使関係をより合理的にするということにすぎなかった。その限りでは、私が経営者からやられそうになると、共産党の諸君は、絶対に応援してくれる。そういうことで共同闘争をやるのに矛盾を感じなかった。そんなこともあって、矢内原先生に御手紙したことがありました。御返事には「キリスト信者殊にプロテスタントが社会主義者たりうるかという問題と共産党員殊に日本共産党員たりうるかという問題を区別して考えること。之は日本共産党という政党が、共産主義の思想に正しく立っているかという批判を含みます。共産主義の思想には同感しても、日本共産党の行き方考え方には賛成出来ないということもありうるでしょう」とあった。昭和22年8月30日付です。この御手紙の空気では、日本共産党の行き方には賛成できないということのようです。共産党がキリスト教徒の世界観を許容した場合、その政策に賛成ならば、ク

---

[85] 矢内原の晩年に妙高高原を会場として開催された聖書講習会。藤田も自分の主宰する夏季聖書講習会を妙高高原で開催した。本書51, 254頁写真参照。

リスチャンでも共産党に入党してもいいと思います。もっとも、政党活動に才能もあり使命を感ずる人の場合に限ってですよ。日本社会に家族主義的要素が少なくなればなるほど信仰、信条の自由が強くなるでしょう。

16　社研に関して

戸塚　最後に、社研における先生の待遇に関して、無躾なことをうかがいますが、先生のこの研究所のなかでのポジションは、先生の職業キャリアからいって、いわば中途採用者であるということもあって、大学のアカデミーのなかでは、いわゆる昇進ルートに乗った「基幹工」ではないという境遇におかれたと思うのです。そのために当然、先生が研究活動をされる上で、世俗的にはさまざまな不利益を受けられたと思うのですが、ひるがえって考えてみると、先生が独特な理論活動をすすめていく上では、絶えず大きな緊張があって、それがむしろプラスに機能した、というふうにも思うのですが、どうでしょうか。

藤田　給料とか、生活とかいう面からいえば不利であったし、それはつらいことでした。私は平気であったなどといえるほど強い性格ではありません。しかし、来年で勤続 24 年にもなるのです。私は履歴書をみると初めのうちはよく動いているが、終りにはわりあいに長い間一ヵ所で落着いた。それは社研が住みよいところだったからと思います。結局、助手、講師を含めて 20 年間くらい、教授はわずか 4 年間ですから。そういう立場からみると、黙って周囲をみることを客観的に強制されたということができます。participant observer 参与観察者に強制的にならざるを得なかったのです。そのために、大学のなかはどういうものか、ここだって家産官僚制でないか、その中味は何か。大学も民間も、私の経験からいうと、何も変りがない。ただ、ものすごく頭がいいですから、知能犯的であるが……不満に思うよりも、そういう参与観察者的立場に意義を見出して積極的に受けとめるべきです。また学会についても研究グループの中の年功的秩序を—その激しくかつドロドロとした内部矛盾というものを—だまって観察するに徹して終った。その代わり私に寄るものさわるもの、すべて私の観察調査の対象にしてしまうというくせが身についた。労働判例研究会でもそれぞれの人の論はその人の日本的現実に制約された程度と彼の論の属する理想型との整合性という点で常に観察調査の対象になっていました。

戸塚 最後に、今後、社研のなかで労働問題研究をやろうとしている私共に、何かこういうことをきちんとやって欲しい、というような助言をいただけないでしょうか。

藤田 ほとんどいうことありません。ただ一つ—三池労組の事例は日本の労働組合を考えるときは重要な事例ですが、よく資料を集めておくべきではないかと思います。調査費がないという理由でほっておいていいのかと思っています。が、どうにもならないのでしょうね。

戸塚 長時間、どうもありがとうございました。

1963年1月頃、星塚敬愛園にて

第 2 部　キリスト教社会思想の探究

編者註
1　この聞き取りは、1973年12月30日藤田若雄宅で行なわれた。聞き手は藤田若雄主宰の聖書集会の会員である、阿部健、大河原礼三、斉藤七子、山田隆也である。
2　この聞き取りの記録は録音テープを原稿に直して編集したものであり、編集にあたっては、話題の順番が前後になっているものについては、なるべく前の話題とつながるように編集者の手で整理した。全体として発言者の校閲をうけていないもので整理の責任は編集者にある。
3　人名等もテープの音より再生したので他の情報で確認できない場合には、カタカナで表示した。また、個人的事情にわたる場合は、イニシャルを用いた。
4　見出しは編集者によるものである。

目次
1　自覚にいたるまで
2　集会問題
3　職場問題
4　戦後矢内原集会の中の活動およびその後
5　社会問題とキリスト教
6　誓約集団の展望

1 自覚にいたるまで

1.1 旧制高校の生活

聞き手 私達に藤田先生が提起された問題がいくつかあります。たとえば職場で十字架を負うということ、また最近では無教会問題、アジア問題、誓約集団ということがあり、それらと関連して「体制の外へ出る」ということが提起されています。そういう問題が先生の御経験の中からどのようにして出てきたのかを私達はおききしたいと思うのですが、問題別におききするのではなくて、先生の信仰生活の歩みを語っていただくことによって、これらの問題が出てくる基礎経験を明らかにしていただき、そのあとで先生の信仰の特徴と思われるものについて、いくつかの点を少し整理してお伺いしたいと思います。

矢内原先生と出会われるのは昭和 7 年ですが、その前に昭和 5 年に北海道の中学を卒業して大阪高等学校に入学していますが、この 5 年から 7 年頃の時期の旧制高校の雰囲気といいますか時代的な空気のようなものがバックになっていると思いますので、その辺から始めていただければと思います。

藤田 その中のある面はこの『回想』[1]の中に入れてありますから、それを省きますと、私は昭和 5 年に高等学校に入学して病気で 1 年おくれて 9 年に卒業するまで丸 4 年間いたことになりますが、思想の問題としては、当時の高等学校は私共が藤井武先生・矢内原先生の文章で知っている明治の終りから大正にかけての高等学校の空気とは随分違ったものでした。とりわけ私達の高等学校は新しく出来た学校で、一高から八高までのナンバーのはいった高等学校ではありませんから、そういう意味で空気も大分違っていたと思いますが、いわゆる高等学校の「意気と感激の生活」という風な表現で言われる要素は、どこも共通のものであったように思います。それは古くは藤村操に表われた考え方、自分の内を見つめていくという考え方と日本主義的なものとが非常に混じりあった一種独特の、今日から言うならば戦前型のものであろうと思いますが、しかしその中に非常にいろんな問題があるわけであって、私がそういう線上で一つ問題にしたことは、いわゆる「自覚」という問題です。これは西田幾多郎などが哲学の中心問題にとらえていたもので、藤村操などが門を開いてきた問題ですね。これをもう少し哲学的に粉飾して行きま

---

[1]『著作集』第 3 巻 21 頁, 本書第 1 部に収録。

すと、若い時に誰でもぶつかる解けない問題ですね。解くことができないが非常に問題だという風にぶつかる問題ですね。つまり無限とは一体何であるか、われわれは世の中を説明する場合は因果関係で説明して行きますが、原因・結果の関係で問いつめて行くと無限に続いて行きまして、その原因は何であるか、そのまた原因は何であるか、と問いつめて行くと、結局は終りには「神」であるとか「無限」であるとか、そういうものを想定せざるを得ない。ということは、人間の知識は如何に限定されているか、ということではないか。こういう疑問・懐疑は若い時期に誰でも必ずぶつかる問題で、野原に寝ころがっていても何をしていても不安として心に迫ってくる。そういう問題が一つあったと共に、もう一つはマルクス主義の問題が高等学校の生徒を非常にとらえていた。昭和5年の時期には、大学における社研[2]問題よりも高等学校における社研問題の方が重視されていた。つまり高等学校という、その当時のエリート育成機関の真只中にマルクス主義が浸透してきていた。その二つなんですね。

聞き手 マルクス主義の方の背景には経済恐慌が……。

藤田 それは当然ですね。勉強しても就職できないという現実が非常に多い。それから、頭がよくても進学できないということがあるわけでしょう。中学から高等学校へ移る頃にもう既にそういう問題を沢山かかえて入ってくるわけでしょう。なんとかそれを切り開いて高等学校へ入りたいと思って高等学校へ入る。ところが一生懸命勉強して大学を出てみても就職できない。これは社会の問題として、われわれにつきつけられていた。頭のいい人間は、そういう利害関係だけから考えるのではなくて、論理的帰結というものがあるわけですね。自分は出世しようと思って入ってくるんだけれど、頭がいいから学問が好きだ、そして学問してみるとそういう問題を生む資本主義とは一体何であるかというふうに振り返って自分を批判していくということが常にあるわけですね。だからすべて経済的理由だけからは説明がつかないと思います。そういうことが高等学校の中を渦巻いていた時期だと思うんですね。そういうことを田舎から出てきた臆病な人間が漠然と考えていたというのが高等学校時代の僕の姿だったんじゃないでしょうか。人前でもあまりしゃべ

---

[2] 社研とは社会科学研究会の略称。そのような研究会に参加する学生、生徒の思想を当局が問題にした。

らなかった。それに、私の田舎は北海道なんで、それで大阪に出てきたわけですから、6月頃になると暑くて夜も寝られないわけです。だから不眠とそういう問題とが一緒になって渦巻いて行くのが昭和5年の秋頃からです。それで喀血する。猛烈にアルバイトをして、それと剣道部に巻き込まれて撃剣をやらされるわけです。やっているうちに体は疲れるし、内側からは精神問題があって倒れるわけです。

1.2 喀血と闘病の中で

それから、『回想』に書いていないことをその辺で言っておかなければなりませんが、昭和6年に喀血しましたが、それは二年生の秋で、12月17日午後2時半頃でしたね、太陽が照っていたのを覚えている。西の方に住友の四本煙突が立っていて、そこをバスに乗って喀血しながら帰って来たんです。昭和7年の2月の末に新居浜に来て、そこで療養するんですが、その時に頼安さんという人がいて、僕と同じくらいの娘さんがいて病気で非常に苦労したのですが、そのおばさんがやって来て、大変かわいそうに思ったんでしょうね、療養書を読めといって僕に貸してくれるわけです。腰越山へ行って日向ぼっこしながら読んでみますと、結局僕は肺結核だということがわかるのです。僕はそれまで肺結核だとは思っていなかった。大阪でかかった医者が僕をかわいそうに思ったらしく、肺結核だと言わなかったのです。お前の病気は肺結核ではなくて、喉の気管が破れて、そこから血が出たんだから心配する必要はないというもんで、その一言にしがみついて、結核らしいという人に僕は猛烈にくってかかったんです。俺はそういう病気じゃないと言ってね。しかし、その本を読んでいたら、これは結局結核だということを認めざるを得なくなるんです。それがね、実にあわれなものだったですよ。燧灘(ひうちなだ)という海が見えるあたりですが、そこに夕日が沈んで行くのが実にきれいなのです。それを見つめながら僕は肺結核なんだということで、その時は大分よくなってきていたので衝撃は少なかったのですけども、全く悄然として、そして進学することができないと思っていたわけですから、そこで自分はどう生きて行くかということを僕自身一人で決めなければならないわけです。僕がお世話になっていた家の人は、将来そういうことが起るということを予想しているが、そういうことを言うと悪いと思って言わないわけです。しかし僕はその問題に当面したわけですから、そのことを考えざるを得ないわけです。そこで考えたのは北海道に帰って、私の家の前に沼があるんですが、

そこで鯉を飼って生活しようということでした。私の家は兄貴が相続するわけですから、耕地面積は私が分けてもらうほどの面積ではないわけです。農村は戦後であっても次三男は相続放棄せざるを得ないわけですね。そこで私が何もなくて生きて行くためには、廃水池になっていた沼をもらうしかない。沼で鯉を飼って——それは療養書の中にそういう例が書いてあるわけです。病離事業で病後の体を直しながら、うまくやってきたという例が、豚を飼ったとか、いろいろあるわけですよ。つまり進学できなくなって、どういうふうに生きてきたかという例が沢山書いてあるわけです。後で考えてみると、頼安さんという人は、そういうところへ無理なく僕をリードしていってくれるために、おばさんに頼まれて僕に読ませたんではないかと、後では思ったんですけれど。その時に僕の考えたことは、矢内原先生が家が傾いてしまって、学業を途中でやめて故郷へ帰ろうとしたことがあるでしょう、あれと同じなんですね。その時の矢内原先生の考えというのは、人生でキリストを信じることは一番大切なことなのだから、そして自分はその一番大切なものを得たんだから、自分は故郷に帰って役場にでも勤めて村の人々のために奉仕するという考えなんです。あれと同じで、ただ僕はそんなにキリスト教を知っていたわけではないんですが、藤井武のものを読んでいるうちに、いつの間にか主観的には、矢内原さんがもったような気持になっていたわけです。それで私は村に帰ったら——私の村では中学や高等学校に行った人はいないわけですから、村のインテリになるわけですね——私は鯉を飼いながら村の人々のためにいろんなことをしてあげよう——これが僕は若くしてキリスト教に接したり、人生の方向転換をやらなければならなくなった時の一番基本的な考え方、いわば原型みたいなものだろうと思うんですね。「人のために」という方向に一度眼が開けたことになる。

　それが恐らく4月頃だったと思いますが、それからあと、夏休みに矢内原先生が新居浜に来られて、そこで矢内原先生に出会った。矢内原先生は伊作君を連れてきておりましたが、伊作君という人は、今はたくましい体で髭をはやしたりしていますが、非常にきれいな清純な感じのする息子さんでしてね、私が先生にお目にかかりに行くと、彼はそばで勉強しているわけです。それでこの矢内原先生と会ったときの次第は「出会い」[3]という文章に書いていますから省きますが、結局、矢内原先生がそこをお立ちになるとき僕は袴

---

[3] 『著作集』第1巻 163頁。

をはいて見送りに行ったんですが、矢内原先生は、僕は一番うしろの方にいたんですが、わざわざやって来られて「体を大事にして勉強しなさい」と言ってくれたわけです。それが僕には非常に感激であって、それだからというわけでもないでしょうけれど、その時に会って以来一生涯先生に師事することになりました。

1.3　昭和八年内村記念講演会の印象

聞き手　矢内原先生は満州旅行に行かれて匪賊に襲われ、帰られてから『通信』を11月に発行されまして、翌8年3月に内村三周年記念講演会—東京・大阪・京都・名古屋—で講演をされ、それらが「悲哀の人」という題で一つにまとめられていますが、これは大阪でおききになったのですか。

藤田　そうです。その時にはもう学校に帰っていたわけですね。高等学校の生徒で、黒崎先生の集会に出ていました。この内村先生記念講演会は非常に峻烈な印象を受けました。従来もっていたキリスト教に対する観念が全部払拭されたですね。勿論、新居浜に約半年いたわけですから、その間に矢内原先生のお話も聞いたりしまして、無教会の人々というのはだいぶ違うということは分っていたわけですけれど。

　私のキリスト教についての印象は甚だよくなかったわけで、私を新居浜で世話してくれた人は無教会ですから、いわゆるキリスト教の臭みというものは殆んどないのですが、例えば私がキリスト教の印象をもっているのは、北海道の中学三年の頃でしたかね、中学生の中に何人か町の教会に行っていたのですが、それは一番劣等生で軟派といわれる人で、そういう意味でキリスト教というものは何だあんなだらしないものかと思っていました。もう一つは私は寄宿舎にいたわけですが、寄宿舎の室長がクリスチャンの家庭に生れた人で、酒は飲む、タバコを吸うし、悪い奴なんですね。そして彼が私を押入れの中に引っ張り込んで、そこに置いてあった机の上にローソクを立てて「主の祈り」を言い、私にその通り言えというわけです。その通り言わないとゲンコツをくらうので仕方なしに言うと、また「アーメン」と言えというから「アーメン」と言った。ただゲンコツを恐れているだけの話ですから何の意味もない。そういうわけで印象がとても悪かった。そのような印象がこの講演会で全部すっとんでしまった。講演の中で矢内原先生が「われわれの同僚の中にこう言う人がいる」といって畔上賢造先生を攻撃する、午後の講

演会では畔上先生が「あれは自分のことだ」といって答える。相互批判のようなことです。ものすごく強烈な印象を受けました。

聞き手　黒崎先生の集会に出席されたというのは矢内原先生が紹介されたわけですか。

藤田　いや、新居浜の教友会ですから。教友会の一員である人のところへ私が行っていたわけです。毎日曜日の夜、そこで集会があるわけです。その中に中川さんという住友病院の院長さんがいて、私をみてくれていたわけです。そしてもう集会に来てもいいと言ってくれたので、行っていたわけです。そこの教友会は黒崎先生が始められて、矢内原先生が行かれて助けられた、その流れをくんでいるわけです。黒崎先生はよくそこへ来られていた。私が大阪へ行くときには黒崎先生の集会がそこにあるから行ってごらんなさいと言われて、私も申込んで出席したわけです。

1.4　自由ケ丘集会入会

聞き手　昭和9年に東大に入学して東京に出られたわけですが、まもなく矢内原先生の集会におはいりになったのですか。

藤田　5月と思います。私が入会した頃の矢内原集会は、その前の年の東京での「悲哀の人」講演をきいて渡部美代治君が先生にたのんで始めたばかりですから、一年ぐらいしかたっていないわけです。それで出席者は、私が行った時には渡部君は病気で療養していて、野津さんと渡部君の奥さんとだけでした。そこへ私と久保田君が——久保田君は一週間早く行って——入会した。だから外からの参加者は四人。そこへ勝君が小学校一年生くらいでしたか、それから光雄君と伊作君、藤井洋さんの奥さん——その頃松村偕子さん——そのくらいです。ごく少数の会でした。そこへぼつぼつ人がはいってくるわけです。

　矢内原先生の集会をリードする方法といいますか、つまり私や久保田君——久保田君はクリスチャンの家で育ちましたが、僕は全く異邦人の中から始めてのぞきに来ているような者ですから、よくわからない。そういう者をどういうふうにリードしてゆくかということが非常に特徴があったと思います。これは実に実物教育のやり方だと思うんです。それから聖書を直接読ませる。

註解書を読むやり方は先生は好まない。そして、具体的にお話した方がよいと思いますが、始めのうちは先生は多忙でありましたが、そのうちに、お弁当をもって来い、お茶をうちで出してあげるからと言われるのですが、なかなかもって行かなかったですね。結局、自由ヶ丘の駅の近くのソバ屋でソバを食べて、それから一時半頃に先生の家に集って、それから散歩をする。それが随分回数が多かったですね。そしていろんな話をする。そういう雑談の中で信仰の問題を話す。僕はそれが非常に為になったと思うんです。それから先生が散歩をされない時は僕等だけで、久保田君、三島君、二宮君などと二子玉川の辺を歩きまわったです。讃美歌を三つか四つしか知らんが、そればかり歌ってね。それからクリスマスになると、内村先生がスキヤキをやるのが好きだったのを知っているので、その真似をして、二宮君の下宿に集ってスキヤキをやってたべる。旧制高校の仲間は仲よくてよく集まるが大学の中では友達は出来ない。しかし僕は集会で高等学校を越えた、インターハイみたいな関係—三島君は六高、二宮君は山口高校、久保田君は一高で僕は大阪高校—インターハイの集団ができて、思想による一致という連帯が重要だということは僕はここで身につけてきたように思うんです。

それから実物教育としては、矢内原先生がわれわれを連れて方々に行ったんですが、有名なのは昭和12年の山陰から中国地方への旅で、あれは記憶に鮮明ですね。その前の11年には北海道へ行っています。「お前の郷里の北海道へ行くからついて来い」というわけで、それで私は北海道旅行の途中、ずっとカバン持ちでついて行ったのです。小樽の希望館で講演をされたのですが、その時の講演は僕は昭和8年の「悲哀の人」以来の講演にぶつかったという印象です。今でも覚えておりますのは「羊蹄山は泣いている」と言われてそこからエレミヤを始められた。ものすごかったですね。僕は一番前へ行って聞いていてね、動けなくなってしまった感じがあります。

この旅行については矢内原先生が『通信』第36号に書いておられますが[4]、8月15日早朝、函館から森本慶三氏と同行、11時半に小樽着、同日夜希望館で講演、翌16日に引続き同講演、17日は札幌独立教会で講演。18日は石狩五の沢の農村に行き、故市川春松氏宅の客となり、そこにて聖書集会、と書いてありますが、ここらへんは僕は最も恥づかしい思いがしたんです。農家ですからお膳が置いてあって、そこに座ってみんなかしこまるわけです。そして感話会をやるのですが、僕は感話ができないんですね。だから僕の番

---

[4] 『矢内原全集』第26巻589頁。

がくると「私はありません」と言って次にまわすのですが、感話ができないということは、みじめなものです。北大からついてきた学生はみごとにやるので、いよいよ僕は恥づかしいわけです。それから感話会が終る頃には足がしびれてきて立てなくなる。そして夜になると御馳走が出るのですが、田舎ですから御飯が富士山みたいに盛ってある。お餅も一人に四つも五つもつけてある。矢内原先生は僕を側に座らせて「僕は少食だから、これは藤田君にあげる」とか言って僕の方にまわされるんで、僕のところには十箇くらいも来る。食べられっこないです。そのうちに浅見先生が冗談を始められる——「藤田君はいい話を沢山聞かせていただいた上に御馳走も沢山もらって結構ですね」というわけです。さすがに矢内原先生も「信仰の方はまだまだなんだけど」というような話になってくるんですね。僕は信仰も何もなくて、胃袋だけがそこに座っているような感じになってね、大変恥づかしい思いをしました。それが 18 日です。それから「19 日一行と離れて層雲峡に入り、20 日大雪山黒岳に登る。21 日夕方夕張着」とありますが、層雲峡に矢内原先生が僕を連れて行ったわけです。そして 19 日の夜は矢内原先生の部屋に僕は寝かされたのですが、こわい先生の側でとても眠られるものじゃないですよ。20 日の朝 5 時頃、先生は「ついて来い」と言うので、層雲峡の崖の上流の水のほとりに行って先生が祈られ、「お前もお祈りをしたいと思ったら祈れ」というので、僕が始めて二言、三言祈った。その時が始めての祈りでした。だから僕には非常に記念すべき日ですね。21 日に夕張へ行き渡辺清光君のところに泊り、23 日朝故田村清君の家を訪れたのですが、これは貧農の家で、田村清君という青年は肺病で死んでしまったのですが、遺稿集がありますが[5]、非常に純粋な信仰の持主でした。それで先生は僕を連れてその家へ行って、彼が読んだ聖書を見せたりして、信仰の純粋さを教えるわけです。僕の方が年上なのに信仰がわからないで胃袋だけみたいな状態ですから恥かしくなるわけです。先生は慰めるように「都会のインテリはこのようには行かんのだけども」とも言われたりした。これは一つの実物教育の例です。この 11 年の北海道には久保田君も行くことになっていたのですが、直前に何かの事情でやめたのです。

　それから 12 年の山陰のときは同行した人数も多かった。山陰から先生達が帰ってきて秋の集会が始まって 12 月に大学をやめるわけですが、10 月 1

---

[5] 田村清遺稿『いのちの泉』（喜の音社, 1935）

日には藤井武記念講演会で「神の国」を講演し、11月14日には時局キリスト教講演会で「神の国の預言について」を講演されました。その時は、実は経済学部での問題が日を追って激化してゆくんですね。それがその夏に米子の大山でやった聖書講習会と関係があるんです。それで追及されるんですね。米子の方では取調べを受けている。東京でも『通信』の発禁ということで問題になってきている。われわれの仲間には米子へ同行した者が沢山いますから、それも取調べられるであろうというようなことで、われわれは寄り集まって相談を始めるわけです。そういう緊張の中で矢内原先生は集会の最初の祈りを集会の人にやらせるということを始めました。それまでは先生がお祈りをして、われわれが聖句の暗誦をして、それから聖書の講義に入るという順序でしたが、この時から最初の祈りを僕等の誰かがやって、それから暗誦、先生の講義、終りの祈祷を先生がされるというふうになった。その一番最初に祈祷を指名されたのは僕でしたが、それも抜き打ちなんですね。だけど、何となしに変るんではないかというような印象が非常に僕にはひしひしとわかってたですね。今日はひょっとしたら何かあるかなと思って緊張して行ったところが、いきなり「今朝はお前が司会をやれ」と言われて、その時は非常に自然に受けてやれたですね。その秋に僕が二回くらい当ったかな。他の人にも順番に当ったわけですけれど、その後また一時先生の方に引きあげていて、またおろすというようなことをやっていました。そういうのがこの時期の集会でした。

聞き手 講演会では壇上の矢内原先生が万一やられたらということで、集会の若い人がそれを防ぐ決心をしていたということですが。

藤田 それはね、「神の国」講演のときだったか、われわれは前の方に行ったのですが、二宮君が遅れたか何かして、一番前の席が空いていたのでそこに座ったから、偶然の要素もあったんだが、矢内原先生が壇上から見てると三島君と二宮君が一番前で体を張っていたというように、先生には大写しに見えたんですね。確かに、われわれの中には何か問題があるかもしらんというので、前の方へ行く傾向はあった。それが10月の頃だったんですが、11月14日の時は意識的に前へ行ったのですが最前列はとれない。特高とか軍法会議関係の官憲が第一列を占めたから。あの後は、ずっとそういう空気は強かったです。

僕自身の信仰の画期ということから言いますと、肺結核を認めた時が一番素直な気持で「人に仕える」という気持になった。それまでは非常に自分中心であったけれど、全くその逆の立場に切り換えるということになった。それから、矢内原先生を見送りに行ったとき、その頃は人が自分を認めてくれるということは考えてもいなかった——高等学校の一年生ぐらいの時ですから——そのとき、矢内原先生がわざわざやって来て、きちっとして「体を大事にして勉強しなさい」と言ってくれたということは、やっぱり感激だったですね。それから先生の教え方。それは非常に無理のない教え方です。戦いの中ですから非常な緊張が自然に起った中でやるのですから、「あれを読め、これを読め」というのではなかったですね。そういう中で引っ張って行くということで、矢内原先生の経験主義みたいなものが非常にはっきり出ていたですね。

聞き手 矢内原集会が親子の関係だというのは、いつ頃ですか。12年以降ですか。

藤田 いや、あれはイザヤ書です。イザヤ書の講義は昭和10年頃からです[6]。勿論、非常に明確になってくるのは大学をやめる前後の頃からです。親子の関係というのはイザヤの預言の中の「われ子を養い育てしに彼らはわれに背けり」（イザヤ書1章2節）という言葉から出ている。親子というのを誤解する人もあるが、あれは「背く」という罪の中味を教えるシンボル用語です。親密な関係にある者がそれに背くということを示す表現です。片方では親子の関係というのは外部関係との遮断です。しかし僕は、まさにそういう親しい信頼関係であるにかかわらず、そしてそれを守ろうとしているにもかかわらず、それを守ることができないということで僕はロマ書7章[7]がわかったのです。矢内原先生の記述の中などに、一高の時に夜グランドに出てみて新聞紙の黒い字が人の心の罪のように自分を嘲っていたということが書かれていますが、ああいう記述で表現されるような一般的な形で僕は罪を知ったのではありません。

---

[6] 『矢内原全集』第29巻年譜によると昭和10年1月から。
[7] 新約聖書パウロ書簡の一つで、7章では人間に内在する罪について論じている。135頁も参照。

1.5 大学生活

聞き手 先へ進む前に大学時代のことをお聞きしたいと思うのですが、『回想』の中で「調査ものが非常に好きだった」と言われていますが、例えば現在の学生ですと法律の解釈とか経済学でも原理的なものを好む傾向があると思いますが、先生の時代も恐らく調査が好きな人は多くはなかったと推測するのですが、そのへんはどうだったのでしようか。

藤田 それはね、当時の法学部の学生は殆んど高文を受けるための学生なんです。だから点採り虫の巣みたいなものですよ。それで、あの頃は三十一番教室にも拡声機がないんですよ。田中耕太郎みたいに蚊が鳴くような声で話す人は聞こえないんだ。後の方は勿論、真中からあとはきこえないんです。僕は体力がないので席取り競争に勝てないんですね。突きとばされて。そういうこともあって、あまり空気自身について行けないということと、それから高文を受けるような人の勉強は概念法学[8]なんですね。末弘さんや田中さんという、当時どちらかと言えば壮年で新しい学問をしていたような人は法社会学を非常に強調したんですね。そして概念法学排撃だったわけです。しかしまあ、法学部の学生というからには、法解釈学[9]をやらなければいかんのだということは言っていたけども。しかし講義で熱をあげるのは法解釈じゃないんですよね。そういうことに僕は非常に——僕は常に極端に、エッセンスだけの方に走る傾向があるから——そっちの方に向いて行ったということもあるんですね。

　高文は受けたけれども行政は通らなかったな。司法だけは通ったけど。これは申しわけに、法学部に来ているんだからということで受けたのであって、興味自身は日本資本主義分析ですね。山田盛太郎の『日本資本主義分析』、平野義太郎の『日本資本主義の機構』、矢内原さんの『帝国主義下の台湾』とか、ああいうものが好きだったですね。それから、そういうふうな空気の連中は、当時、社会調査に非常に興味をもっていたですね。つまりレーニンものはもう駄目になった時期です。行動するとすぐぶっつぶされるというので、学問の姿勢を借りながらやるという時代でした。それから文芸ものでは島木健作[10]の『生活の探究』、ああいうふうな探究ものが非常に読まれた。

---

[8] 19世紀ドイツの法学で、批判的意味（形式論理・机上の空論）で用いられる。
[9] 実定法の解釈を任務とする法学の実務的な一分科。
[10] 1903 - 1945 戦前の左翼作家。

そういう空気の反映です。それから猪俣津南雄が「東北の窮乏の農村を行く」という題で講演をしたら、三十一番教室に立錐の余地もないほどで、新聞紙をもって行って皆座って聞いた。そんな時期です。

聞き手　ということは、一つのやはりその時代の空気というものに……。

藤田　そう、それともう一つは僕の性格と思います。解釈学をやったりする人は、強引で強い性格の人でないとできんですよ。相手を言い負かす、とにかくその場で、でかい声であろうが何であろうが、言い通すというような人でないと、ああいうものは好きにならないね。そんなことを言ったって、できないものはできないというような理屈を考えて、面倒くさいから黙ってしまえというような気になる僕なんかにはできないんだなあ。やはり証明を、論証をゆっくりやって行くということになっちゃうんだね、性格の弱い人間は。

聞き手　この段階では、経験主義——体験を通して考えるという方法はまだ先生は採られていないわけですか。

藤田　その頃はまだ体験がなかった。だけど、末弘さんの法律学だって、やはり、ヨーロッパの学問を一つひねり返して日本の現実をつかまえようというわけでしょう。だからやはり日本の実態調査というものが出てくる時期ですね。そういう意味では、かつてのような自覚論であっても、自覚の一般的・哲学的意味というよりも、もっと日本的な自覚みたいになっていたのではないでしょうか。だから西田幾多郎の思想などがよく受入れられたんじゃないでしょうか。

1.6　産業組合中央金庫の中で

聞き手　『サラリーマンの思想と生活』の中に自覚期の事例として藤井武と中野清見を挙げておられたと思いますが、藤井武を旧制高校のエリートの代表のように扱っておられるのに対して、中野さんについては別の評価をしておられると思いますが、それが農村問題と取組もうとされた先生の大学卒業後の生き方に関係があるのですか。

藤田 いや、そうじゃないんで、大学を卒業して農業問題をやりたいと思ったのは、当時はすべて問題の根は農村にあるという考えだったわけで、大塚久雄さんなども戦後までそうだったですよ。それから戦後の松田智雄[11]さんが農村を問題にしたのも、みんなその考え方ですよ。それと自分の家が農家であったということが結びついているわけです。僕の家は始めから自作農ではなかったわけです。北海道というのは、そんなふうには行かなくて、非常な大地主が只でもらったような土地をもっていたわけですから、そこに入らざるをえないわけです。僕が高等学校の頃にその大地主が没落して、小作地解放運動が起るわけです。それを兄貴が中心になって村でやっていたわけです。僕は大学から村に帰ったら、まだ法律がよくわからないのに兄が僕にいろいろ質問するのです。それから鎮守の森で何かあると、田んぼで草をとっていた人たちがゾロゾロ集まって、向こうから来た弁護士とやり合うという場面があったわけです。そんなことが頭にあって農村問題をやってみようと思っていたわけです。

聞き手 産青連のときですか、調査をやられようとしたこと、もう一つ、給仕さんの学校を作ったということがありますが、或る種の実践を試みられたということでしようか。給仕さんの学校というのは、どんなことをやったのですか。

藤田 給仕さんというのは小学校を出ただけで来るわけです。そうすると、あの頃は中学は夜学に行くんです—だから、こちらの狙いは、夜学に特別に行かなくても何か資格のとれるものを考えようということでやったわけです。それは僕の発想で僕が中心になるのですが、それに対して「藤田はいかん」ということになった。その時の秘書課長は内藤というんですが、彼は自分が秘書課長になったときに始めて入れた人—僕より一つ下で 13 年度にはいった人にそれをやらせようというわけです。それで僕は発足する直前にとばされるわけです。来週発足するという時に、お前は転任だということになってしまうわけです。

　産青連というのは産業組合青年連盟であって全国的な組織です。産業組合運動は革命みたいなことを言っているけれど、あれは中農[12]の運動であって

---

[11] 1911 - 1995 東大経済学部教授。
[12] 平均的中規模農業者のこと。

革命でも何でもありません。その中農の運動の中に混じって「左」が沢山いたわけです。そこは農村問題がやれるもんですから。僕もそんなのが面白いもんだから、それに少し関係していたわけです。

1.7 応召

　それから、その後の説明をしますと、応召があります。あの当時は戦争に行くというのは非日常的だったのです。日常は平和そのものだった。満州ではやられていたけれど。丁度ベトナムで戦闘行為が行なわれていて日本国内は何でもなかったのと同じような関係ですね。そこへ突然日本社会の内部を揺るがすような形で、どんどん応召で引っぱり出して行くわけです。だから僕なんか赤紙もらったということは死ぬということだと思っていたですね。そう思って矢内原先生に会いに行った時には、何かそれを逃れたいという気持があったのですが、先生はもう一つ駄目押しで「戦地で死ね」と言われました。

　それが昭和13年ですから、そこらへんから戦時中にかけて私は師弟関係—師弟関係というのは僕は人の言うように非常にボス的な関係というようには全然受けとっていないですね、今でも。人から見れば藤田は矢内原先生の推薦で東大に行ったんだからボス関係だと言うだろうけれど、僕はそう思わないんだな。自分がいい立場をとったからそう思わんと言うのは都合いいように聞こえるけれども、あの戦時中の一つの思想を守るための師弟の関係というものを考えてみれば、戦争に敗けたときに同志を推薦するということは当り前のことであって、それがボス関係と言ってしまっては、どうしようもないのではないか。よいものも悪いものも一緒に、タライの水と一緒に赤ん坊も流してしまうのと同じになるのではないか、という気がしていますね。ここから終戦までは、大学を卒業して召集令があって帰ってきてから、それはまさに誓約集団のポイントだったと思うんですね。

聞き手　戦時中の矢内原集会で若い人が次々と応召を受けていますが、その問題について若い人たちの間で話し合いがなされたのでしょうか。

藤田　何もないと思いますね。矢内原さんの集会の人は、矢内原さんとの関係は重要であっても、横の関係はそれほど重視しないのではないかと僕は思いますね。僕は卒業する頃に三島君などと職業選択について話し合ったこと

があります。二宮君は親父さんが学者ですから学者になるという考えをもっていたから問題なかったんですが、僕や三島君—山口君は病気でしたが—などの間で問題になってきたのは、職業をコーリング（天職）として考えることが今日可能かどうかということでした。そこで、僕は産業組合中央金庫にはいった場合は農村問題をやるということがあったと思いますが、全体としては割合にマックス・ウェーバー流に捉えたのではなかったでしょうか。世俗の職業はつまらないという考えで行くのではなく、むしろ積極的に受けとめようという考え方。今日はむしろ世俗の中にはいって、そこでそこを潔めて行くという考え方をもつことが重要ではないかという、それは共通だったと思いますがね。

けれど兵役の問題は始めから問題にならなかった。というのは、当時は大学卒は大体丙種で、あまり直接の関係はなかったと思います。僕が徴兵検査を受けたのは昭和12年の4月かな、卒業したあとでしたが、その時にはもう従来の方針を変更して沢山とるわけです。軍の方の計画で丙種を少なくしてしまうわけです。それで僕なんかは本当は丙種になるところを乙種になって、乙種の籤のがれで入隊しなかったというだけのことなんです。そこらへんから今度は戦争問題が起ってくるわけですが、直接にはまだ起らなくて、矢内原先生が大学をやめるかどうかという問題が12年いっぱいあって、13年になると三島君は外地へ行ってしまって、僕等はバラバラになるという状態でしょう。その中で召集されるわけで、共に話し合う機会も全くなくて過ぎてしまう。個々的に召集令状に当面しなければならないという状態に入って行くということです。

そこで僕の問題としては、13年の夏に召集令状を受けて、矢内原先生に会いに行って、そこで初めて内村先生の非戦論[13]に対面するわけです。内村先生の非戦論については、かすかに知っているには知っているんですよ、花巻事件[14]とかね。しかし自分の問題としてぶつかって来るのは初めてなわけです。

それから僕は即日帰郷となり、その後の問題は竹内常一郎君で火がついた。

---

[13] 日露戦争勝利の祝賀ムードの中で内村鑑三は「日清戦争も…日露戦争も…東洋平和のためでありました。然しこれまたさらに大なる東洋平和のための戦争を生むのであろうと思います…戦争は…野獣であります。」と述べ、絶対非戦の立場をとった。鈴木範久『内村鑑三』（岩波書店、1984）143頁。

[14] 1903年内村門下の斉藤宗次郎（1977〜1968）が、非戦論の立場から「納税拒否、徴兵忌避も辞せず」と決意し、小学校教員の職を失った事件。

しかも竹内君の戦争問題は、いわゆる自覚的な非戦論ではなくて、軍隊の中で愛読書を読んでいたらその愛読書がいかんということでやられたわけです。非戦論のためにああいうふうにやられたわけではなかった。

それから、秋山宗三君[15]は明らかにインテリで非戦の考えをもっているという点で監視された。だから彼の軍隊日記はその格闘として読まないと、何故こんなに重苦しいものを書いたのかがわからないと思います。そして僕の感想を言えば、非戦論が問題になるのは、大体僕らの年代くらいで、秋山君が一年違いですが、わずかの期間だと思うのです。それからすぐ下になると、卒業と同時に一つの資格で軍隊にはいって行くという制度ができてしまうのではないでしょうか。僕らは志願してはいるわけです。秋山君の時にはもう制度として幹部候補生を志願せざるをえなくなっていました。もう少し後になると、もっと直結するんではないでしょうか。理科系の者だと技術将校にするとか、きちんとできてしまうんです。そうなりますと、もう制度的なものになってしまうから、個人で抵抗してみてもどうにもならんということもあって、非戦論についての、信仰と戦争という緊張関係はうすらいでしまうように思います。

聞き手 非戦論と集会との問題なんですが、「無教会が非戦論の良心的兵役拒否[16]という形にならなかったのは無教会がゼクテの形をとっていないことに関連があると思います」と『回想』の中で述べていられますね。それは兵役拒否という形をとれなかった無教会陣営の問題です。たとえば先生の「戦闘的平和論」と題する文章の中に規律にしたがって従軍するが戦争は否定する、肉体を殺して魂を殺し得ぬ者を恐れないという考え方でいった場合、たしかに戦争を肯定する集団の中に自分も入るということはできないかも知れないし、戦争に仮りに行ったとしても自分の思想を売るということはしないでもすみ、そういう意味では身の節操を保つということはできるんでしょう。ただ、兵役拒否という一つの行動をとる集団となるには果してこういう考え

---

[15] 『著作集』第3巻251頁。矢内原忠雄家庭聖書集会（自由ヶ丘集会）会員の中で最初の従軍戦死者となった。享年26歳。藤田若雄は「秋山宗三『軍隊日記』(抄)ほか」を編纂（1973）。

[16] 良心に基づいて兵役義務・戦争など国家組織の暴力を拒否すること。基本的人権として認知されつつあるが、戦時中日本では灯台社の明石順三が兵役拒否して逮捕・収監された。

でいいのかどうかという点はどうでしょうか。

藤田 兵役拒否行動はしないんだから、兵役拒否の効果は上らんのは当り前ではないんでしょうか。そこからおこらないのは。

聞き手 ここで先生のおっしゃっているのは、非戦論としての誓約集団をくむことができなかったというのは、矢内原集会の中にも戦争に対して反対の思想をもっていなかった人がいたという意味ではないんですか。

藤田 戦争についてそうまでいわんという人は、たくさんおったんですよ。無教会の人は賛成か反対かといわれれば、みな戦争には反対だろうと思うんです。だから、そのこととそれから反対の行動をどこまでとるかということは区別しなければ、人の行動はとけないと思うんですよ。反対の思想ならば反対の行動を全面的にやれるというような簡単なもんじゃないですよね、やろうと思ってもおっかなくてできない人はいっぱいいるんだから、勇気があるかないかが一つ問題ですよね。塚本さんだって僕は戦争反対か賛成かといえば当然反対というと思うんですよ。太平洋戦争に具体的な反対行動をとるかとらんかというと、それはとらんと、その点ははっきりしているよ。俺は福音のために選び分たれたのだから、福音を否定するものに対しては俺は生命をはる、しかし戦争問題は政治問題であり、そのために俺は召されたんではないからいわんと塚本さんははっきりいっているんですよ。それは理屈はいろいろつけるですよ、人によってね。そういうふうに区別しなけりゃいかんのじゃないかな。

聞き手 「兵役拒否という形をとらなかったのは無教会がゼクテの形をとっていないことと関連があると思います」と述べておられますが、そこらへんはどう関連しますか。

藤田 だから無教会の中に兵役拒否の誓約集団ができたら、これは兵役拒否をやるでしょう。そもそもゼクテの形をとってないものにそういうゼクテがおこりうる余地がないじゃないか。ＦＯＲ（友和会）[17]というのはゼクテでしょう。兵役拒否という点に関してそういう行動をとるというゼクテですよ。ところが、そのゼクテさえイシガオサム[18]さんによれば、形ばかりで中味はなかったというわけですよ。いわんや誓約集団の形をとっていない無教会の中にそんなものができるはずがないでしょう。

聞き手 無教会の一つとして、矢内原集会についてもそうですか。

藤田 だって矢内原さんがいってくる限りのことを受け止めているのは僕か何人かの人間であって、他はみんな戦争に行くのに反対していないんです。みな軍刀さげて行ったんだもの。そういう人に対して矢内原先生は行くことを止めない、俺のゼクテだから行くなといわないもんね、いうはずないでしょう、行けっていっているわけですから。だから僕だって戦争拒否の行動はしないんですよ。しかし戦争賛成の人と集団を組まない、集会を共にしないというのが僕のいったゼクテの意味ですよ。

聞き手 仮定の問題になってしまうんですが、そういうのができて固まってゆけば兵役拒否という線もあるいは出る可能性があるであろうということですか。

藤田 ゼクテの姿勢をとればね。ゼクテの考えのないところに兵役拒否のゼクテができるはずはないんだから。それからゼクテができないということをもっとつきつめていえば、個人と家族が別られないということですね。血縁関係の圧力が強くて個人が出られないということではないかと思うんですよね。斉藤宗次郎の花巻事件なんかも明白にそうですよ。内村さんが何を心配しているかというと、お前がやられたらお前の親戚中がやられちゃうという、そうしたらキリスト教のキの字もなくなってしまうという配慮なんです

---

[17] 絶対非戦を唱える国際的キリスト教平和団体（ＩＦＯＲ）。第1,2次世界大戦とベトナム戦争に対して平和・反戦運動をくりひろげ、現在は反核運動を推進している。日本友和会（ＪＦＯＲ）はその日本支部。戦時中軍部により解散させられ、戦後再建された。
[18] 1910 - 1994 本名、石賀修。キリスト教信仰に基づき1943年良心的兵役拒否を実行。イシガオサム『神の平和』（新教出版社, 1971）。

ね。

　だからそれほど戦前の日本というのは家族関係、血縁関係が強くて、それも一方からいうと逆に家長の位置を維持するための兵役拒否みたいなのが出てくるのですね。だからああいう兵役拒否もね、兵役拒否だからいいとか悪いとかではなくて、問題はまさに一つの関係の両面で、逆に後継ぎを作るために家族全部で守ったような形で兵役拒否がでてくるというような、そんな裏返しがあるんですね。イシガさんの本を読んでみても親のことをえらく心配しているじゃないですか。

2 集会問題

2.1 仙台集会

　それから後の私の関係としては、仙台に転任になるのが昭和 14 年です。ここで初めて自分で集会をやることができたわけです。それはどうしてかというと、初めは仙台の東北学院に二宮君がおり、逓信省関係に庄司君がいて、その三人でやっていたのですが、そのうちに二宮君が病気になり、庄司君は出張が多くて事実上その集会は続けてやれるかどうかわからなくなってしまう。それで 14 年の秋でしたか、私が中央金庫仙台支所の屋上に上って宮城平野を眺めながら自由ケ丘をなつかしんでいました。自由ケ丘は砂漠の中のオアシスのように感じられたのです。このようにして屋上にいたとき、讃美歌がきこえてきた。それは女の子が一人と男の子が二人─木村喜内君、佐藤みほの君、小野寺平弥君の三人が歌っていたんですね。木村君という人がリーダーで、彼が他の二人をつれて教会へ行っていたのですが、牧師さんと意見が合わなくなって、教会へ行かなくなり、自分たちで集まっていたのです。この人達と僕との出会い[19]があって、それから僕の下宿でお祈りをして聖書の話をしましょうということになった。例の調子で感話会もしました。そういうやり方の集会ができたわけです。

　その当時、矢内原先生は仙台に講演に行くことを非常に望んでおられたのですが、僕としては二宮君が病気が直ったら、われわれ三人で講演会の設営をしますと言うと、先生は「それなら二宮君のお見舞に行こうか」と言われるんで、「お見舞なら結構だから来て下さい」と言ったら、「お見舞だけじゃつまらん」と言うわけです。要するに、われわれに講演会をやれというこ

---

[19] 『著作集』第 1 巻 163 頁所収の「出会い」参照。

となんです。そんなこと言ったって誰もいないのにできるもんじゃない、という状態だったのですが、集会ができましたので矢内原先生のところへ行って報告しましたら、「それは非常によかった」と言って、その時に集会のやり方について注意がありました。それは、絶対に註解書や参考書を読んではいかん、サブノートを作っていってしゃべるのは駄目だ、間違ってもいいから自分がその週に聖書を読んで力を得て、ここだと思ったことを話せばいいのだ、というわけです。要するに「大いなることを語るに及ばず」ということです。これは厳重に守りなさい、と言われました。そういうことでやっているうちに庄司君も加わり二宮君も加わるということになって、仙台集会ができるわけですね。そこで矢内原先生を呼んで仙台で講演会をやりました。その時に、講演会をやって休んでいる間に、僕の転任命令が出まして、それで札幌に行くわけです。昭和15年8月です。

仙台集会は今言ったような事情でできたから、他の集会と何の関係もない。仙台に無教会の集会があったかどうか—少なくても私達の耳にはいってくるようなことはなかった。

2.2 札幌集会

それから、札幌に行きましたら、何といっても、ここは浅見仙作先生のお膝元ですから、始めは一回か二回行きましたが、ここらへんに来た頃から私の考え方ができてきていたわけです。つまり無教会をフロンティア運動として—これは今日の言葉ですが、その頃はもっと陳腐な表現だったと思います—発展してゆくためには、例えば僕のように矢内原集会で信仰を学んだ者が地方に出た場合は、その地方にある無教会の集会に入るんではなくて、自分で集会を始めるのがよい。だから無教会の集会が同じ地方に二つも三つもできたっていいんだ。そうやってフロントをふやしていって、先生が来る場合にはどこかの集会が中心になって、他が協力するということでやればいいのであって、全部一つにならなければいかんという考え方はよくないんだというのが僕の考え方になってきたのです。

そして、もう一つ矢内原集会について言えば、その頃から僕らのように地方へ行く者が出てきたわけですから、そうすると、矢内原先生が夏に山中湖畔で行なう聖書講習会は、オルグ研修会のようなもので、われわれは、そこで新しい問題を学び、力を得て地方に帰ってきて活動する、そうすれば意志統一もとれる—そういうふうに考えていたわけです。ですから、札幌に行っ

ても、私はそこの集会に行くべきではない、行かんでもいい、という考えをもっていました。

　ところが、自由ケ丘集会から札幌に来ていた山本富美さん—お茶の水女子大を出て札幌市立高女の先生をしていた人で、本田昌男君の奥さんになった人ですが—この山本さんは同じ集会にいた人だから時々会うようになり、それから竹内君が小樽からやってくるわけです。そういうことでいつの間にか僕の家で集会ができて—竹内君は土曜日から泊り込んで、あの人は淋しい人ですからストーブの回りで話し込んで夜も寝ないようなことがありました—そこへ山本さんと荒川厳君、この人は北大の学生で彼の親は新居浜教友会の人で僕も知っていたもんだから僕のところへ来て、そこに自然に集会ができてきたもんですから、僕は、集会をやっていますということで浅見さんの集会に行かなかったんです。浅見さんは心配されたんでしょうね、ヒョコヒョコ杖をついて「どうしていなさるか」ということで髭をはやしてやって来るということがありました。しかし家内が大病したり、期間が短いということで、札幌では問題が起らず、関西に行くことになりました。

2.3　大阪集会

　大阪に行ったのが15年の11月ですが、そのあと16年の12月に住友鉱業に移りました。これは黒崎先生に紹介してもらって入社したのです。住友鉱業に入った直後に、仙台にいた中央金庫の手入れがありまして、尾崎都司也君という、年は僕と同じですが、一級か二級上の人で、彼は松山高校の出身で農学部の農業経済を出た人ですが、農学部にいた頃、左の運動をやって、中央金庫にはいって長野県の出張所にいました。その頃長野県は左翼運動の中心でしたから、そこで関係があって、結局、かつてリストに載った者は全部監獄に入れておくということで、尾崎君はつかまって入れられたのです。その関係で僕も治安維持法違反の証人として引っぱられて調べられました。これは、運動と自分の責任という問題になりますが、あまりうかうかと自信もないのに人に引っぱられてついて行くということは、大変なことだということを知りました。それは何も僕がついて行ったからというのではなくて、大変だなということ、慎重にやらなければいかんということを知るわけです。

　それで、ここで集会関係で重要な問題が出てくるのですが、昔黒崎先生の集会にいたもんですから、黒崎先生に紹介してもらって住友にはいるのですが、僕は黒崎先生の集会に行かないでおるわけです。それは自分がこういう

考えをもっているからということで、黒崎先生に手紙か何かで説明したと思うのですが、先生は承知していないわけです。あまり若い時から一人歩きしない方がよいというのが先生の考えで、それももっともな理由なんですが、そこで三島君と私と私の親戚で木村という人と藤井立[20]君—彼は京都の三菱銀行支店にいたと思います—そこらへんが集まって大阪集会を始めるわけです。そして昭和16年に矢内原先生が来て講演されるのですが、17年2月11日にも中之島で黙示録講演会を矢内原先生がするのです。それは『嘉信』に広告が載って詳しくは藤田のところへ問い合わせのこと、ということでした。この頃、16年から17年にかけて、矢内原先生は黒崎先生と武士道について論争しているのだ、というようなことを言ってくるわけですね。集会をやれということのようでした。僕は僕の理屈に基づいて集会をやっているわけですが。ところがその集会がつぶれてしまうわけです。つまり集会に来なくなってしまうのです。僕と隣にいる親戚の木村の二人だけが残って、それはそれでいいではないか、といってもよいようなものですが、結局、三島君が来ないのが決定的なわけで、やむをえず集会をやめるのです。そして集会は消滅したということを矢内原先生に手紙で知らせました。それに対して昭和18年7月31日付の手紙で矢内原先生が私に返事をくれました[21]。その手紙で先生は大阪の集会が消滅したことは承知したと書いていますが、そのほかに、この手紙には次のような背景があります。

2.4　矢内原との衝突

　この時に僕は二宮君と衝突していたのですが、その理由は、これは記録に残すかどうかは別として一応言っておきますと、僕は仙台の集会は自然発生的にできたと思っていたので、僕が去れば当然二宮君が引受けてやればよい、と思っていた。自由ケ丘の出身者が戦い作った集会は、そこに関係する者が受けついでフロントを拡大して行くというのが僕の考えでした。ところが二宮君は、集会は、藤井武先生のように、その時その時に解散してしまわなければならないというのです。というのは何を言いたいかと言うと、藤田の影響が残っていてはいかんということなのです。僕が昼間会って話した時には、僕がそういう主張をしたら彼はウンウンと言って聞いていたが、その後予定を変えて僕の家に泊ったのですが、そのときに「いや、実は言いそびれてし

---

[20] 藤井武の子息。
[21] 『矢内原全集』第29巻249頁。

まったが、あなたに大変悪いことをした。集会は解散してしまった」というわけです。その時に僕は腹を立てたのですが、それは何故かというと、具体的な発言の内容は覚えていませんが、要するに、無教会の、矢内原集会出身者の将来展望について見解が違うんだから、ということを彼は僕に言わないで、藤井さんの言辞をもってごまかした、本当のことを言わなかったということで僕がおこったのです。そして、本当のことを言わないのなら、僕も本当のことを言う必要はない、そういうことだったら付き合いをやめようということだった。そのことが二宮君からの手紙で矢内原さんの耳にはいり、矢内原さんから僕にこういう手紙が来たんです。君の絶交によって二宮君が非常に苦しい立揚におる、だから絶交を解けというわけです。その手紙に二宮君の主張が正しいと思うと書いてありました。それで僕は腹を立てたのです。先生は何も知らんじゃないか、一方の言うことを聞いてそれで判決を下すような、そんなやり方には俺は従うことはできない、と思ったのです。だから、そこで、しかしまあ先生がそう言うんだから絶交状は撤回するという手紙だったと思うけれど、えらくひねくれた手紙なんだね。そういう手紙を出しました。それに対して先生からの返事もありました[22]。

〔編者[23]註—以上で昭和18年7月31日付矢内原書簡の背景の一つとして昭和17年の二宮・藤田問題の説明を終わり、再び同書簡の内容にもどる〕

　先生も相当に忍耐して、〔大阪の〕集会はなくなりゃなくなったでいいと書いています。つまり矢内原先生の愛弟子の二宮君と三島君の二人に僕が不満をぶちまけているわけだから、先生も困るわけなんですね。それで、集会消滅はそれでいいから、一人になっても一人でいけばいいんだから、ということを書いた上で、それから「一言するが」ということで、「こういう手紙の書き方をするものではない。君の書き方を見ると、第一に何々、第二に何々と、まるで私に詰問するような書き方をしているが、私と君との間はそういう詰問関係ではない筈だ」という趣旨のことが書いてありました。だから、大阪集会が消滅したのが6月か7月の始め頃だということが大体わかります。

聞き手　話は前にもどるんですが、昭和16年頃までずっと『葡萄』に投稿さ

---

[22] 『矢内原全集』第29巻249頁。
[23] 『著作集』編集者。

れていて、昭和17年に黒崎集会に入ってこられた時期あたりからしばらく投稿されていないようですが、やはり何か事情があるんですか。

藤田 それは矢内原先生と悪くなって原稿を書けないわけですね。さっき言った手紙にも「しばらく君から連絡がないから」というようなことが書いてあるわけです。そういわれるから僕が手紙を書いて今度はアブラハム[24]のことを書くと、先生は「アブラハムというのは卑怯な男である」というようなことを書くわけだから、要するに書けないんですよ。そんな押し問答みたいなことですね。

聞き手 その後、大阪での集会関係は……。

藤田 それで僕は今度は黒崎先生の集会に復帰したわけです。そうしたら、その時の—僕が最初に出席した日の集会では、今までの続きの講義をやめて「今日はピレモン書[25]の話をする」ということで、僕はオネシモにされたわけです。集会がピレモンで、パウロが黒崎先生なんです。そして「オネシモを赦してやれ」という話なんです。その話を聞いて僕は、これは変なことになったな、と思っていたけれども、その事情は、黒崎集会の人々が「藤田は関西におりながら黒崎集会に出席しないのはケシカラン」と言っていたことが背景にあったのです。後は理屈を言ってもどうしようもないと思って黙っていました。

　その後、19年1月23日、これは矢内原先生が関西・中国に講演旅行をしたときのことで、これは記憶がありますね。23日は午後に婚約式などがあった後、夜は黒崎氏立志館にて所感と題して講演、とあります[26]。この所感講演というのは八ツ当り講演であって、私聞いていましたが、こんな戦争はそう長くは続かない。それは非合理的だと言うんですね。産めよ増やせよと言うけれど、今子供を産んだら戦力になるのに18年かかる、この戦争が18年続くという前提で産めよ増やせよと言うのか、そういう政策自身がナンセンスだというんですね—それからＢ２９が焼夷弾を火の粉のように落してゆ

---

[24] 旧約聖書に登場するイスラエルなど諸民族の始祖で、古代メソポタミアの大都市を脱出して、唯一神ヤハウェと契約を結び、約束の地を目指した。
[25] 新約聖書に含まれるパウロ獄中書簡のひとつ。コロサイの有力者ピレモンのもとから逃亡した奴隷オネシモにパウロが託して両者の和解を勧める手紙。
[26] 『矢内原全集』第25巻703頁。

く、これに対して火たたきを作っておけというが、あれを振り回したら先は縄をつけてあるのだから火事が大きくなってしまう、というのです。そういう一切の非合理性を主張して、八ツ当りの講演でした。小講演で外に聞こえないようにしてやったのですが。内容はそうだったんですが、矢内原先生が来られるという通知が前の集会のときにありまして、その時黒崎先生が僕をよんで、司会をやれということだったんですが、それはできませんと断わりました。それで前野正[27]君が司会をやりました。僕は矢内原先生に挨拶しなければいかんと思って、講演が終って降りてくるのを待って行ったところ、先生はカッと僕をにらんでいるんですね。それでもこれは行かなければならんと思って行って挨拶したら、カッとにらんでいて、ウンともスンとも言わない。それから、反応を示してくれないわけだから、いつまでも最敬礼しているわけにはいかんので、お辞儀をして帰りかけたら、トットと後から来るんだ。それから大急ぎで靴をはいて外に出て立志館から本山という駅まで、ちょっとあるんですが、その畔道をサッサと歩いて行ったら、後から声がするんだ、矢内原先生の声なんだ。何かわめきながらトット、トットとくるんだ。何か僕に怒りたいことがあるんだね。これはいかんと思って僕もドンドン歩いた。しかし最後は危ないわけだ、同じ電車に乗るかもしれない。もうそれは天なり命なりだと思って、ともかく走ってはいけないと思ったけれど、暗い道をできるだけ早く歩いて行ったら、丁度電車が来て、僕だけがそれに乗ることができた。そういうことがありました。

2.5　集会問題の総括

そこの解釈ですが、これが僕は問題のポイントではないかと思うのです。矢内原さんの僕に対する叱り方は「お前が葡萄園の中に争いを起した」ということです[28]。それならば除名すればよいではないかと思うんですが、絶対に除名しないわけです。それは矢内原さんが僕に、僕が仕事が面白くないとたびたび不平を言ったのに対して、「我慢せい、我慢せい」と言っていて、そして自分が大学をやめてからあと、だんだん僕に言うことは、要するに「出てこい」と言うことなんですね。始めは竹内君を連れ出そうとした。兵卒に。つまり、先生は体が弱いから、方々に行くときにカバンをもってついてくる人として使おうとしていたらしい。しかし、僕のところに矢内原さんの手紙

---

[27] 1912 - 1984　黒崎幸吉の直弟子。
[28] 『矢内原全集』第 26 巻 298 頁。

を全部清書してあるから、あれを見ればわかるけれども、もう竹内をこちらに呼ぶことはやめた、君も彼にすすめるな、という手紙があります。それは何故かというと、彼は自分は矢内原によって矢内原の上に出るようなことを言う。そういう考えをもった者では困るというのです。それからあと僕に本屋をやれとか、出版をやれば必ず成功すると言うのです。それは先生の本を出せということです。それから大内兵衛先生から教科書をとってやるからとか、いろんなことを言って、要するに生活は大丈夫だという言い方なのです。矢内原先生は自分が打ち込んでいた仕事に対して、やはり集会の中から何人かが職をすてて出てくることを期待していたように僕は思うのです。それで、僕の考え方はずっとそれに沿っていったわけですね。独自の集会を作ってやって行くという考え方は。ところがそれを僕はやめてしまった—集会を解散して一人でやるのではなくて、黒崎さんの集会へはいっていったわけです。三島君や二宮君とケンカしたということもあるけども、決定的な問題はそれではなくて、今言ったこのことであったのではないかと僕は思っています。そうであるとすると、この問題は、矢内原先生が終戦後、大学へ再び帰ったことにつながってくる。矢内原さんは、結局、終戦まで自分がしようとしてやってみたけれども、自分について独立伝道の方に出てくるものがないとすれば、自分の戦いはそれでいいのであって、人に対して責任をとる必要がないのだから、自分は大学に帰るという道が出てくると思うんです。あれで、もし一人でも矢内原さんのすすめに従って独立伝道者になっていたならば、或いは、独立伝道をやっている先生の手助けをするために職業をすてた人がいたならば、先生は責任を感じて大学に帰れなかったと思います。「お前は伝道をやれ。俺は助けてやるよ」ということは矢内原先生にはできないと思います。これは一つの解釈です。そして、矢内原先生が戦後大学に帰ったのは間違いであったという批判がありますが、それに対する一つの答えがここにあると思います。

　それからもう一つの問題として、僕が黒崎さんの集会へ行かなかった根本的な理由は黒崎さんが「日本は米英を打つ神の杖である」という考えをとっているからでしたが、黒崎さんは「無教会は一つでなければいかん」という。これの争いです。ただし、それについては、僕としては負けたという挫折感がある。僕は矢内原先生と共に誓約集団を組んでいるのに、その誓約を守りきらなかったという挫折感で、それが僕はロマ書7章を読むとき、やはり一番心の中の痛みになる問題です。それと共に、ロマ書7章が非常によくわか

る理由にもなっています。

2.6 矢内原との和解

　矢内原さんとの関係で、そこらへんの問題を解決するのは、昭和23年の5月8日に先生が西南学院[29]に来て講演をされて、そのとき僕が矢内原先生の紹介をする。それから翌日はやはり西南学院の講堂で福岡全体に対する公開講演で、これは本田昌男君が司会をする。このときに、矢内原先生と僕が、場所は覚えていないが腰かけて、先生が「師弟の関係というものはなあ」ということで、そこから先は何も言わなかったです[30]。そういう解決があるのです。最も悪かったのが、先程の追いかけられた時と、それから、戦後になって21年の7月9日に矢内原先生が唐津に来られた時です。

　7月8日の矢内原先生の日記[31]に「8時12分博多発、伊藤祐之、小倉熊彦両君同行、10時頃虹ノ松原着」これは唐津のところにある駅です。「海浜ホテルに入る。小倉氏の客なり。」この小倉君というのは小倉熊彦というのが兄貴で和彦というのが弟です。このお父さんが無教会です。「伊藤君は岸岳の藤田君方に往く。明日藤田君の家族と共に来訪を約さる。」それから「7月9日豪雨をついて伊藤君岸岳より来る。藤田君家族は来らず。一日休養。小倉氏宅にて家庭集会。」ここに「藤田君家族来らず」というのはウソなんです。家内が子供をつれて行ったんです。会わないんですよ。「なんだ、藤田は来ないじゃないか」と。僕はね、これは何としても行かなければならないんだからといって、組合に僕を唐津に行かしてくれと頼んで代議員会にかけたのですが、行ってはいかんというのです。というのは、組合が真ッ二つに割れて、第一組合がものすごく動揺している。第二組合が出ていってね。それで、「お前がここにこうして顔を出していないと、皆が不安がって、どうなるかわからん」というのです。僕は「3時間か4時間でいいんだ」というのですが、「駄目だ」というんです。それで僕は「仕方がない、それじゃ僕は行かない」と。その事情を矢内原先生は勿論知らないわけです。それで「藤田君家族来らず」と書いてあるのです。そして、その理由が7月10日の日記に書いてある――「直方より三浦昌男君夫婦、二児を伴うて来会す。藤田君、三浦君をそれぞれ往訪する考なりしも余の健康上中止し、その代りに

---

[29] 福岡市を本拠とするバプテスト連盟系西南学院専門学校（西南学院大学の前身）。
[30] 『東京通信』第18号「藤井武先生」参照。
[31] 『矢内原全集』第28巻843頁。

出て来てくれしなり。」こういうことで、三浦君は来たが藤田は来ないという不満がこんな形で出ているわけです。この日記を全集に編集するとき、大塚久雄さんがここを読んで「ちょっと気になることがありましたよ。『藤田君来らず』とありましたよ」と言っていました。ここらへんが矢内原先生と僕との関係が悪かった時です。

これが21年で、22年に僕が委員長をやめて、挨拶まわりで方々に行き、東京に来て矢内原先生の家を訪ねる。その時はもう和らいでいた。それから住友鉱業をやめて西南学院に就職し、そこへ23年5月に矢内原先生が来られたということは先程話した通りです。

2.7 矢内原集会の性格

そこの戦時中の関係が、矢内原先生が何故大学に帰ったかということを解く鍵にもなるし、もう一つは、僕の挫折感ではあるけれど、誓約集団の問題がある。そして、その誓約集団の問題というのは実は戦争問題に関係してくる。その戦争問題について、そこまで考える人は恐らく今井館集会の中でもごく少数ではなかったろうか。そうしますと、『葡萄』というものを中心にできていた、ああいう会合、これが戦時中の矢内原集会の性質を解明する鍵になります。あれをどういうふうに了解すれば、問題がはっきり出てくるかということは、大事なことです。

聞き手 矢内原先生は黒崎先生とか塚本先生のように戦争に妥協的な人に対して寛大であったように思われますが、自分の弟子に対しては、やはり自分の思想を守ってほしいという厳しさがあったのでしょうか。

藤田 厳しかったでしょうが、しかし、言葉としては、それは全然とらえることができません。だから、今話したようなことを言ったら、「そんなことはない。それは藤田君の思い過ごしですよ」と言うでしょう。そこはやはり矢内原さんのうまいところですね。政治家だな。ピリッとそれがわかるような表現をする。しかし、文章に残すものには絶対にそういうことは書かない。

矢内原さんが塚本さんよりも黒崎さんに近よっていたのは、黒崎さんの方がゆるやかで寛大だったということもありますが、別子で一緒だったということが決定的だったと思います。それから黒崎さんが十字架信仰がわかるの

は、矢内原先生の奥さんのお父さんの堀米吉さんの影響によるのですが[32]、その堀家と黒崎さんとは非常に親しいわけですから、そういう関係でも矢内原先生は黒崎先生と親しかった。

　矢内原さんは自分と考えが違うからいきなりそこで別れるということはしない。しかし黒崎さんの膝下で矢内原講演を僕らにやらせるわけです。僕らは非常に苦しかったですね。先生に手紙を出すと「黒崎君には『講演会をやりますから』と言っておけばいい」という返事が来る。先生はそれでいいのでしょうけれど、言いに行く僕は大変苦しいわけですよ。自分は集会をもっていないで、黒崎先生の集会の中で勝手なことをやるみたいでしょう。しかし、矢内原先生はそういうやり方ですね。だから、遠慮なしに正しい考え方の方向はとってしまうということではないかと思います。非常に厚かましいと言えば厚かましいですね。

3　職場問題

3.1　職場問題提起の経過

聞き手　次に職場問題に移りたいと思います。先ほどウェーバーのような考えで職場を潔めて行くということがありましたが。

藤田　仙台・北海道の時は、職場問題はまだあまり考えていないわけです。その時の頭の中心は、地方の無教会集会に必ずしも合体しなくてもいいという、そこらへんのことを考えたのが、その時期には手いっぱいであって、そして、その問題が大阪へ行って火をふいてしまうわけですね。それで頭が動転しているわけです。

　大阪でも始めは矢内原講演の設営者だったのですが、住友に転勤して、住友鉱業はかつて矢内原先生が勤めたところであるということもあり、「俺の任務は一体何だろうか」ということを考え始めた。つまり、今までは矢内原先生のカバン持ちでやってきて非常に任務をつくしたように思っていたが、これが自分の本領とは僕はだんだん思えなくなってきた。そこらへんでやはり矢内原さんの道とわれわれの道とが違うということがわかってくるのですが、そういうことを僕に思いつかせるのには久留島通彦さんという人が役立っている。久留島さんは、名古屋にいて矢内原先生の集会を世話した人です。

---

[32] 黒崎幸吉『回心』（山本書店, 1971）36〜39頁。

第2部　キリスト教社会思想の探究

僕は、世俗の中でやるのがいいのだと考えながらも、うまく行かないもんだから、いろんなことを考えていたのですが、久留島さんがよく僕に向って「わたしの時はこうだったけど、あなたの時代になるとやはり違いますからね」と言われた。そういうことを聞いていたので、僕は、時代が違うのだから違ったやり方を考えなければいかん、というようなことを、きわめて自然に考え出してきたと思いますね。

　唐津へ行く時には、そういう問題を頭の中にもちながら行ったわけです。そして唐津炭鉱—これは小山経営ですが—を住友式経営に一年で切りかえよ、ということを任務として与えられるわけです。始めは知らないから「ハイ」と言って行ってやってみたが、そんなことができるものではないのです。そこで僕は本店の人事の方針に対してクレームをつけ始めるわけです。住友式にかえるためには、どういう人事配置をしなければならないか、ということを言い出すわけです。そこらへんから段々問題がはっきりしてくるわけです。それをやっているうちに、住友の年功序列がわかるわけです。要するに、職場秩序をかえて年功序列みたいな成果を生めというのですから、それに必要な人事配置をしろと主張したわけです。そのようなことをやっているうちに、職場の課題は何かということが段々見えてきたわけです。

　矢内原先生に福岡に来てもらって講演をしたあと、先生は僕に「お前、勉強するんだったら、こんなところでは駄目だよ」と言う。「東京へ出なければいけないでしょうかね」と僕が言うと、「いや東京は家がないよ」と言うわけです。要するに、家の心配はしてやらないけれど、職の心配なら俺は今できないとも限らない、という言い方ですね。そういう話があって、ここにいても駄目だなあということを段々考えるようになった。そして社研へ行ったのですが、社研では、自分が会社で体験したことをそのまま理論化するということになってくるわけで、そこらへんから職場問題が理論上も非常に明確になってきた。そういうことではないでしょうかね。

聞き手　ちょっと時代が先走るかもしれませんが、『回想』によりますと、学生時代は調査ものが好きだったということがあって、それから産青連では労働運動をやって、住友にはいった時に安井冨士三さんの話が出てくるわけです。「それまでは、人が証明したことを真似て、調査して確かめていただけですから、要するに、おまえの発想はまだ研究室的だというのです」というふうな言葉があり、そのあと今お話のあった唐津での体験で職場問題がはっ

きりわかって、それから 21 年の組合分裂の中で忠誠と反逆の関係が見えてきた。それを社研に来られてから北陸鉄道労組の協約闘争、そういったもので戦後の協約は整理できるようになって、『協約闘争の理論』をまとめたというような筋になっていると思います。そこで二、三お尋ねしたいことがあります。

　先生は職場問題の原体験というものを、唐津の炭鉱を引継ぎに行ったところにもっていっておられると思うんです。その唐津の炭鉱を引継ぎにいった時、職場問題が見えてきたというのが、いろいろ説明をうかがわないと、いきなり職場問題の原体験であるということが理解しにくいような面があるんです。後に信仰の問題として職場問題という形での問題提起をされてくるわけですが、協約闘争とか合理的な秩序を職場に導入しなくちゃならんということですと、頭の中では非常によくわかるような気がするんです。唐津での体験は単にその時点だけではなくて、それが発端になってその後の戦後の組合分裂、それから他の事例、そういうものの分析の中で昭和 20 年代の後半までの間にそういう職場問題というふうな問題意識が形成されてくる端緒になったというふうな理解なんでしょうか。それとも、もう少し先程の黒崎集会との関係において誓約集団がとらえられているようなとらえ方、そういう職場問題というものを考える際のとらえ方があったのでしょうか。

藤田　いや、問題の性格からいうと、黒崎集会との関係は、戦争反対という誓約集団を維持することです。つまり矢内原さんが、僕に親子の約束だと、師弟の約束だと、お前は自分の養子だといわれたこと——そういう関係を維持して行くとすれば、戦争に反対しない集会へ行くことはできないでしょう。矢内原先生は、行くなとは表面は誰にもいわんわけです。たとえば三島甫君の場合だったら止めないわけです。少くとも目下自分と論争中だとか何とか言って、行かないことを強いるようなことを言わんわけですよ。奥さんが住友関係の人の姪であるというような、住友財閥の関係があるからね。そちらの関係の深い黒崎さんのところへ行くなとは言わんわけです。

　僕の場合はそういう関係はないわけです。おそらく、こいつは引っぱり出せる可能性があると考えていたんではないかと思える。このことには、いろいろ説明しなければいかんわけですが、たとえば僕が仕事についてきくと、身軽にしておけ、いつでも出られる態勢をとっていなけりゃいかんとかいうのです。だから僕の結婚もその点から配慮していると思うんです。一番出て

くるのに抵抗の少ないような配慮ですよ。だから矢内原さんは、藤田は場合によっては出るかもしれんという考えをもっていたかなと思う。

それと僕と竹内常一郎と東郷元[33]というのが三羽烏ですね。悪くいえば奇人三羽烏というやつです。非常に直接的に、先生の言うことでも直接的に受けとってしまう。そしてその通り行動する。それはつまづくですよ、つまづくけれどとにかくそういう行動をする。人が言ったものですよ、三人よれば大変なもんだよと。札幌ではその三人が顔を合わせるんですよ。丁度、そんなこともあって札幌の僕らの集りは火のように燃えていたんですよ。夜も眠らないんですよ、それがいいとはいいませんよ、ああいうやり方は反対なんです。その時はそういうことでした。そういうことがあって、僕はやはりさっき言ったような誓約集団が中心ですね。

3.2 職場問題の実践

それともう一つは職場ということを考え出したのは矢内原さんと別れて自分が何かという問題なんだけれど、そういうことと併せて安井さんみたいな人に出会った。そうすると職揚の中というのは、そんなことを考える余地もないような世界かと思っていたら案外違っていた。

途中で僕のことを悪口いうのがいたんです。もとからいた奴で年が僕よりずっと若いのが、住友では俺が直属だというような、藤田は中途採用者だというくらいに思って僕より上の仕事をやろうとして、僕が結局上になったもんだから、そうはいかなくなるんです。そうすると文句をいう。そういうことが安井さんの耳に入ったら、いやけっこうだと、藤田は俺が直接きたえてやるといってね、僕は安井直轄になってしまうんですよ。その安井さんが僕を仕立てあげるために自分が直接リードして、それから唐津炭鉱へ行かせて実際をやらせる。そこでのお前の課題はこれだというふうに課題を与えられて僕は唐津へ行くわけです。そして行って途中で出来んもんだから、そこで僕は神林君という人事課長[34]に人事配置はこうでなくちゃいかんと言うことをいうわけですよ。その時に僕が考え出したのは住友風にやるためにはこうしなきゃいかんと思って、みてきた住友のカラーで考え出したことは忠誠部隊の発想の中の要点配置ということです。そこで年功序列の中の仕組みが解

---

[33] 北海道在住の矢内原の弟子。
[34] 神林人事課長の『渦巻』は、住友鉱業の社内報に掲載され、藤田著『第二組合』に一部引用されている。

明できてきているわけです。住友鉱業の中で半年から一年みているわけですから。

そこへ終戦になって僕が職員組合の委員長になる。そして相手が僕の足をすくうために第二組合を作って行くときに、今度は僕が忠誠グループでないやつを全部つかまえあげるということをやるわけですね。僕は今度は、いろんな諸関係の中で、逆に反逆グループに追いやられるわけですよ。そこで忠誠と反逆の関係は一体どういうふうになるんだろうかということになる。それを神林君が『渦巻』という題で小説風に書く。そして今度は僕は東京に出てきてから後はそれを材料に使って年功序列について書くというふうになっていったという過程ですね。

そうすると職場の中の戦いの質というのはそこで出てくるわけでしょう。だから安井さんを通じて与えられた課題をそこで解く、解き方は唐津にも年功序列を作らにゃ駄目だということですよ。しかし、日本の年功序列の中にはいかなる対立関係が含まれているかということは組合分裂の問題として後に提起した。そこでわかったということです。

だから職場闘争というのは内容からいえば何になるかといえば、具体的には33年から後の総評の組織綱領[35]の中に出てくるような職場交渉の慣習を作るということになるわけです。しかし、そういう職場交渉にならずに、今の新左翼みたいな形ではねあがるのがいっぱい出るわけですよ。その中で重荷を背負ってどうして職場交渉集団を作って行くかというのが任務になるわけですよ。泥をかぶるような人間がいないとできない。

聞き手 藤田先生のそういう経歴の中で、職場において十字架を負えという問題提起にもっともあてはまるとお考えになる時期というのは何時ですか。

藤田 僕自身のつもりでは、終戦の時に職場でそれをやったつもりなんです。

聞き手 『回想』に書いてある「鉱員組合は職員組合を徹底的にいじめるということはするなといおうと思った」（本書80頁）とか、こういうことですか。

藤田 そういうこともあったですね。その頃はみんなどうすれば自分の立揚

---

[35] 1958年に総評が策定した組織綱領。藤田はその策定にコミットした。

がいかによくなるかということを考えているわけです。職員は鉱員組合をボロクソにいえば出世すると考えている、鉱員組合の方はもう身体を張ってけっとばさなけりゃ仕方がないというようなそんな空気が非常にあったですね。しかしその中で僕は結局、職員の側を随分いさめたし、それから僕は何と思われてもいいからということでやった、というようなことですよね。けど非常にやっぱり何せドロドロした中だから筋はきれいにはいきませんよ。だから人からみればこっちはこうたいて、こっちもこうやっているというふうにみえたでしょうね。けど根っこはそういうつもりではない。だから普通はそういう時にやめる時は退職金をたくさんもらってやめたり、住宅をあくまでも渡さなかったりということがあるんですが、僕はその点は自分自身については何も要求しないでやめたんです。その点は案外人から「君のやめ方はきれいだ」と言われている。だから神林君が書いているのは——予断で書くわけだが——この男はここですでにやめることを腹に決めているとかね、会ってみたら彼の目は澄んでいたとかね、そんな言い方で要するに後で何も要求しなかったということを言っているのですよ。

聞き手　分裂の時に組合をリードしたということの外に、やめた時のあたりのこともお話しいただきたい。

藤田　一つは安井さんに申しわけないということですよね。そんなことは余りいいたくないですが……。

聞き手　分裂の時に第一組合を指導されていたという立場をやはり意識されていたのですか。

藤田　安井さんは、僕をあすこの、しまいには重役になるような立場にもってゆくつもりでやっていたわけですね。だから自分の経理の精神というのを僕にたたき込もうとしたんですね。水島さんとか、何人か安井経理の後継ぎがいるわけで、そういう安井グループの一員に仕立て上げようとしたと思うんですね。だから僕としては、そこまで考えてくれたし、僕自身はどう思われたっていいと思ってやったことについて安井さんは身体をはって僕のことを弁護してくれた。けどまあ、安井さんの思う通りに僕は行動しなかったんだから身をひこうと。しかし、それだってね西南学院へ行く道があったから

ひいたともいえる。それがなかったらとどまっていたでしょう。

3.3 職場をやめたあと

聞き手 先生が職場問題という提起をされた時、企業をやめられたということを非常に評価して、たとえば矢内原先生も職場からはじき出されたし藤田先生もそうだと、こういう職場問題のとらえ方もあったと思うんですね。

藤田 いや、そうじゃないんじゃないか。職場を出るかどうかということが決定的なんじゃない。

聞き手 どういう点を職場問題として特にのべられるのですか。

藤田 それはやっぱりね、職場問題というのは十字架を負うということなんだからね。十字架を負うという象徴的な言葉で表現しているんだから。あるいは、そこであることのために会社側からは、こいつはもう経営者としてはたてないとかいうことです。しかし、住友みたいなところは、ほかだってそうだろうと思うけれど、そんなにひどい目にはあわんよ。加藤順一郎君の場合は例外みたいですね。あんなのは僕にもわからんですけどね。かなりのところまではいかすけれど、中枢には据えないということはやるですよね。そうなったっていいということであって、出るか出ないかが決定的だとは僕は考えていないです。ただ人にわかり易く説明するためには出たといった方がわかりいいことがあるから、ついついそうなってしまうんでね。本質をいえば出たからどう、出ないからどうということはないんです。

聞き手 もう一つ産青連で運動された形というのが職場闘争のモデルであったように思うわけですが、先生がよくお話された「一年間はじっと見ていて、あと一年間で各職場の不平分子を集めるんだ」というモデルです。これとやめるということとを非常に短絡させると、非常に矮少化したとらえ方になる危険もあるんですが、そこらへんのところはどうなんでしょうか。

藤田 それは、一年間じっと見ているというのは何もその時期だけでないんで、全体そうですね。今でも僕はＩＣＵでは一年間は勉強期間だから何もさせないでくれと言っていますよ。だから、それは関係ないですね。それから

不平分子というのも、わかり易いためにいうわけですよ。一年間みていれば問題がどこにあるか、不平分子のことばかり言っているようですが、不平分子がどこにおいて職場のペースメーカーはどこにおるかという配置をみるということなんです。そんなことをいちいち言っているとわかり易くないからね。

聞き手 どちらかというと反逆に近い形の描き方になるわけですね。

藤田 そうなるんだね、この点はいろいろといわれる。中島君というキリスト教徒から共産党員になったんだろうね、それからさらに新左翼になっていった人がいる。僕を一番よく理解する彼が、先生の書き方は非常に誤解をうける、そうでないということをどこかに書かなきゃいけませんよという。

聞き手 『回想』の記述をみれば確かに職場問題にもいろんな段階があり、これまで職場問題をずっと先生が話されているのをみれば、そうじゃないということはわかるんですが……。

藤田 だからとび出してゆく人もいるし、中でつぶされてゆく人もいるというふうにみた方がよいんじゃないですか。今の新左翼みたいにとび出す方だけみていると胸がすっとするんですが、とび出さねばならんというふうになった時にとび出す。場合によってはとび出す—その人の性格もあるだろうし、具体的な条件もあってそうなることもある。しかし中にとどまった闘いもあるというふうに考えているんですけど、ＩＣＵなんかじゃ中に止まらないで、うかうか外にとび出しちゃうと心臓が爆発するからね。身体が動かなくなっていますからね。と思っていますけれど、将来のことはわからんです。

3.4 基幹産業の位置づけ

聞き手 今の問題と関連しますけれど、昭和16年12月に住友鉱業に入っていらっしゃいますね。丁度、戦争が始まったところで新しい職場に入っていらっしゃるわけですが、先生が基幹産業の住友鉱業に入られた意義づけはどうなんでしょう。

藤田 基幹産業に入るかどうかということは、本当は学校を卒業する時に解

決しなきゃいかん問題なんですね。先程話しましたように、僕が卒業する頃、在学中もそうでしたが、大体レーニン主義ではなくて、『資本論』読書会——『資本論』というのは一種の調査分析みたいな面が強いわけですから——そういうものによる日本農業の調査とか日本工業の調査というものが割合重視されていた時期です。それと、たとえば鉄鋼・石炭産業に入るということは、鉄とか石炭とかという重要産業に働く労働者こそが最も階級的な変革力があるんだ、そこで労働者に接触するというのはやっぱりナロードニキ[36]のようだという考えが日本の学生運動の中にずっとあるんですね。それが非常に強くなって島木健作のあのような形になっていくと思っているんです。僕の学生の頃に既に基幹産業にゆくという傾向があるんですが、僕は農業といっていたもんだから、それで矢内原先生の同級生で井川さんという人が産業組合中央金庫において、そこでとってくれたということで、その問題には正面から僕は入っていなかったんですね。そして本田君が僕より三年後に入っていますが、彼の場合は全くそういう意味で石炭に行っているんです。石炭に行って塾生みたいに若い炭坑夫と一緒に寝泊りしたり、彼らと一緒に坑内に入ったり、そういう人を訓練した記録を作っておりますよ。僕はそこへ遅れて入ったわけです。

　そして産業組合のところから住友鉱業へ変って行った時、友達と論争というか意見をたたかわしたわけです。石井嘉郎君とかは、これは『回想』に書いてあるはずですが、僕に対して住友に行くなんてのは資本家の馬の足になるだけだという。僕が山下君に、君は官庁に知り合いが多いんだから俺を紹介しろといったら、いやそれはできんというんだ。できなけりゃお前が責任がもてんのだから俺がそこへ行ったっていいじゃないか、馬の足になったって仕様がないじゃないか、大体今日はお前は物価調整官になっておるが、それでどうこうという問題ではない、お前に国家が期待しているのは子供を産む能力があるだけの話だというように僕は彼らに対して反論をしてね。

　だから貝になるような、サナギになるような話ですからね。住友に入った時は一方では基幹産業に入るような空気の上にのっかっているが、僕自身は思想的には今はサナギになるしかないという考えですよ。だから僕はその頃勉強したのは、家に帰って読んだのはギリシャ語と資本論ですね。そして会社に行った時は、安井さんが「そこにあるのは資料だ」というから、その文献資料みたいなものを、生産関係の記録をみて再生産の仕組みということを

---

[36] 帝政ロシア時代の社会改革者たちの流派。

勉強したということになるんですね。

その頃僕らの耳に伝わってきたのはカクタというあとで共産党になった人ですけれども、仙台の鉱業所にいって、勤労に入って結局炭坑夫がバクチやるのをやめさせるわけですね。一緒になってバクチやっとって自分の子分を作ってパッとやめるわけですよ。そうすると子分もろともに改心してしまうわけですね。そういうカクタ君というのは骨のある男だなあと思ったが、僕がそんなふうなことは出来るとは思っていなかったですけれどね。

3.5 無教会と組合活動

聞き手 敗戦後、組合活動で委員長になられて、22年の二・一ストはマッカーサーの中止指令が出ましたけれども、ここまで全国的に二・一ストを頂点にした運動、そこへもり上げていったすごい動きがあったわけです。その中で組合の委員長ということで闘争をおやりになったわけですが、その当時の矢内原集会とかその他の無教会なんかでもそういうことをやった人は非常に少なかったんじゃないかと思うんですが。

藤田 そうですね、その頃はほとんどなかったんじゃないですかね。和歌山にいる前田友美さんは、稀な例ではないでしょうか。あの人は住友化学のあそこの工場の委員長をしていたんじゃないかと思います。あそこの工場が切り離される時に、彼はどこか他にちゃんとしたポストにつけるようになっていたんだけれど、自分はいい、皆と一緒に残るといって残ったんですが、それも段々整理されて守衛さんになっていたが、今は定年でそれもやめたんじゃないですかね。だから非常に少なかったですね。また、本田昌男君がいますね。僕は唐津という炭鉱は小さいから組合運動の中では地位はあまり上らなかったけれども本田君は三井や三菱と組んでかなりのところまでやったですよ。

聞き手 そういう組合活動というものは、先程の住友に入られてからは職場問題に目がひらかれてきて、ずっと職場問題と取組んでこられた。取組むといっても『資本論』なんかを読んで分析されたりということで観察をしてこられた問題意識が背景にあって、それが敗戦ということで外側にあらわれたということでしょうか。

藤田　そういうこともいえるでしょうけれど、要するに現場に居合せてああいう問題が起ってきた時に、どうしようもないわけですよね。職員と鉱員の側のケンカというのは深刻ですからね。炭鉱の職員といっても坑内職員ですから直接鉱員を使っているわけですね、坑内で使うわけですから、そこは非常に労働が激しいですからウラミもひどいわけです。鉱員組合の方は組織を作って戦犯追放みたいな形でやろうとするわけで、そうすると坑内職員の方は坑親会なんて会を作って対抗しようとするわけですよ。もし自分達がやられようとするなら会社は自分達をバックアップしてくれるだろうということでやろうとします。そうするともう死闘になるんですよね。僕らなんかからみていると坑内ならば自分らのステイタス意識からすれば職員ですけれど、会社側からは鉱員のちょっとましなのくらいにしか思われないわけです。

　だからそれがどうして血生ぐさいケンカをしなけりゃならんか、それならばそういうものは労働組合ということにひっくくってしまって、階級的には同じじゃないか、何故ケンカをするのかというふうにもっていった方がよいのじゃないかというのが僕らの考えですよね。だから他からいえばそんなもの勤労の一翼じゃないかと、労務管理の一翼としてやっていると同じじゃないかというふうにもみられるですよね。

　そういうことで僕自身がたまたまそこにおって、そういうことが起こってくれば僕だってふりかかる火の粉ははらわにゃならんというわけで行動をしようとすると僕なんかはそういう行動になってしまうというふうに考えているんですよ。

　それで、ただこういうことはいえるでしょうね。組合運動をしたから不信仰であるというそういうふうな言い方は少くともされたくない。そのかわり増田甲子七[37]のように防衛庁長官をやってもクリスチャンじゃない、無教会じゃないとは僕はいわんよ。組合の委員長をやったからといって無教会の敵みたいに言ってもらいたくない、おあいこじゃないかというのが僕の一貫した姿勢ですよ。無教会かどうかと余りリジッドなこといわんでもいいという考えですよ。先生が無教会だったら、弟子も無教会で、そのくらいでいいじゃないかというような非常にゆるやかな考えです。無教会のエッセンスは何かということは議論してもいいけれど、そんなに人をきめつけてはじき出すみたいなことはしないで欲しい。そもそも無教会というのは除名権をもたないというぐあいに僕なんかは考える。それはもう、そういう主張は終戦の時

---

[37] 1898 - 1985　塚本虎二の弟子。戦後の防衛庁長官となった。

からもっていますよ、防衛的姿勢は。

聞き手 ということは、かなりそういうことをうるさく言ってくる人がいるということですか。

藤田 いや、藤田若雄というのは知らんわけですが、ただストライキはけしからんというようなことは聞こえてきます。組合運動をやっている者は赤みたいに言うのはさかんに聞こえてくるわけです。塚本先生がどう言ったとかね、だからそういうのを聞いていると僕は赤の大将みたいに思われるであろうと、よってこれを僕は防衛しなけりゃならんという意識は働いてくるわけですね。

3.6 経営の実践と労働組合の実践

聞き手 戦時中、制度的合理制という住友的経営という考え方でやられてこられて、戦後むしろ不満分子を集めたような組合運動をやられたというのはどういうことでしょうか。

藤田 不満分子じゃないんだ。要するに戦時中に住友方式にかえろと言った時に〔『回想』の対談者〕戸塚教授は、お前はそこでそれを非常にいいものと思ったが、ところがあとではそれは悪いもののようにいっているじゃないかというけれど、そんなふうにいわれたってしようがないと思うんですよ。戦時中に変えろと言ったって日本の中にそんな力はどこにもないんだからね。その時にこういうふうにやれといわれたならば、こうするにはこれができなくちゃできませんよというのが当り前のことであって、その時に何も抵抗しようと思っていないんだもの、サナギってのは抵抗しないもんですよ。ただ、ちょっと頭をふるくらいのもんですよ。

聞き手 戦後、組合運動をやるという場合の動機というのが、さっきのお話ですと、いわば無駄なケンカをしないということで、それがまあ階級的統一だというようなことをおっしゃったんですが……。

藤田 そんな難しいことを言っているんじゃないですよ。それを階級的統一と規定するとかなんとかいうのではなしに、無駄なケンカはしないというこ

とです。

聞き手 そうすると組合活動に入ってゆかれた過程というのは自然発生的なものですか。

藤田 それは現場をはずれて何か議論しても駄目ですよね。その人の置かれた状況の中で僕みたいな考えをもった者がおって行動したって何も不思議ではない。人からみれば奇妙にみえるかも知らんけれどね、僕自身からすれば奇妙でも何でもない。もっと出世したい奴がおればもっと別な行動をするでしょうが、まあ僕は余り出世したくもないし、出世しなくてもいいとは思っていないけれど、そう関心は強くない人間だからね。それで向野常務にかなり悪く思われていて、お前はもう懸賞金をぶらさげて歩いているようなもんだ。お前を切れば出世すること間違いなしということになっているんだから用心しろというような神林の助言などがあって、それじゃ用心しようかねというようなことだったですね。
　それで要するに年功序列というものが一つの非合理性をもっているわけで、それよりも古いものに対してはもっと合理的であるけれども、その中には近代的官僚制に比べればはるかに非合理的な要素がある。そこのところをどう直してゆくかということを組合運動として僕が考えたわけです。なぐり合いやるよりも団体交渉で解決しようではないかと、協約を結んでゆこうではないかと考えた、それだけのことです。その協約を結んだりするのになぐり合いではなくてゆくために、僕は重荷を負えばよいんで、それをやったから俺はえらくて出世するということでなくてよい、とこういうことですよ。

聞き手 今のような考えを公けに信仰の問題として提出されたのはいつごろのことですか。

藤田 さあ覚えていないなあ、信仰の問題として提出したというのは。もう終戦の頃は炭鉱で集会をなんぼ作ろうとしてもできなかったわけですから、集会ではないんですね。段々そういうことでものを言うのは東京に出てきてからじゃないかな。だから東京に出てきた初めの頃は歯の浮くような合理性の主張ですよ。始め『橄欖』にちょっと投稿するんですが、その頃は今からみるとアホウみたいなことを書いています。

聞き手 東京に出てきた後ですか。

藤田 そうです。

3.7 西南学院の時代

聞き手 昭和 22 年に住友を退職されて西南学院に 2 年間くらいお勤めになるんですが、この間はどういうことがあるんですか。

藤田 西南学院では二つだろうね。やっぱりあそこに組合を作って委員長になるんだなあ。そこでそれと関連するんだけど授業料値上げ反対運動がおこって、だいぶ大変なことになりそうなんで、僕が結局解決してしまうんですね。

聞き手 どんなふうに解決したんですか。

藤田 授業料値上げが出てくるんですが、その根拠は校舎を建てなくちゃいかんということですね。その前に校舎を建てた時に、院長の親戚の人が請負ったんですが雨が漏り出した。そういうことで院長が何かと結びついているようなデマがとんで、みていたら完全に学校当局側が負けるような運動がおこってくるわけです。

　そうしたら、関東学院から来た民法の先生で古賀さんという 65 歳くらいの人で非常に役職につきたい人がいて、その人が自分流に同窓会を使って解決しようとしているんだよ。その家は地方名望家なんだ。

　伊藤祐之さんに、僕は、あなたは余り院長のいうことばかり聞いていては駄目ですよっていうわけです。そうしたら伊藤さんは、いや俺はそんなことはないって言い訳けするんだ。それでこっちも、そんなことないっていっても、そうでしょうかねといっていた。そしてある時、伊藤さんに問題はもうこうなっているんです、学生の方は態勢を固めていると言ったのです。すると、伊藤さんは、このあいだ教授会を開いたけれど、いい案が出なかった、その時君は欠席していたから、もし君が何か言いたいことがあるんなら今日臨時に教授会を開いてやってもいいというんです。その頃、僕は唐津の方に住んでいて、一週間に二回ぐらいしか学校に出ていなかったんです。それで、

じゃ開いて下さい。僕が案を出しますからといって、そこで三者協議会を開けという案を出すわけです。学校当局と教授会と学生代表の三者の協議会です。

　教授会の方は全然出る意志がないんだね。要するに授業料があがったら自分達の給料がよくなるからよいと思っているが、自分達は責任はとらないという考えなんだな。しかしまあそれはいいから開こうというんで開いたんですね。そして教授会側の代表として、僕と広島大にいる狭間君と、亡くなったけれどフェリス女学院の院長になった西永さんが選ばれた。西永さんは一番年輩なんで、彼にやらせてね。彼はバプテストじゃなくて宗派が違うんで、余りいい役につけてくれなかったんで、不平分子だった。そこでは年輩者だからうまくやって、そこで案を出して学生代表も納得した。そのかわり院長の給料はさがった。家族手当を作ったり給与改革をやったんですよ、僕が。

　学生の言うのには、要するに自分らは上げることは反対じゃない、全額というわけにはいかんけれど中味を検討して納得がゆけば上げる、それから先生の待遇をあげることには反対じゃない、ところが役職についた人ばかりがよくなるんじゃ反対だと。こういうわけで、家族手当を作ったりいろいろしたら、黙っておった英文学の先生で子供が多い人の給料が一番あがって院長よりもよくなった。その人の顔がニコニコしだしてね。要するにその案で解決しちゃったんだ。

　そしたら古賀さんが地団駄ふんでくやしがってね。丁度、その日彼は腹が痛くなって来れなかった。それで僕がそういう案で委員になって僕のペースでいったので、古賀さんは藤田にしてやられたといってくやしがったそうだ。それで解決して非常に僕は名が上ったんだけれど、そしたら直ちに僕に対して今度は同窓会から反撃があったですね。まあ反撃するなら反撃してもいい、僕はここにこだわらんからというので、さっさと24年に東京に出てきたというわけです。

　それですから組合を作ったということと、そして授業料値上げ運動を解決したということと、もう一ついえば健康保険組合を作ったということですね。非常にみんな反対していたが一番反対していた爺さんが歯医者に行って、ただだったというんだね、そして喜んで握手してね、いいことをしてくれたと言うんだよ。いいでしょうといってね、僕はいいことをするんですよと言ったことがありますね。それぐらいですね。ああいうところだから学生が割合になついてきた。それからもう一つは寮長を、舎監をやっていて盗難事件が

おこってそれを解決するのに苦心したということもあるんですが、これは余り信仰と関係ないな。

4　戦後矢内原集会の中の活動およびその後

4.1　丘友会について

聞き手　昭和24年4月に東大社研にはいられたわけですが、学問上のことは『回想』の方に書いてあるように思いますので、集会関係のことをお聞きします。昭和14年仙台にいらっしゃってから10年の間地方まわりをしておられて東京の集会に帰ってこられた時には、矢内原先生の戦時中の家庭集会は解散されて、今井館[38]で非常に大人数の集会が始まっている。そのへんの問題を話していただければと思います。

藤田　初めは何もしないでいたわけですね。それからこれも理屈をいえば様子をみていたということになるんでしょうが、それほど構えてはいなかったですよ。何しろ仕事をしなけりゃいかんかったですから。余りこちらのことをやるわけにもいかんということもあったと思うんです。昭和26〜7年頃からゴソゴソ始まるんじゃなかったですかね。それで26年頃だろうと思うんですよ。少し研究会でもやろうかという話をしておりましたら、その頃社研にいた喜多川篤典君[39]が、お前が言うと非常に角がたつということで、俺がいい出してやるからといって言い出したんです。その頃、社研には喜多川君もいたし、松本〔達郎〕君[40]もいたし割合に関係者が多かったんですよ。それで研究会みたいなことを始めて、それからその中が、まあいろいろ勢力が動きまして、結局名前は投票で丘友会という、婦人之友の会みたいなことになっちゃうんですがね。で結局その中からせり出されるという感じで、まあそれじゃ僕はやめようということで行かなくなるんです。

聞き手　そこはどういう考えの違い、対立があったんですか。

藤田　対立というかね、要するに会のとりあいみたいなんだな。僕はひねく

---

[38]　内村鑑三がかつて聖書講義に使用した建物で、戦後は矢内原忠雄が自分の主宰する日曜聖書集会に使用した。
[39]　1916・1976　当時、東大社会科学研究所勤務。のちに東京都立大学教授。
[40]　東京女子大学助教授。

153

れて理解したですね。僕が作った会へ、いつもみんなが来ているのに僕が報告するとなると、誰もというか一人か二人しかこない。それならやめたいといってね。そう特に積極的なことはやらんが、できると中に入っていってとってしまうという動きというのはあるんですね。それも事実関係として、そう受けとれたわけだから、いやそんなこと考えていませんよといわれたら、それまでだろうと思うんですがね。

聞き手　その丘友会という会をお作りになった問題意識みたいなものは、先程から話されていたような職場問題とか、藤田先生の課題の線でおやりになろうとしたんでしょうか。

藤田　集会の空気というのは、先生の闘いの局面が戦前戦中と変ってきましたから異った面が非常に出てきているわけですね。僕なんかは労働問題ですから非常な緊張関係のある問題を扱うわけでしょう。そういうものとはおよそ関係のないような空気に集会はなっているわけですね。そこで柳父徳太郎君[41]は前から僕に何かやろうと、新聞を出さんかというようなことをいっていました。僕はそんなことはいやだということで、なかなか柳父君の勧めに応じては立たなかったんです。それでもうちょっと内村研究とか何とかいうふうにして、もっと社会的な問題を扱ってゆこうではないかということで始めるわけですね。けれども結局それがそうでない会にねじ曲げられてゆくわけですね。一番根本は社会科学をやっている人までそういう姿勢をとっているということ。それでも賛成するようなことをいっていても、そうなんだから、そんなところに力をいれる必要はないから、やめましょうというより、僕は行かんからといって行かなくなったんです。

4.2　二日会の開催と渓水会との出会い

　それから二日会を始めるようになるんですね。昭和33年です。エレミヤ[42]を書き始めたのが30年6月からですね。エレミヤの前に丘友会をやめて、29年には「当面の課題」とか「社会的実践について」とまた書き始めるんです。もっと前からいうと、初め東京に来た時に、24、5年に何か書くわけで

---

[41] 1910‐1960 一橋大学教授。
[42] 旧約聖書のエレミヤ書に出てくるイスラエルの大預言者。ここでは藤田によるエレミヤ書研究のこと。

第 2 部　キリスト教社会思想の探究

す。そこらで書いてそれから丘友会を始めてうまくゆかなくなってまた書き始めて、それから今度はエレミヤの研究をずっと書き始める、とそうなってゆく時期が丁度矢内原先生の大学をやめる時期とぶつかってゆくと思うんですよ。

　そこから二日会という──この二日会という名がついたのは 12 月 2 日に矢内原先生が昭和 12 年に東京帝大教授をやめるでしょう、それによっています。あれは預言者的精神だったと、つまり預言者的精神を復活させるという意味で奥山〔清四郎〕君[43]と二日会というのを作って始めるわけですね。

聞き手　そこの前を考えますと、丘友会が先生の問題意識とくいちがったのでそこから離れられて、それ以後二日会を 33 年に作られるまでの数年間はもう集会関係は、『橄欖』などに原稿をお書きになったことはあったとしても、人間関係ではノータッチであったわけですか。

藤田　ノータッチというより余り集会には関係しないわけですね。それから僕の頭にきているのは同じ集会の人が職場で僕を孤立させるような行動をするということですね。それは僕には耐えられないわけだよね。そういうこともあって集会に来るけれども集会の人と何かするということは全然考えられないことだったですね。それからおそらく奥山君もその頃、奥さんを亡くして立ち上れないんじゃないかな。たしか僕が来てから奥さんが亡くなったと思うんですね。今井館で葬式をして僕が挨拶した記憶があるから。

聞き手　この時期に今井館の大集会の中に緑樹会[44]とか渓水会とか小グループが、それぞれ大体同世代の人達がかたまって始めたんですけれども、その中の渓水会というのは大体昭和 30 年頃 24 歳ぐらいの人々で始めたわけです。いわば今井館集会の青年部みたいな勢いであったわけで、その人々と 32 年に藤田先生が出会って、確か私の記憶では、先生は今まで全然集会の中では話の通じる人がいなくて全く孤立していたけれども、ここで初めて話の通じる人々と出会うことになったというようなことをおっしゃったような気がするんですが。何かその頃の印象では非常にそれまで孤立しておられた感じでした。

---

[43] のちに藤田とともに『東京独立新聞』の編集者となる。
[44] 今井館聖書集会に参加した人々の中で、同年代の学者を中心とするグループ。

藤田　その孤立というものの原因は、今井館集会にいた金子鈴子さんがいろいろ言ったことと関連があると思うんですけれども、やっぱり戦時中、先生と私との関係が悪くなっていた頃、先生をとりまく一つのグループができていたと思うんですよ。ＡさんとかＢさんとか、その連中はずっと矢内原さんをとりまいてきたんじゃないでしょうか。だからこの時期のクリスマスというのは二つあったですね。今井館で全体のクリスマスがあって、それからもう一つは古くからの連中が矢内原さんの家でやる、僕はそれにはしばらくの間招待されなかったですよ。何かの拍子に僕にも来いというんで行った。その次あたりは段々、またこっちから「俺行っていいんだろう」と言わなければ通知がないようになっておった。その他変なことを始めたなと思って、僕も行くからと言って、こっちから通知しておいて先生の家に行って「先生、今日は会合でしょう」とポッというと「おおよく来た」と言わざるを得んからね。そんなふうになってきていましたね。そういうことはひしひしと感ずるからね。ふだんから何もそんなところへ行かんでもというような姿勢もこちらにあるわけですね。

　そういう空気の中で渓水会は渡部恵一郎君[45]の家で集まったりするもんだから、美代治さんが藤田というのは面白いから行ってみろということで紹介したと思うんですね。そこらへんから少し元気がでてくるのかなあ、その後で二日会を始めているんだから。年表でみると渓水会に会った方が早いですね。

聞き手　何かやはりいつまでも放置しておくわけにはゆかないといいますか、危機意識をもたれて奥山さんと二人で二日会をお始めになったのではないですか。

藤田　たまたま話が通じたんでしょうね。これはまあ所外の人ですから話は割合にあうんじゃないかと思うんですよ、奥山さんという人は。

聞き手　やはり昭和12年の矢内原先生が辞表を出された日が12月2日だということで、そこの預言者精神復活ということですか。

---

[45] 1932-2001 渡部美代治の子息で渓水会のメンバー。

第 2 部　キリスト教社会思想の探究

藤田　そうリバイバルですね。

聞き手　やはり原点に帰らなければいけないという、原点復帰運動みたいなものをここからおこされたような印象をうけたんですけれど。

藤田　うん、そんなに勇ましいもんでもないんだけれどね。

聞き手　東大聖書研究会編『生活と信仰の中から』の中に「無教会信徒の世代的差異」を書かれているのが昭和33年12月ですね。

藤田　それは矢内原さんの退官記念集の中に書いたんです。

聞き手　まとまった形でこういう問題を提出されたのはこれが初めてですか。

藤田　ここらへんからです。無教会の世界の中へ印刷になったものが出ていったということでしょう。関根〔正雄、用語解説〕さんとか松田智雄さんは昭和25年に講演会の中で出ていくわけですね。僕なんかはそんなところへも行かんで、一部小グループの中へ、ただし印刷になったということぐらいではないでしょうか。そして二日会の運動が34年くらいまで続くわけですね。この奥山君が中心になっている二日会は今でも続いているんじゃないかな。人数は余り多くはないんでしょうが。

4.3　『東京独立新聞』[46]刊行と社会科学者との共同の試みの失敗など

　それから『東京独立新聞』を出すという話が昭和34年の暮に出るんですね。方々にクリスマスがあって、丘友会のクリスマスに矢内原先生が出てきてそういう話をしたところから話が出てくるわけです。『東京独立新聞』については何か書いていなかったかな。

聞き手　発行の経緯などは『東京独立新聞』に出たことがあるんでしょうね。

藤田　ああいうのは編集したらいいと思うんですよ。その方が面白いと思う。

---

[46] 矢内原忠雄の提唱により1959年創刊。坂井基始良、藤田若雄、奥山清四郎及び大浜亮一の4名が共同編集者。

157

ここから後で一つ問題になってきますのは、無教会の大学関係者の話し合いというのが昭和 35 年にあります。これが安保闘争をめがけての意志の疎通をはかる会で、これは安保闘争後もしばらく続きます[47]。また、その頃矢内原先生が病気になってきて「信仰五十年」の記念の社会科学関係の論文集を作ろうかという話が出るわけです。その場合こちらがそんなことをやっているんだから、こっちが作るわけなんだ、そして先生に差上げるはずのものであるのにね、おかしいんだね。誰かが行って言っているんだね。矢内原先生がそれじゃ一つ作るかとか何とか病床でいうてたらしいんだ。その話を聞いてそんなの僕はやめたと思って、僕は非常に消極的になったですね。それと社会科学の人には共同作業をするのに難しい人がいて、それを克服して働く熱意を僕はもたなくなっておりました。そのことを伝え聞いた自然科学者の連中が論文集を作ったのが富田、友枝、今堀という人たちの『科学・平和・信仰』です。

　それでその前になりますが、大学関係でそういう集まりをしたことが影響して、36 年 8 月に志賀高原で研究会をやり、これには原島〔圭二〕[48]、内田〔芳明〕[49]という人々が入っていたんです。それから 12 月から 1 月に葉山で研究集会を開くということがでてくるわけです。こういう一連の動きがあって、それはそれで終って 37 年東大で西村集会[50]の流れが本郷の方へくるわけで、これが西村集会との第二の関係です。第二の関係というのは、その前に渓水会のかなりの人々が西村集会に出ていて、それが僕と非常に接触するようにな

左から原島圭二・藤田若雄・西村秀夫
1971 年八王子・大学セミナーハウス

---

[47] 『著作集』第 3 巻 547 頁、9 月 19 日の項参照。
[48] 1928 - 2012 東大講師を経て秀明大学教授、農芸化学者。
[49] 1923 - 2014 社会学者、ウェーバーの研究者。
[50] 矢内原門下の西村秀夫(1918 - 2005、東大教養学部教員を経て社会福祉施設に勤務)が主宰する聖書集会。

ったことが第一の関係としてあるからです。ここでは年表〔この聞き取りのために作成したもの〕に加藤〔順一郎〕君[51]の結婚式を入れるといいですね、和歌山との関係で。その第二のグループが下沢君とか阿部達雄君とかの連中で 37 年のこの頃からくるわけで、これはキリスト教社会思想研究会という名前でやりました。彼らは 39 年 3 月の卒業で、その卒業の時の記念写真があるんです。阿部達雄、山口周三とかね。その間に行動としては先生が亡くなった後の『矢内原全集』の編集とか、ここらへんが人との接触が多くなったんですね。サマリヤ会〔今井館集会の若い女性の会〕の連中と接触ができたりね。

4.4 人のために重荷を負うことの強調

それからそういう活動が出てきまして 37 年の 1 月に集会が始って 10 月に『東京通信』が出る。ここらへんがそのままいって、その次の山というのは 40 年頃になるんですね。41 年の 1 月の斉藤さんのインド行きは、あれは 8 月に行くことになっていたんで、〔『東京通信』の〕7 月に「斉藤七子君を印度に送る」という文章を書いたら行かなくなって、1 月にまた「十四万四千人の歌」ということを書いて、二回書かなきゃならんはめになりましたですね。それからここらへんのことを、かいつまんで申しますと、41 年 1 月に斉藤さんがインドに行って僕がハワイに行く、それから 42 年 8 月に〔藤田〕のぞみ[52]がアメリカへ行って、敷地敬子さんが 43 年 1 月にメキシコへ行った。要するにここでは一つは斉藤君が行く時に、エミリー・ディッキンソン[53]の詩を書いてくれたんです。それは墓碑銘です。「一人の憂いをいやし得ば……」というのがあって、それはのぞみのやっていた卒論のテーマ・人物であったということも手伝っていたと思います。のぞみは外国に行きたがっていたし、自分がすぐまた行ったということもあって外に目が向くわけですね。

それと同時に若い時の「人のために」という一つの原型みたいなところにもう一度たち戻ったという感じでした。十字架を負うということは「人のために」ということなんですけれど、全く「人のために」というより世俗のことに従事することに重要性を認めるということは、自分の問題を追求するということの方に力点があったわけですからね。重荷を負うというところは人

---

[51] 本書 144, 181 頁参照。
[52] 藤田若雄の長女。
[53] Emily Dickinson (1830 - 1886) はアメリカの女性詩人。

のためということがくっついているわけですが、自分の問題というのがやっぱりかなり中心にあって、それで職場、職場といってきた。今度はカパッと目をひき離されて、外へ向けられたということは、僕の問題からいうとアジアを考えなきやいかんというところへつながってゆくことなんですね。アジア問題を提起したのは、沖縄に行った44年頃かな。

聞き手 妙高で「アジアの中の日本を考えよう」という問題提起をされたのが45年です。

藤田 45年くらいになるとアジアにおける日本の地位が非常にはっきりするんですね。けれども斉藤君やのぞみが日本を離れたところで僕はぶちのめされるように自分の経験からいうと一番出発点にひきもどされたという印象があるんです。そういうと最初が大変立派であったようにいうことになるから、変なように聞こえるかも知らんけれど。いわゆる「主の僕」の重荷を負うということの原点みたいなものに感じられた。それはしかし、内だけにいるんでなくて、もっと広くこういうふうに人が外国に行くということでないと目が向かないんだと思うんですね、頭の中だけでは。

聞き手 時期的にもその問題が年功体制の崩壊の画期にあたるわけですね。

藤田 労働問題の方では42年になると非常にはっきり出てくるわけですね。宝樹論文が出はじめるわけで、この頃羽田事件[54]とかいろんな問題があるわけでしょう。だけど39年頃から労働運動は一つの到達点に達するし、ＯＥＣＤが問題になってきたり、いろいろするわけですね、資本輸出とか。そこらであい並行して目が外に向けられるんじゃないでしょうか。

4.5 矢内原記念講演会の問題点

聞き手 少しさかのぼりますが、矢内原先生が亡くなられた後の問題としては、一つは自分で集会を始められたり、『東京通信』を発行されたり新しくきり開いてゆくような活動と、もう一つは矢内原先生の全集を編集されたり、特に記念講演を設営されて十周年記念講演までこられるわけですが、この辺のことを少し伺っておきたいんですが。

---

[54] 1967年10月と11月に起きた新左翼勢力による佐藤栄作首相外国訪問阻止行動。

藤田　自分で集会をもつようになるんですが、これは別にそう力んだという形でなくて、矢内原さんが亡くなれば集会がなくなったからです。平素の主張からいえば僕なんか年からいえばもう少し早くからそうやっていいんだけれど、私がそうやらなかったのは自分が仕事を途中から変えて、仕事が余りまだ完成していないからというか、そういうことをやる段階まで熟していないからという考えできましたが、矢内原先生が亡くなれば当然それで始めたわけですね。

それでやっているうちに問題だなあと思いだすのは、毎年記念講演会をやるわけですが、その質が問題ですね。それはしかし誰がどうということは言えないわけですよ。しかし人から僕には非難がくるわけです。お前はそういうことをやっていていいのかという趣旨のね。これはやっぱり考えなけりゃいけないということがあって、五周年記念講演会は僕がちょっと強引に設営した。けど反対はなかったんですよ。十周年の準備の時に、藤田は五周年で非常に勝手に独断的なことをやったというようなことをいわれたが、坂井〔基始良〕君[55]なんか、多少反対みたいなことはいったけれど、いいよ今年は藤田に任せようじゃないかと言って、そしてちゃんとなったわけですよ。だからその時に言わないで十年目の時にあんなふうに言うのはおかしいのです。十周年の時はついにそれが制御しきれなくなったということでしょうね。そういう意味では、僕からいえば、講演会というのはいかにあるべきかという問題は解決されていないということじゃないかな。

矢内原記念講演会の五周年、十周年がさっき言ったようにうまくゆかなかった。うまくいかなかったというのは行われた講演会のよしあしは問わないが、僕の問題にしたような形では実現しなかったという意味ですがね。しかしそこらへんは他の人からいえば、いやそんな藤田のようなことは考える必要はないんで、誠心誠意語っていればいいんだという意見はたくさんあると思うんです。一般はそういう考え方だろうと思うんです。そういうことで一体いいのかどうか。

4.6　無教会二代目の研究

こういうことから、段々逆にいって私の内村二代目の研究になってくるわ

---

[55] 1912 - 1976　矢内原門下。北海道新聞労働組合執行委員長。矢内原忠雄全集の編集者として尽力した。

けです。この二代目の研究をしようというのが実は戦後の内村講演会は何であったかを明らかにすることが目標で、その前段としてはどうしても戦前・戦中をやらなけりゃいかんということで始まっているわけです。それから無教会の自己点検ということが問題になる。それから自分で集会をもちはじめて、やっぱりかつて自分が戦時中挫折した誓約集団の問題ですね。それは何としてでも考えなくてはならんのではないかと考えました。まあそんなふうに考えてやっていると出エジプト記[56]で学んだことが、いま非常に鮮明に問題となって表われてきたという感じがしていますね。そしてまさに、いまやアジアの中の日本ということで考えようとしていることですね。

この間、野坂昭如という黒眼鏡のこわい若者に出会ったが、この石油危機の時は本土決戦直前とちょっと空気がよく似ているというんですよ。そういう見方をする人もいるかなあと思ってね。だからもっとしゃれた言葉でいえば、要するに矢内原先生が亡くなって後、自分で集会を始めて、まあ内村鑑三記念講演会というのは余り関係がありませんでしたけれど、矢内原記念講演会とずうっと関係してくると、ここらへんでどうしても内村先生という非常な賜物をもった人の運動の日常化ということを徹底的にやっていかないと、どうしようもないんではなかろうかという気持が非常に強くなってきて、そして最近言っているようなことになってきたということですね。それがどうも僕の一生じゃないかな。

ここでかりに無教会二代目の研究[57]が来年か再来年か、まとまって出るとすれば、これでいっぺん無教会と背中を向けるようなことになるんじゃないかという気がするんですね。そうすると、僕は大学をやめる時は批判するには絶対いいチャンスなので、今年になって『日本労働法論』と『日本労働争議法論』を出した。あれは労働法関係のプロ・レーバーとプロ・キャピタルとを、この両方を解釈論ではなしに両方の宿命を位置づけたということで、僕に対して、ほめるわけにもゆかないし、くさしたって当っているしということになっているわけで、僕に対して、どっちも何ともいいようがないわけだ。そうするとね、人間関係としてみたら実に奇妙な関係だよ。全く僕は孤立無縁ということですよね。

---

[56] 古代イスラエル民族がエジプトの支配から脱出する出来事を記した旧約聖書の中の文書。
[57] 藤田の死の直後に藤田編著『内村鑑三を継承した人々(上)(下)』(木鐸社)として結実した。本書25〜26頁参照。

感じとしては矢内原先生がある講演しに行って、「今日は自分が国民に背を向けて立つ日だ。五体ふるう。」ということを言っているよね。僕はそんなもんかなと思ってよくわからんかったけれどね、僕は五体はふるわんけれどね、人と絶縁した時の孤立感というかな、それをひしひしと感ずるね。おそらく藤井さんの死ぬ直前がそうだったんじゃないかと思うね。そこの空気を一番きゅうと感じるのは東原〔紘道〕だね。あれは一種のああいうものがわかる電流みたいなものをもっているんだね、美学なんてことをいうのは。彼が論文をあげてね、藤井さんの考えは非常に混雑した考えがあって、ヘーゲル流の考えでやっているところもあれば、その時々の考えでやっているところもあるというのですね。それが段々孤立していってね、全く背を向けてしまうことを書いているんですよ。詳しくは説明していないけれど、あれは藤井武論をやる時、やるつもりだろうと思う。僕は今やっている研究を仕上げて無教会と背を向けてね、それで僕は墓場へ入るんじゃないかなという気がするね。墓場はまだわからんがね、ここらへんで完全孤立じゃないかという気がするね。徹底的に孤立し争うほうが死に易いね、中途半端に幸せになったら死ににくいんじゃないかと思うな、僕は。この頃そういうふうに思うな。それで一生懸命になって二階で本でも読んで原稿でも書きながらパタッといくのが一番幸せじゃないかなと思うんだけれど、なかなかそうはいかんのだろうな。それであれば橘〔新〕[58]さんじゃないが金出して買いたいように思うよ。どうも到達点に来たようだね。

5　社会問題とキリスト教

5.1　キリスト者の社会運動とのかかわり方

聞き手　キリスト者の社会的実践というような類いの問題ですが、社会的なことに関心をもつキリスト者の中で、キリスト者だけの運動体を作って運動をするという行き方をする人がいますが、それに対してはどうお考えですか。

藤田　僕はそれには反対なんです。日本では反対だが、韓国ではキリスト者としての行動ということでないとやれないようですね。日本のようにインテリ宗教化している場合は、政治運動をやりたい人は革新政党のどれにでも入ってやればいいんです―保守でもいいんですけれど。共産党がクリスチャン

---

[58]「土の器―橘新先輩の死」『東京通信』第135号。

であっても世界観を変えてこなけりゃいかんとまでは言わないのなら問題にはならないと僕がいったら、戸塚君は、今日の共産党はその意見を大歓迎じゃないでしょうかといってたよ。戦後の日本の共産党は大体、赤岩栄[59]がいた頃からそうですよ。今日、クリスチャンで民青的な人はたくさんいます。新左翼の場合であっても大河原〔礼三〕君[60]が中核賛成なら中核の運動体に入ってもいいし、革マルなら革マルに入ってもいい。それで僕はちっともキリスト者でないとは思わないんです。

聞き手 そうすると、組合とか政党とか、いわば世俗の運動体の中に入って、そこで重荷を負うという、そういうことですか。

藤田 そうです。

5.2 社会倫理とキリスト教

聞き手 もう一つ社会問題についてのクリスチャンの発言の中には、とかく単純にストライキは迷惑になるとか、国会の座り込みなど目にみえる形の暴力に対して非常にいやがる人がいます。そういう発想をみてみますと、キリスト教の信仰というものが個人倫理と結びついて、人に迷惑をかけてはいけないとかいった個人倫理が強調されて、社会科学的な全体の構造をとらえるようなこととか、そういう社会倫理を媒介にしていないという面があると思います。そのへんで藤田先生の言ってこられたことは、はっきりいえば嫌われてきているんではないかと思うんです。

藤田 そう、だけどもっと別な面もあるでしょう。イギリスの人や、アメリカの人であれば、個人倫理というよりも、クリスチャンだからうんぬんということは殆どないと思うんです。もちろんコンサバティブな考え方があるから、スト反対の主張が保守系の新聞にさかんに出ます。けれど日本のように公共部門のストライキはうんぬんということで、全体の仕組みをみないでのケシカラン論というのは日本の特徴じゃないですかね。イギリスでも社会科学的な知識はなくとも、ああいうところはストライキ反対というのではなくて、市民も特別に怒りもしないという雰囲気はあるんじゃないでしょうか。

---

[59] 1903 - 1966 戦後の共産党に入党した日本基督教団代々木上原教会牧師。
[60] 第2部の聞き取りの聞き手の一人。

社会科学的知識のあるなしにかかわらず、社会がそういう仕組みになっているというようなこともあって、めぐまれているというのは事実でしょうね。きらわれるということからいえば、右と左の、ウェーバーのプロ・レーバーとプロ・キャピタルの両理論家全部を批判するようなことを書くからです。それと僕も暴力におちいるストライキ賛成というわけではないけれども、ストライキは起るべき理由があって起っていると説明するので、人からいろいろ言われていることは事実です。そういうことを何か防止する考えはあるかということですか。（笑）

聞き手 いやー……。

藤田 仕方がないと思うんだ、僕はあきらめているんですよ。なんぼ嫌われたからといってやめるわけにもいかないし、こういう者はこうやっているしかないんじゃないでしょうか。退職金をくれるのでそれでメシを食っておればいいんだから、反省しろというわけですか。（笑）

聞き手 いや、その点がどういう食い違いがあるかということを少し確めてみたくてお聞きしたんですが。

藤田 しかしそれは労働問題をやる場合はやむをえない。どういうわけか、クリスチャンの世界は労働問題は毛嫌いするね。ＩＣＵも随分長い間労働関係はほとんどなかったんですがね。そんなにいらんところなら僕を呼んでこんでもいいのにという気にもなるね。

5.3　宗教と政党、労働組合とのかかわり

聞き手 政党との関係で、世俗の中で重荷を負っていけばよいというようなご意見のようですが、例えば、今、創価学会がとっているような政教分離のような形で、創価学会という宗教団体が生み落とした公明党という政党、というような形を例えば無教会の集団の中で考えるということは誤りだとお考えですか。

藤田 僕は誤りだと思います。

聞き手 例えばヨーロッパでも、キリスト教的に組織された政党がありますね。

藤田 それはカソリックでしょう。プロテスタントのそういう政党はないでしょう。プロテスタントの場合は政教分離だから、好きなところへ入っていってよいということになっている。

聞き手 組合はどうですか。

藤田 組合はないんですよ。キリスト教という名前がついているのはあれはカソリックですよ。プロテスタントじゃないんです。

聞き手 キリスト教の名においていろいろの政党活動をやることは誤りであるとお考えですか。例えば美濃部さんが都知事に立候補した時にキリスト教のグループがビラをまいて、後援会に入れという運動をおこした時に、先生は反対だと表明された。

藤田 反対ですね。例えば〔『東京独立新聞』の共同編集者〕大浜〔亮一〕君が美濃部さんに賛成だから御支援ねがいますというのなら、それはそれでいいと思うんです。けれども『東京独立新聞』があたかも美濃部さんの選挙ビラみたいになることには反対だといったわけです。
　それから無教会は政治団体みたいなものというような空気が矢内原さんなんかに、はじめある程度あったんじゃないでしょうかね。ただ結局それはもたないということになったんじゃないでしょうか。

聞き手 無教会という名でなくても、無教会の大河原さんとか四、五人の核になる連中が新左翼系の労働組合を作って、まあ僕なども入って、そこで委員長、書記長みたいになる。そのような形で兄弟組織として生み落とした集団としての世俗の集団を作ってゆく場合はどうでしょうか。

藤田 それはいいでしょう。けれどそれは何も藤田集会におった二人がたまたまやったということであって、それじゃ藤田集会はいつもカンパをしなけりゃならんということは考えないでしょうね。カンパをしたい人はしていい

けどね。藤田集会は 30 人もいないから、そっちの会はもっと沢山の人を組織しなけりゃならんのじゃないのかね。だから当然そういう集団と離れてしまう。だからリーダーというのはある程度そういう関係というのはどこでもあるわけですね。リーダーが出ればそのリーダーを支持するグループができてきて、ということはあって何も悪いと思わんから、そんなことするなとはいわんでしょうけれどね。だからそこの二つの組織の中に原理上の関係があるようなことは、それは反対ですね。

5.4　教会の職域伝道に協力

聞き手　教会との関係ですが、例えば昭和 41 年に日本基督教団九州教区の職域伝道協議会の依頼によって九州地方を講演旅行されたりしていますが、こういう関係は多かったんですか。

藤田　かなり多いですよ。それから関西キリスト者アカデミー[61]というのがあるでしょう。そこには随分僕は使われたですね。それから九州以外にも、中国地方、山口県、ここも随分いきましたね。それから東京の労働学校[62]、おそらくこれは開設以来ですよ。最初の一回目か第二回以来ずっと講師で行っているんですよ。これは始めた頃は随分さかんだったんですね。この頃は衰微していますが。そういう意味では僕は教会側では随分講演しているんであって、僕はあたかも反教会みたいに言われているが、全く当っていない。知らないんですね。

聞き手　そこでのテーマは職場問題とか、労働問題ですか。

藤田　労働問題です。隅谷〔三喜男〕君[63]からも、僕は随分感謝されたりしたですよ。

聞き手　教会の方の職域伝道委員会というのは、九州とか大阪以外にもやっているんですか。

61　日本クリスチャン・アカデミーの関西における拠点。
62　キリスト者である知識人、労働運動家によって設立された労働者教育機関。
63　1916‐2003　日本基督教団所属教会の教会員。第 1 部の注 13 も参照。

藤田　かなり全国的なものです。

聞き手　やっぱり教会の方では、教会の建物の中で牧師さんが人の来るのを待っていたんじゃ駄目だというか、職域で開拓しなけりゃいけないということでしょうか。

藤田　地域ですね。職域というのは信者が職域にいるという意味なんですね。中国地方の牧師さんの中には中央批判が強いんですね。あすこには共産党の中国派がいるわけですよ。総評と共闘をやろうという中へ教会の牧師さんが入ってゆくらしいんですよ。そうするとお前達は戦時中何やっていたんだという批判があって、それを認めないと余りいい顔をしないというわけです。そこで戦争責任の問題というのは、中国地方から中央にあげたんだそうですね。だから運動の元は中国地方にあるんです。
　徳山の有名な古い教会ですけれど、信者の層が三段くらいずれてきたそうですね。そういうところは僕なんかは関係しやすいわけですね。
　しかし、一般には人は僕を呼ぶともっと人が集まると思うんだが、僕の話というのはやっぱりどこか人に受けないところがあるんですね。さっきの話じゃないが、孤立してゆく、人に嫌われてゆく。批判が入るからでしょうかね。

聞き手　そうすると教会とか無教会とかのワクではなくて、共通問題があれば、教会の人とも一緒にやっていった訳ですね。

藤田　ただ僕はね、教会がやっているからと、自分の方からのこのこ出掛けてゆくことはしない。お席のかからんところへ、ただで出掛けていったりはしないですけど、一緒に考えて下さいといってきた場合に、僕は身体があいていれば行く。それこそ人に仕えるつもりで行きますよね。何か議論になった時、いやなら呼ばなけりゃいいんですから。

5.5　聖書研究の方法
聞き手　聖書研究の方法で先生が例えばエレミヤを書かれた時に意図されていたことというのはどうなんですか。

藤田 研究の方法というのは僕は何もないんですね。

聞き手 矢内原先生の方法とは違うような方法でやられたのでしょうか。

藤田 あれはエレミヤの生涯の順序にしたがって並べたというだけです。それは何も僕の発見でも何でもないし、そういうふうに書いた本があったから、それに従って読んでみたというだけのことで、別にどうということはないんです。それから旧約聖書を読む時は関根さんの本を読んでいるんだから別に新機軸は何もないわけでしょう。そういう意味では聖書については新機軸はないと思うんですよ。調査の場合の僕の新機軸は住友におった体験を理論化しているという意味で一つ他に比べて特色があるというだけですね。それから法理論でいえば誓約理論・契約理論でものを解こうとしているということですよね。それとまあ整合性—法律学、経済学、経営学、社会学、こういうものの整合性、これはウェーバーがいっていることであって、ウェーバーがそんなに十分にやっていないという言葉にひっかけて使ったくらいのもので、そういう意味で僕は独創性は何もないと思うんです。

5.6 信仰にもとづくユニークな生活姿勢

聞き手 独創性ということかどうかわかりませんが、先生くらいの年代の世代の方の用語では、さっき奉仕という言葉がありましたが、先生の信仰初期のそういうことが、昭和40年頃から再び見直されたということですね。私が『回想』を読んでいると大体において工員とか農民とかそういう人達を同一の立場に立つ者としてみてゆく、私の運動はそういうものだと、そういうふうにとらえるという発想があるように思うんですね。だからそういう発想があるから労働学校を作ったり給仕の学校を作ったりするという、そういう発想に到るのではないかと理解しているわけですけれども。大体、先生と同世代の人であるならば、あわれみというか、慈悲をたれるというか、そうした発想が普通ではないかと思うんですが。

藤田 それはある程度事実に当っているかも知れませんが、僕が百姓の子だということでね。親父が百姓をやっていてその前が鍛冶屋ですから、職人であったり百姓であったりです。その次男坊だから東大にきたというけれど、僕が学校に行くというのは—次三男問題というのがありますね。農民は次三

男に土地をわけてやることができないから次三男は外へ出るんだということでね—実は外へ出るということなんです。この子は身体が弱いから少し教育してやれという親の考えで、親はせいぜい小学校の先生ぐらいになればいいと思っていたのが、兄貴が小学校の先生なんてつまらんから行けと言って、出てきてやっているうちに金出してくれる人がいてたまたま東大に来たというだけの話です。

　それに比べて僕の同世代の人というのは育ちがいいですよね。そういうことが知らず知らずのうちに反映するということはあると思うんです。例えば僕が農民問題をやろうとする発想はそうなんです。大塚先生なんか学問が好きということが根本にあるんです。歴史が決定的に好きだというね。それと比べると僕の重点の置き所はちょっと違うんですね。それは斉藤〔七子〕さん[64]のいま指摘されたことにあるんじゃないかと思うんです。

　それからもうちょっとコメントを加えておくと、最初の時の体験は、純粋な原点といったが、ここのところは純粋といっても注意しとかなきゃいかんですね。僕は高等学校に入ってきた時の視点というものは非常に純粋だと思うんですよ。何といっても当時の高等学校というのはエリート中心の学校ですから、出世するためということは僕の場合は70％ぐらいはあるわけですよ。ところがそれが喀血でうちのめされて、それで逆転したわけですよね。そうすると今までとは全く対極のところに求めざるを得ないわけで、そういう意味で鯉を飼うということはそれで自分が生きてゆくということだけれども、そこよりも村にいて人のために特にそこで育ってくる若者のためにという、「ために」の方に非常に重点があるのです。ただし十字架の信仰がそんなにわかっているわけではないから、他人のためにといってもかなりこの世の倫理的な基準での道徳基準でのものが強いと思うんですよ。しかし精神的な方向の問題からいうとはっきり他人のためだったですね。

　だから斉藤君やのぞみや敷地君らが動き出した頃、十字架を背負ったそういう姿というのは僕は鮮烈に受けとめたですね。やっぱり十字架が真中に立っているという意味で前とは違う、しかし類型としては同じ。むしろ逆の方向に行っていたのがグーッと返ってきたという受けとめ方ですね。そこから「主の僕」という姿が猛烈に僕に迫ってきたですよね。それがやがて今度は、アジアにおける主の僕とかそんな形でずっと結びついていった。そうなればなるほど戦後を見直さなけりゃならんという、そういう僕には論理の内部連

---

[64] 第2部の聞き取りの聞き手の一人。

関があったですね。

聞き手 これは大河原さんにお聞きしなければならないことですが、渓水会のメンバーの人が、先生が矢内原集会で全く孤立した状態であった時に訪ねて行ったわけですね。そうなってくると、やはりそういうふうなユニークなところでお話の一致がなされたのか、或いは共感を覚えられたのか、どうなんでしょうか。例えばその世代の人であるならば、年配者として家父長制とはいいませんが、あわれみをもってとか、上の人が下の人に対する信仰の結びつきみたいな関係はあるんでしょうけれど、藤田先生は、工員や農民に対しても同一立場に立って引き上げるという風な姿勢をとられたと思います。そのような姿勢みたいなものがあったのか、或いはお話に共感されたのか。

聞き手 それはいま最後におっしゃったその辺だろうと思いますが、つまりその頃の今井館大集会の雰囲気みたいなものに渓水会はなじまなかったといいますか、反撥を感じていた面が非常に強かったのです。生意気なことをいえばその集会の雰囲気が矢内原先生の昭和12年の闘いの精神とは大分ずれてきているんではないかといっていたところが、そういう問題意識を藤田先生がはっきりもっていられるということを知って、訪ねていったということが一番大きかったと思います。

藤田 今井館集会では緑樹会が学者グループで、緑樹会に比べて渓水会の特色を一層強化したのはお互い学者になるまいという空気が強かったことです。今井館集会というのは学者を中心にとりまきが集っているというような——渓水会はそれに対して反撥して、その反撥している奴の一人が藤田だというので、近寄ってきたという僕には印象でしたね。

6 誓約集団の展望

6.1 丸抱え集団からの脱出

聞き手 誓約集団というものをどのように受けとめるかということが戸塚さんの聞き取りの中でもかなり大きな部分になっているわけですが、信仰の面でも、そこのところが一番大きな問題じゃないかと思うんです。それをまず私なりに歴史的にたどってみると戦時中に矢内原集会というものが一つの誓約集団の典型みたいなものとして先生によってとらえられているということ

があって、それから戦後の大集会になった中で問題意識がぼけてゆくようなのに抵抗して丘友会というようなものを作ったけれども、それもうまくゆかない。それと渓水会と出会ってこれはかなり話が通じそうだったけれど、これも必ずしも先生の思われるような誓約集団にはなってゆかないということがあり、それから二日会から『東京独立新聞』というあたりで共同の闘いというものを始められた。そのあとすぐ矢内原先生が召されたということもありますけれども、その辺からいろんな研究会をもたれたり、あるいは「エクレシア・ミリタンス」という組織化をされたり、駒場で研究会を作られたり、いろんな形で藤田先生の問題意識で行けるような誓約集団を作ろうとしてこられて、それと異質的なものと闘ってこられた。変なものをかきわけかきわけして今日までこられたというような中で、誓約集団という考え方が言葉になって出てきたけれど、言葉になる前から、相当前からそういうものを目指しておられたような感じがするんですけれど、誓約集団という言葉が出てくる相当前からそういう目標をもっていられたとみていいんでしょうか。

藤田 思想集団というのは僕はそういうものだと思うんですよ。それこそ血肉によるわけではないわけだから本来そういうものだと思っています。さっき一番はじめに二宮君達と高校をこえて集団を組んだといったが、あの集団というかお楽しみ会だったんだろうけれど、それでもこれは思想集団の原型だとして僕の所属するものとしては一番価値の高い集団と考えていたわけですね。それが段々と矢内原さんが平和論のために大学を辞め、それから自分が召集をくらったりすると戦争という一点で焦点がしぼられてはっきりするわけですよ。

そうなればなるほど自由ヶ丘の集会、そこで作られている『葡萄』という会報は必ずしもそれにマッチするわけじゃないわけですよ。常にギャップが出てくるわけです。だからあの中に僕が例えば戦闘的平和論を書けば、矢内原先生はこれが人にみられたら全部調べられるようなことがあるから渡すなというようなことをいうわけですね。でも渡すなという表現をとらずに別に表現をとるわけです。もっとやわらかい表現だけれど中味は同じような表現をとるわけですよ。何でも書いてあるもんだから、この中にはつかまるようなことが書いてあるといったらびっくりしてやめてしまう人だっておるわけだからね。そうはいわずに、これは何でも思いのままに書いたものだから、そんなに人にみせびらかすもんじゃないといういい方で表現してくるわけで

すね。だからそうするとその中には足の弱い人もおるということになるわけですね。そうするとその会そのものは、そういう低いレベルで考えていかなけりゃならんとすれば、その会はきわめて同窓会的な要素をもっているといってもいいかもしれない。

けれど他方で、矢内原さんが僕と不和であった時期に非常にきつく追求してくるものは、非常に高いレベルの誓約集団的なものである。こういう二つの分離傾向は営みのすべてに、あらゆる段階にあるわけですよ。だからあるボサッとした変な段階、終戦の時のような余り秩序のとれていない時には、あるいは矢内原先生は年代に従って会を作れと言ってある秩序作りを始められるかも知らん。けれどもそれはやがて渓水会は渓水会の同窓会になるし、緑樹会は緑樹会の同窓会になる、そうするとその中にやっぱりいろんな要素があって、ある時には分解してしまうということになるでしょう。そういうことは、しょっちゅうあるんだよね。僕がいろいろ接触していって同志をさがすわけだね。あるいは遠ざかっていようとしながらやっぱり探さざるを得なくて探してゆく。そして丘友会みたいなものができたり二日会みたいなものが出来るが、しかし、僕とちがってその会が一つの誓約集団になることを拒否するものが出てくるんですね。そうすると僕はいつもそこから逃げて出てくる。そして最後は逃げられんわけですよ。自分で作った会だから。けどもよくよく考えてみれば、これはとっても駄目だ、だから168分の1の契約[65]だといった限定された表現をとったりするが、やっぱり例えば古賀〔俊隆〕君[66]みたいな人だと、しばらく会わなくとも、あの問題を読めばお互いに祈りを共にするというような、これはやっぱり実質的な誓約関係というものが段々蓄積されているというようなことになっているんではないかと思うんですね。

それから僕自身の仕事としては、追求また追求で自分のやっている労働法の領域でパンを食うための解釈学ではなくて、やっぱり思想的に位置づけるような仕事になってしまって、そういうものでないと自分は力が出せはしないと、それを一生懸命やっているとみんなとお別れしなけりゃならんと、こういう風になってくるというわけね。誓約集団というのを追求してゆくと一つはそういうことになってしまう。

---

[65] 1週間168時間のうち日曜日に1時間だけ集会を共にする契約をさす。
[66] 第一薬科大学教授（当時）。『東京通信』第136号1頁参照。

聞き手　その誓約集団ですが、いま古賀さんの例が出ましたが、具体的な誓約の中味みたいな実質的なものを考えてみますと、藤田先生の誓約集団というのは何らかの意味で体制の外に出ているというような、出たものの誓約というような、条件付きといいますか、そういう中味をもっているという風に考えることができるのでしょうか。

藤田　さっき言ったように、形で出るか出ないかという問題ではなく、体制の中においても精神的には外に出ておることを含めて「外に出る」と仮に言うならば、それはそうですけれど。そこは外に出るというとすぐに内に止まっていることは駄目だと形式をふんでくるから、そこは注をつけなけりゃいかんのですが。

聞き手　それはそうですが、中にいて何か体制の中でいいことをやろうというような、そのためには少し出世もしなけりゃいかんとか、まあそういうような、中で何かやるという発想でなくて、もっとはじき出されたような発想みたいな、中に止っていても精神的にはそういう発想をもつ人をいれてです。

藤田　それは入ってくる、それはいれなければ。

聞き手　そこが、さっきいった思想集団といいますか、その点での思想の共通性が問題ですか。

藤田　僕はあくまでも思想を重んずるから。だけどもそれは日本のようにいろんな形で丸抱え組織が強化されるから芽をふかないわけだけれど、しかし日本だってそういう要素がかなり強くなってきているという見方はあるんだから。僕のいうような基盤が強くなってきているという見方もあるんですよね。12月24日の朝日の夕刊で73年度論壇に「社会科学を問い直す」という記事かありましたが、あれをみるとそういう大学紛争以来すべて駄目になったかのようにいわれているが、そうではなくてある蓄積ができているという見解がありますね。わずかでしょうけれど。しかしそういうものを積み重ねてゆくためには何人もがこういうふうにならなけりゃならんのじゃないかと思います。日本の社会をみているとどんな会合をやってもつねに同窓会的なものに、お楽しみ会、あるいは内村鑑三の初めの頃使った「社交的キリス

ト教[67]」という言葉があるですよね、そういう社交的なものに脱落してゆく動きは不断に働いているわけですね。だから僕みたいに逃げて、何かやってはしょっちゅう逃げるという、そういうこともやむを得ないんじゃないかと思うんですね。そういうものがある以上は。だからそういう動きと逃げるという動き、それから自分で集会をもったら逃げられんからその中でいろいろなことを考える。そうするとその中でも社交的にすぎることをいましめながら、それじゃそのままで本物になるかというとならんわけだから、本物の誓約集団というのは一生の誓約なんだから長い目でみて、一生のどこかで人は祈り合うという、そういう内的連帯感をもつようになるんだと。そんなふうにいまは考えているんです。

6.2 内村鑑三の組織論と信仰について

それから、そういうことから更に考えていけば、内村先生のいう無教会というのは、十字架の贖い[68]が中心で、洗礼[69]はいらんと、それはそれでいい。復活とか再臨というところもああいうふうにいわれたし、立派であったけれども、これからもう少し良く調べなけりゃいかんことでもあるが、一体預定の信仰[70]というのは先生はどういうことを考えていたのだろうかと。それからエクレシア[71]というのは先生はどういうふうに考えていたのだろうか。どうも私の印象ではエクレシアということはなくて、神の国であって日本国の理想みたいなものがあって、信者集団の—先生はどうも国家ということが離れられなくてね—国家の外側にあるエクレシアというものは考えられなかったんじゃないかな。そういうことを、そのエクレシアにある程度いっているのは藤井武先生、矢内原先生などでしょうね。藤井武さんの場合はエクレシアは見えざるエクレシアで、それはそれでいいんですが、見える方へは来ない、向かないんだよ。それはもう現実にあれだけ背を向けてしまったらね。

何かやっぱり藤井武さんは清冽なものをもっているけれども、焼かなけりゃならんものをもっていたんではないかという印象がありますね。矢内原さ

---

[67] キリスト教会における信徒間の愛による交わりが単なる社交に堕している状況を批判して、内村鑑三が使用した言葉。
[68] キリストの十字架上の死によって人類の罪が贖われたとするキリスト教の基本教義。
[69] キリスト教会において信徒となるための儀式・典礼（サクラメント）のこと。
[70] 予定の信仰ともいい、予定説に立つ信仰のこと。予定説とは神が一方的にある人々を救いに予定しているとするキリスト教の教義。
[71] キリスト信徒が形成する教会ないし集会を意味する新約聖書中のギリシャ語。

んの場合も、日本の国の戦争ということ、国家の理想ですよ、それは神の国ですからエクレシアの展開ができてないんです。ということは組織論がないということなんです。二人、三人集ってということはそれだけとして価値があるといってしまうわけで、それがもっている組織論なんかないわけですよ。それのもっている組織論というのは神との約束であり、二、三人の間の約束なんであって、それがコングリゲーション[72]ですよね。会衆派[73]の組織原理ですが、そこらへんのことは何も考えないんですね。そういうまだやらなきゃならんことを無教会の無で排斥してしまうという点があるんではないかと思うんです。だからそういう意味では、無教会は未完成であるとみなければいかんのじゃないかな。そういう目で無教会をもっとみて考えて行かないと誓約集団の意義も出てこないし、強さも出てこないんじゃないでしょうか。だからつきぬけて行けないわけですよ。だから矢内原さんだってあれだけある点では、神経質になってガンガン言って弟子とやりあったりするけれども、ある条件になってくると全然ダラダラになってしまうんですね。

聞き手 藤田先生が誓約集団の中で思想として追求されるところは神の前にひとり立つ、その信仰における集団ということでしょうか。

藤田 そうです。それを基礎として、それじゃどういうきり結ばれ方をするのか、これをもっときちっと捉えなきゃいけないんで、もうそれでいいんだといって何もしないでいるんでは駄目ではなかろうかというわけです。

6.3 矢内原の指導した結婚問題の性格

聞き手 それでは矢内原先生との関係で、今日、先生が最も懐疑をもっていらっしゃる点、あるいは継承するところはどういう点ですか。

藤田 矢内原さんと僕の関係といっても非常に特殊でもあるが、こういうことはありました。例えば、結婚問題をとってみても、先生の原則は、先生の弟子との関係は信頼関係が中心になるから、先生におまかせして、そして先生は弟子の信頼に答えてゆこう、弟子はそれを100％の信頼で受けるという

---

[72] Congregation。会衆と訳される。キリスト信徒の集会を意味する。
[73] 宗教改革後に生まれた会衆主義を奉じるプロテスタント教派の一つ。会衆主義は個々の信徒の直接民制によって教会組織の運営を行うことを基本原理とする。

ことだと思うんですよ。これは、塚本さんも同じだけれど、矢内原先生が僕の場合も含めて、初期の頃に幾つかの結婚の時に述べています。それは次のようなことを念頭においていたんですね。全く結婚する夫婦が相手どうしを知らない、しかし先生は両方ともよく知っている。先生がそれを右向け右、左向け左で結婚にすすめといったら結婚に進んでゆく、と。これはまあ一つの極端にいった典型ですけれど、そうではないかと思われる節があるんですよ。

　それで、僕は戦争の関係とか、いろんな非戦論の関係での弟子との信頼関係でずっと学んできた中で、なんぼ信頼、信頼といったって、なんぼ信頼されたからといって100％責任とれない問題というのはいくらもあるわけですよ。

　僕は矢内原先生は僕の将来の信頼に応えていると思うんです。それはね、敵が非常に僕を攻撃した時に、100％僕を防衛するのはあの先生なんですよ。自分の名誉をはって防衛するですよね。けれどある事柄では責任をとれといったって責任をとれないことがあるわけですよ。

　だから矢内原さんの時期は信頼関係という一語でもって表現されていた。これは外部との関係で情報がもれ易いので、そういう網の目を突破して秘密をもらさないためには、信頼をものすごく強調する必要があったと思うんですよ。けれど今日のような状態になったらもう少しそこは中味で、矢内原先生が信頼という一語でいっていたことを、例えば僕との関係で僕が信頼にこたえるというのはどういうことであるか、それから先生がこたえられんというのは、ここは信頼されたってどうしようもないんだよという、それはお前の責任でやらにゃいかんのだよという、そういうところを今日ではもう少し明らかにしてゆく必要があるのではなかろうか、と今は思っていますけれどね。それはね、やっぱり一生、先生とつき合って、血を流した経験から出てくる結論なんです。それだけ今度は僕は、人に対して違うと思うんですね。矢内原先生のように僕を信頼しろというような表現はしない。

6.4　誓約集団論批判への反批判

聞き手　誓約集団としての信徒集団ということを提起されてから、いろいろそれに対して批判があると思います。一つは従来無教会の中でエクレシアという言葉でいわれていた、これはまた漠然としたものだと思いますけれど、そういうものがあれば十分であって、それ以上無教会をセクトとして形成す

る必要はないとか、さきほどの言葉で思想集団になる必要はないというような批判があると思いますが、如何でしょうか。先生は思想集団でなければ突破していけないというような実践的な立場で考えられているようですが。

藤田 それは反論も何も必要ないわけで、思想集団でなければ突破できるはずはないわけで、だからいろんな考えの人がごっちゃに入っているところではいつでもいろんな考えでやってゆくしか保てないわけですよね。そんな集団なら戦時中であろうが戦後であろうが、いろんなものが入った入れ物であっただけのことで、何にもそこから生み出す力は出てこないんではないでしょうか。

聞き手 思想集団になる必要がないという立場の人は、結局世俗の問題と思想的に対決して突破してゆくような必要はないということを意味するんでしょうか。

藤田 それはどうか知らんけれど、彼らの場合、何も生み出さなくてもそうやっていれば救われるんだと、そんな難しいことをいわなくてもそこに入っているだけで救いになるんだというのじゃないの。彼らだって救われなくちゃ困るんだろうと思うんですよね。もし救われなくてもいいんだというんだったら宗教集団でも何でもないわけですからね。宗教集団である限りは救われなくちゃいけない、救われるためには何をしなくてもいいんだと。僕はそう思っている人はそう思っていればいいんじゃないか、思想を強要することはできないんじゃないかと思う。そのかわり、こちらのような者が、そういう者だけで集って行動することを認めなけりゃいけない。そういう関係は僕はあくまで相対的主張ですよ。だからタテ社会になる恐れがあるんだからということは僕は100％認めるんですよ。しかし僕の方は逆にそれは焼いていかにゃいかんということをいっているわけです。どれだけ焼けるかは、それは人の一生の勝負でね。焼こうと思う者が焼こうと思う者同志で集って何かやってどうして悪いのか。そういうものがあっていかんということをなんで言うのか、ここでも僕は消極的なんですね。俺の方は俺の方でおいといてくれ、俺を無教会の一派でないとはいうな。俺だって矢内原先生の弟子なんだから、それは否定できないじゃないか、考え方が違ったって。しかしそれはきわめて弱い要求としてですよ。しかし、そういうことは、対横の関係では

弱くて一向差支えないので、そんなところで強硬にいったから中味ができるという問題じゃないでしょう。

聞き手 もう一つ思想集団ということを強調されることに対して、戦時中は非戦論とか平和論というのが時代の課題として非常に明確にあったから、その点で思想集団になる必要があったと思うけれども、今日の状況はそういう点がはっきりしないといいますか、思想性をもった集団になる必要がないんじゃないか、そういう意味で藤田先生が今日誓約集団を説かれることには賛成しがたいという論もあるようです。

藤田 それはあるでしょうね。それはあってもポイントはちがうわけですね。戦時中と同じように今日戦争にポイントをおいてやれといったって、ベトナム戦争にポイントをおいてやれといったって、それは僕はベトナム戦争には反対だけど、反対だからといって日本のここでこうやって生活している者がそれじゃどうしようというのか。今日は思想のポイントはちがうわけでしょう。

むしろ今日は世俗的な富裕関係の中でどういう生き方をするかということでしょう。だけど、内なる帝国主義大学を問いつめるとか、それが思想じゃないでしょうか。いやそんなことをいわんであれでいいんだとぬくぬくとしているのは、丁度戦時体制の中で東条体制の中に入ってじっとしておればよいという、出世していればいいというのと同じじゃないでしょうか。だからポイントが戦時だったら戦争反対かどうか。戦争反対だからといって僕は何も戦争の時に反対しなかったが、戦場へひき出されて鉄砲を撃てといわれても撃たないというか、撃ってもねらわないでしょうね。それで効果はないとは思わないですね。こいつは非戦論者だ、それだから戦争には行きますといっても最後にこいつは鉄砲を当らんように撃つということが国家にわかる。こういうのが数多く出てきた場合は、無駄玉を撃つというのは初めからわかっているわけだから、仮に100人いれば100発損するわけですよ。国家が合理性をもっていれば、こいつを軍隊にひっぱり出して鉄砲を撃たすよりも、看護兵にしておいた方が一生懸命看護するので得だとわかる。これが代替労働でしょう。日本ではおこらなかったというだけでね。僕はおこらなかったから効果がないというのは駄目だと思いますね。効果論からいっても。

それからもう一つは、そんなことをいっても人が認めない、贖いであって

も贖いは人が認めないというだろう。そういうことをいうキリスト者がいるなら、そんなことをいうんだったらお前キリスト者をやめなさいといいたいね。イエス・キリストの十字架が罪を贖うなんて誰も世間の人は認めていないじゃないか、クリスチャンは信ずるからそういうだけであってね、と、そういう論理でいえばいいんじゃないかと思いますね。今のあなたの質問からすればポイントがちがうんですがね。

聞き手 そうですが、要するに今日の状況の中でポイントがつかめない人が、そういうことをいうんだろうと思いますけれど。

藤田 今日はポイントがちがうんだということをいってどうこういっても、相手と自分とが話が逆になって通じないというだけのことで、こちらの話しが通じないから相手の方も通じない。

聞き手 今日はボサッとしているとポイントのつかみにくい時代だと思いますから、そういう理由からも誓約集団論というのが歓迎されないということが随分あるんじゃないかと思いますが。

藤田 戦時中だってそうだったね。無教会の中だって戦争反対するものは非常に少なかった。今日もまた今日流に少ないと。だからあくまでも、どこへいってもこれしかないんだと考えておけばいいんだと思っているんです。

聞き手 でも、残りの者といいますか、非常に少数主義でゆくということが誓約集団の場合には必然的になりますか。

藤田 いや必然的じゃなくてピューリタン革命の時にはそれがブレイクスルー（break through）〔突破〕したわけです。ですから歴史のある段階ではブレイクスルーする。日本は今そういうブレイクスルーする方向に向いていないということは事実ですよ。でも、さっきいったように蓄積があるということになれば、変動がきた時にはどうなるかわからんですね。つまりいまは戦時中の裏返しだという認識がないわけですよ。だから無教会だっていろいろお楽しみをやって—高級ですよ。ヘブル語をやったりドイツ語の注解書の翻訳をやったり、外国の一流をさわっていればいいんだという一流趣味みた

いなものがあるんですね、無教会の社交趣味というのはそういうんですね。

それから年々内村鑑三記念講演会で屁みたいなこといっていればいいのか。少しでもよくなっていればいいんだけれど、全体が悪くなっていたら仕方がないんでね。思想問題というのは分量ではかれないのではないでしょうか。

6.5 誓約集団形成の可能性

聞き手 分量ではかれない問題ですから目にみえた形で云々することはできない問題だろうと思いますが、先生が一生懸命ずっと誓約集団ということをめざしてやってこられて、かきわけかきわけして一点をみつめてそこへ向ってこられて、その中で具体的に誓約集団というのが信徒集団としてできつつあるのかどうか。勿論、そんな満足のゆくものではないことはわかっておりますが、俗ないい方をすれば、誓約集団を作ることに成功しつつあるのか、それとも全然絶望なのかどうか。

藤田 そんなふうに考えんでもいいんで、まあ誓約集団ということで問題提起をしている方向はまだ未完成なんだから、そこをもっと完成させていかなきゃいかん、例えば論理で項目だけあげてみましょう。誓約集団だけいったってどうしようもないわけです。誓約集団はエクレシアでしょう。われわれが例えば古賀君が九州へ行って、それからこの間のような加藤君のような話をすれば、これはもうお互いに祈りの形をとらなくとも加藤君はいまどうしているだろうというようなこと考えるでしょうね、それはいわば連帯感ですからね。そういう形で本物のエクレシアというのはわれわれの中に形をとりつつあるわけですから、そういう意味でエクレシアがあって、そして誓約集団が実現してゆく視角があって、そしてそれを維持してブレークスルーするための力が予定の信仰ですよね。それから予定の信仰だって、それは神学的に表わすと、神がわれらにおり、神とイエスと聖霊とわれわれとが同時存在するような、そういう信仰でないと、出てこない。予定の信仰というものは持続しブレークスルーするための力になってゆくと思うんですね。だから、そこらの関係というのは内村先生もまだ十分に展開していないわけだから、無教会の課題として論じて、いろんな集団の人々と論戦をして展開をしてゆくべき課題じゃないでしょうかね。そんなことがあるので、まだなんかここにうまく将来大きくなる赤ん坊みたいなものができているかどうかといって

も、まだとても、そんなところへもゆく段階じゃない、と。内村、無教会をとなえて……。

聞き手　『聖書之研究』が発刊されたのが、1900年ですから、73年になるわけです。

藤田　一世紀にあと27年間ですか、その間にできるとはまず限らんですね。一世紀でできなけりゃ二世紀かければいいじゃないですか。余りできそうもなかったら、やめて私もう帰りますといってもいいんじゃないですか（笑）。

聞き手　いやいや、そういうんじゃなくて、外部の人が藤田があんなに一生懸命にいっているけど、笛ふけど踊らずで誰も踊らんことを言っているんじゃないか、と。

藤田　いや、そうだろうと思うよ、僕は。

聞き手　それからまた、ある人はゲリラみたいな暴力革命をやるんでなければ誓約集団はできないといっており、このような否定的な見解もあるわけです。それに対してこちらは何と答えるかということが、事実をもって何らかのものが出てくるというのでないと──そういうのが出てくるなんて傍観的にいってはいけないんですけれど──そういう面をどうお考えになっているかお聞きしたいわけです。

藤田　考えていることは、誰もついてこなくても、僕は自滅するしかないと思っているんだ。

聞き手　藤田先生は大河原さんを養子だと思っていらしたらどうでしょう。

藤田　問題は思ってみても大河原先生一人でまた誰も踊らんで、わしもやめたといわれたら、これは駄目なんだよね（笑）。どうもそう臭いよね、困るよね（笑）。

6.6 信仰内容の再把握

聞き手 誓約集団というのは思想集団という内容をもっているわけですが、先生の活動の独自な面として、和歌山での昭和37年ごろから40年くらいまでの活動[74]があります。矢内原五周年記念で、学生と労働者のために講演会を設けた中で「礎をすえるもの」という講演をされるまでの過程で労働者層というものに焦点を合わせられる時期があったんだろうと思うんです。キリスト教九州伝道委員会で講演されたり、無教会の中にそういう層の核を作ってゆこうという時期があり、そこらはやはり従来の無教会の集会と層はかなり違ってきているんじゃないかという感じがするんですが。最近は無教会問題とか思想集団とかいうように思想的な問題が問われているように思うんですが。

矢内原忠雄五周年記念講演

藤田 あの時期は、日本の年功秩序が戦後のある変容をうけて、一応安定した昭和30年代ですから、職場闘争、職場交渉集団が問題になるわけです。そういう職場集団の一つとして和歌山というのは、クリスチャンの運動としてあったわけですからね。だからその問題というのは労働者問題といえば労働者問題ですが、そういう年功序列がある安定していた時期であって、そこでの職場交渉ということで問題がとらえられる。こういう時期は十年間はあったように思うんです。けど昭和40年すぎてからは、もはやそういう時代は過ぎたんじゃなかろうかと僕は考えているんです。職場集団ではなくて、もっと組み方が違ってくるのではないかと。いまは職場というのは、どうしようもないくらい官僚化してしまってね。そこから出る人間がどう集団を組むか、つまり中におりながらですよ。新左翼みたいに棒もって横にダッと走ってしまうんでなしにですよ。そういうことではないかと思っているんですよ。

---

[74] 髙橋守雄の指導の下に住友金属和歌山製鉄所で行われたキリスト者青年労働者による労働運動。職場闘争を重視した。

だけども、全体として言えることは、僕の世代だと僕みたいな百姓出身の者の異分子みたいなものと、それと非常にお金持の異分子みたいものでは、どこか違うんじゃないかね。植民地に長い間生活した僕らの世代の人というのは労働者や農民をみる目というのは、全然違うんですね。市民革命を猛烈に強調する歴史学者が、三池争議なんてもってのほかだという言い方をしたので、僕は驚いたですね。しかし、今日は相当そこはなくなって平準化されているんじゃないか、金持の息子だから特にどうということはなくなっているんじゃないかな。

　だからさっき斉藤君のいったことは、もっと広くとらえて行けば、さっき結婚問題を中心に例をとって言ったけど、矢内原さんの弟子だとか、塚本さんの弟子だとかいいながら、今のようにそれを中味でとらえなおしていかない人は割合多くて、それがまたある程度尊重されるという基盤はあるわけです。地方集会というのは大体それですよ。それでこちらのステイタスが大学の教授であるとか、そういう場合は地方集会というのは、古い形のままで進んでいるんで、分量からいうと、そういう形のものの方が多いんじゃないですかね。

　それから、そういうふうに中味でとらえなおさなきゃならんということになると、問題はいくつもあるんでね。例えば専門外のことですが、らい[75]にしても、僕は傍観者みたいにいうけど、光田〔健輔〕先生[76]みたいな考えなんかは、天皇制国家の国家を思うという立場と同じじゃないかな。ああいう強権を使いながら隔離してなくしてゆくという方法です。それに比べて今日アメリカで行われている解放療法というのは、あれは自由社会の仕組みですよね、個人責任があって。

　そういう意味で矢内原さんや無教会二代目のもっていた良さをくみとるためには、さきほど言ったように、どこは信頼の関係で、どこは各人が責任をもたなきゃいかんか、そういうことを信頼という一言でぬりつぶすんじゃなくて、区別し、けじめをつけてゆくのを今日やらないと、その先生方が言ったよい信頼ということも維持できない。

　それと同じようなことが、いろんな領域にある、それが大学問題なんかで

---

[75] 今日ではハンセン病と表現するのが適当であるが、当時の（らい予防法に基づく）強制隔離政策の下にあって語られた言葉として、そのまま掲載した。

[76] 1867 - 1964「ライ患者の救済やライ予防法の制定につくした」功績で文化勲章受賞。1951年文化功労者。

非常にいい形で問題が出たわけですね。教育的処分[77]なんてことが言われていたのは、どうもおかしいということがはっきり出たわけでしょう。それじゃどうやったらいいかは、はっきり出てないだろうけど。このようなことは、ある程度うまく説明した方がよいかも知れんね。地方集会には、60、70前後の人がかなりおるでしょう。そういう人の場合はどうしても古い関係そのままでゆくことが多いですから。

6.7 無教会批判

そういう意味で無教会の自己点検ということをやっておけば、僕は結論は内村さんは預定の信仰をどこまではっきりもっていたかということになる。内村さんにしても矢内原さんにしても、それがなくてもやれたということは、その当時の日本国家の絶対主義的な運動に対抗する限りではあれでやれた。しかしもう一つ違った今日からあとの時代になると、そういう預定の信仰とかエクレシア論とか組織論というのがきちんとしていないとできない。無教会の組織論というのをもっていないとやれないようになっているんではないかと思うんですよ。われわれはそこへもう少し論を展開しなけりゃいかんわけですよ、これから。だから、「十五年戦争と無教会二代目」[78]の中間報告で、第一の「敗戦の神義論」[79]よりも、昭和5年から12年までのものはもっと包括的ですよ、僕の序章はね[80]。

そういう展開の途中にあるんですが、反撥があり、段々反撥はたいしたことはなくなっているんですが、今度の中間報告にはもっとびっくりして反撥するんじゃないかと思うんです。内村についてまでこんなことを言い出した、もう明白に違うなんてことになっちまうんのじゃないかと思ってね。

---

[77] 1969年の東大闘争をピークとする全共闘運動が批判した「大学による学生の処分」のこと。矢内原三原則に基づき学生に対する大学の処分は教育であるとの前提で行われた。
[78] 藤田編著『内村鑑三を継承した人々』(木鐸社, 1977)を執筆する準備作業として刊行した中間報告書の題名。
[79] 『著作集』第3巻65頁。
[80] 『著作集』第3巻115頁。

三一書房発行『藤田若雄著作集』全4巻の紹介文
（日本労働協会雑誌 1983 年 6 月号）

著者は 1937 年に東京帝国大学法学部を卒業後、産業組合中央金庫、住友鉱業に勤務し、敗戦を唐津鉱業所で迎えている。1949 年東京大学社会科学研究所に入所し、1973 年退官して国際基督教大学に移り、教授在職中の 1977 年 1 月 64 歳で病没されるまで、わが国の労働問題、労働法の分野に数多くの業績を残した。著者が取り組んだ領域は広い範囲に及び、中でも労働組合の組織と運動の理論、労働協約の分析、その課題の析出と提言、団結の法構造理論等をめぐる研究は、これらの問題に取り組もうとする人々に多くの考える縁を与えるものとして貴重である。

著者が完成した「年功的労使関係論」が、今日、著者の文献が引用されるまでもなく暗黙のうちに諸家の見解の中に取り入れられ、日本労使関係の基本構造を明らかにした理論として地下水脈的な役割を果たしている事は周知のところである。生前、著者は「組合を歩き、労働者や労働組合の人々の要求や本能的行動を意識化し、理論化することが、私の生涯の課題である」と語っている。読者は本著作集に収録してある論文等から、調査と分析によって仮説の検証を繰り返すという著者の終生貫いた学問上の方法的態度も、学ぶことができるであろう。

各巻の巻末には編集委員による研究者的解説が付され、各表題のテーマに関する著書の見解を理解する良き手引きとなっており、第 4 巻には著者の膨大な全著作目録が年代順に掲載されていて、自ずから戦後日本労使関係の問題点を示唆している。

第 1 巻：労働者の新しい精神の探究　（解説・渡辺章）
第 2 巻：戦後労働運動史論　（解説・神林章夫）
第 3 巻：戦後労働組合組織論　（解説・下田平裕身）
第 4 巻：年功的労資関係の法構造　（解説・渡辺裕）

（昭和 58 年 5 月完結）

第3部 〈研究討論〉藤田若雄著
『日本労働法論』『日本労働争議法論』について

〔解　説〕
1　東大社研に入るまで

　藤田若雄の師である矢内原忠雄は、新渡戸稲造から東大経済学部の植民政策講座を引き継いだ。新渡戸の植民政策学はアメリカ仕込みの「実証派であり、プラグマティズム」(226頁) の性格をもっていた。その後任矢内原の植民政策学方法論も彼の『帝国主義下の台湾』や『南洋群島の研究』などの代表著作によって知られるように、実証的な調査研究を重視するものであった。信仰はさておき、藤田が「矢内原先生から影響を受けたのは調査です。仮説を出して具体的な調査をする。」(62頁) と述べているように、彼の学問的な方法論としては矢内原の調査重視の考え方から大きな影響を受けている。性格的にも藤田は幼いときから物事を観察することが好きであった。

　藤田が在学した東大法学部は、官僚になるために必要な法解釈学つまり「規範」の学を教授するところであった。彼も在学中に高等文官試験司法科試験に合格している。しかし、彼は卒業後司法官僚（判事または検事）になることを好まず、当時の彼が身につけていたマルクス主義社会理論による社会改革をめざし、そのための農村調査に従事すべく産業組合中央金庫に就職した。1937年4月のことである。しかしそこでの活動が特高警察に睨まれたことから、1941年12月に黒崎幸吉の世話で住友鉱業株式会社に転職した。そこで出会った上司、安井冨士三経理部長の指導によって現実を重視する学問の方法に眼を開かれた。これによって社会構造の分析における藤田独特の

方法である「職場問題」という捉え方をするきっかけを与えられたのである。住友鉱業では炭鉱の立て直しのために唐津鉱業所へ派遣されてそこで日本の敗戦を迎えた。藤田はマルクス主義社会理論を援用しつつ、職員組合委員長として炭鉱労働者による労働組合運動の中で奮闘し、組合を勝利させた。しかし、彼は安井部長の恩義に対する責任をとり、1947 年 5 月住友鉱業を自主退職し、義兄伊藤祐之の勤務する西南学院専門学校教授となった。

2　東大社研における藤田のキャリア

　東京大学社会科学研究所（東大社研）は、戦後、東京大学の付置機関として創設され、矢内原忠雄はその初代所長であった。彼は東大社研を実証的な研究機関とする構想をもっていた。その東大社研に、1949 年 4 月、藤田は矢内原の世話で研究員として就職した。翌 1950 年に講師となり、それ以後、長期間にわたり専任講師の地位にありつつ労働問題及び労働法の研究に従事した。1968 年 5 月に教授となり、5 年後の 1973 年 4 月東大教授を定年退官した。彼の東大社研勤務は 24 年に及んだが、その前半期には専ら労働問題の調査研究に打ち込み、主著『日本労働協約論』（東京大学出版会, 1961 年）を完成させた。そして同著の刊行後に、彼は労働法の研究に転じたのである。

3　労働問題調査研究への取り組み

　東大社研の前半期における、藤田の研究活動の出発点は企業組織の中の職場問題という身近な事例の研究であった。彼の研究理論の前提となる原体験として、前記のように産業組合中央金庫、住友鉱業及び西南学院の勤務時代に体験し観察したことがらがある。「社研では、自分が会社で体験したことをそのまま理論化するということになってくるわけで、そこらへんから職場問題が理論上も非常に明確になってきた」（139 頁）。「大学を卒業して、そのまま研究者になってきた人々と調査してみると、以上のような経験が彼らに対して私が持っている独自の存在理由であった。」（84 頁）と藤田は述べている。1949～50 年頃の藤田が持っていた労働運動に対するイメージは、その後、日本の労働運動自体が挫折する過程をとおして 1953～54 年頃に相当大きく変わっている。この二つの時期の間に、藤田の考えの中の大きな屈折があったことが窺われる。前期の藤田は「プロレタリアートの中に近代を超えるものがある」と考えていた。これはウェーバー的ではなくブレンターノ的である。ところが後期になると「だんだん労働者の中にも変なもの（つ

まり前近代的な要素そのもの）があることがわかってきた」（87頁）と彼は語っている。プロ・レーバー（後記参照）の研究者である大友福夫や田沼肇と藤田との論争が「戦後の労働運動は戦時中の労使関係の裏返しだとみる」彼の「裏返し理論」を生み出す契機となった。

4　労働問題調査研究の成果

　藤田は、東大社研前半期には自分の経験をいかに理論化するかという問題意識のもとに、一貫して日本の労働問題の実態調査に取り組んだ。そして、1959年2月に大河内一男・氏原正治郎・藤田若雄共編『労働組合の構造と機能』（東大出版会）が刊行された。これは日本の社会構造を「年功的労使関係」として捉え理論化したものであり、東大社研における共同調査研究の大きな成果であった。「年功的労使関係」論は藤田の独創であり、前記の共同調査研究は事実上藤田の主導によるものである。彼はこの「年功的労使関係」論を前記『日本労働協約論』にまとめて1961年5月に東大出版会から刊行した。藤田の労働問題に関する当初の取り組みは、その当時の日本の労使関係の構造をなす年功的労使関係を、自立した労働者による下からの職場闘争によって改革することであった。昭和30年（1955年）代初め頃から昭和39年（1964年）頃まで、総評を中心とする労働組合運動が目指したものは経営組織の近代化・合理化という課題の解決であった。それは藤田の労働問題研究の課題でもあり、彼は前記のような総評の運動路線に期待していたのである。

5　労働法理論の研究へ

　ところが、総評が前記の路線を放棄し総評に期待することができなくなった昭和40年(1965年)代になると、藤田は新たな労働組合の組織論として誓約集団的労働組合論を構想するようになった。そのことに関して、藤田は「だいたい40年ごろから、私は労働法のほうに移っていった」（101頁）と述べている。こうして1960年代に至り、彼は東大社研における自分の研究対象を労働問題の実態調査から労働法の学説、裁判例の研究に移行させた。これまでに取り組んできた労働問題調査研究の対象について、これを労働法理論から見るとどうなるかを追究しようとしたのである。藤田は東大法学部で労働法講座を担当する石川吉右衛門教授を責任者とする東京大学労働判例研究会に参加するようになった。これは東大法学部出身である藤田の原点復帰

と見ることもできるだろう。かくして東大社研の後半期における藤田の取り組みは、労働法理論の批判的研究であった。

東大社研を定年退官する直前の 1973 年 3 月に、彼はそれまでの労働法研究の成果を二著にまとめ『日本労働法論』（木鐸社）及び『日本労働争議法論』（東大出版会）として刊行した。労働法研究者としての彼の仕事の集大成というべきものである。ここで藤田は（誓約集団としての）労働組合の法と従業員組織の法とを明確に区別すべきであり、労働組合に労働組合の法を、従業員組織には従業員組織の法をそれぞれ適用すべきであると主張する。つまり、それぞれの組織とこれに適用する法との整合性を追究すべきであることを強調する（既に 1955 年刊行の藤田著『団結の法構造』にも述べられている）。労働法の理論的な研究における藤田のオリジナリティーは労働問題の対象を契約理論・誓約理論で解明しようとしたことである（169 頁）。

藤田は労働法の解釈学におけるプロ・レーバー（労働者の立場に立つ研究者）とプロ・キャピタル（資本家の立場に立つ研究者）との学説の対立関係を、労使関係の構造・機能のあり方の中に位置づけて説明している（162 頁）。彼はプロ・レーバーの法解釈の方法を「左の人の法律解釈というのは、片方で法は階級支配の道具であると言いながら、法は解釈の仕様によっていくらでも網を拡げることができると言って、そこへ理想みたいなものを押し込んでゆくわけですよね。」（202 頁）と批判している。

6　労働法に関する「聞き取り」の位置づけ

本書の第 3 部に収録した労働法に関する「聞き取り」は、藤田が東大社研を退官した翌年の 1974 年 4 月 20 日、21 日の 2 日にわたって「研究討論」として行われた。聞き取りに参加した 10 名の学者はいずれも東大社研の後半期、藤田が東大労働判例研究会に参加するようになった後に、彼から指導を受けた若手の労働問題ないし労働法研究者である。これは労働法理論に関する藤田の前記二著『日本労働法論』及び『日本労働争議法論』をめぐる聞き取りの記録である。したがって、東大社研時代の後半期における彼の労働法研究活動の内容とその成果に対象を絞って聞き取りが行われたことになる。質問は先ず『日本労働法論』について、次いで『日本労働争議法論』について各章立てに沿い内容順に行われている。この聞き取りは彼が労働法研究の現場を離れた後に行われたことでもあり、やり残した仕事に対する彼の残念感が言葉の端々に窺われて興味深い。

第 3 部　〈研究討論〉藤田若雄『日本労働法論』『日本労働争議法論』について

　なお、前半期における彼の労働問題調査研究活動の内容とその成果に関する藤田の発言は、本書第 1 部に収録した戸塚秀夫氏による「聞き取り」の中に収められているので、そちらを参照されたい。

〔注〕
この「聞き取り」は先に藤田若雄キリスト教社会思想著作集別巻 343 頁から 372 頁に収録された。そこには次のような編者註が付されている。「この討論記録は『東京学芸大学紀要　第三部門　社会科学　第三一集』(1980 年 1 月) に渡辺章「藤田若雄著『日本労働法論』・『日本労働争議法論』研究」として掲載されたものであるが、渡辺章氏および東京学芸大学紀要委員会の了承を得てここに転載することにしたものである。なお、文中に言及されている『社会科学研究』第 24 巻第 4 号掲載の「対談」は藤田若雄キリスト教社会思想著作集第 3 巻 21 頁以下に収録されている。」

〔聞き取り〕

　本稿は、故藤田若雄先生の『日本労働法論』（昭和48年3月・木鐸社）、および、『日本労働争議法論』（昭和48年3月・東京大学出版会）をめぐる研究討論の記録である。

　討論参加者は次のとおりである。藤田若雄、岩出誠（弁護士）、香川孝三（富山大学助教授）、菅野和夫（東京大学助教授）、諏訪康雄（法政大学助教授）、手塚和彰（千葉大学助教授）、中嶋士元也（埼玉大学助教授）、浜田冨士郎（神戸大学助教授）、籾山錚吾（東京理科大学助教授）、渡辺裕（信州大学助教授）、渡辺章（東京学芸大学助教授）。（　）内は聞き取り当時の職。

　この研究討論会は、1974年4月20日から21日の2日間に実質約6時間をかけておこなわれた。今日まで5年余の間、この記録が未整理のままになっていた事情は省略する。今回、先生のご遺族と討論参加者の快諾を得て、ここに発表できることになった。労働法、および、労使関係論の研究に携わっている方々の眼にもふれることにもなれば、異彩を放つこの二つの著書にかぎらず、先生の構想力豊かな思想と法理論を理解することに役立つものと信ずる。

　藤田若雄先生は、1973年4月1日東京大学社会科学研究所教授を退官され、その後、国際基督教大学の教授として労働法、労働問題を講じておられたが、1977年1月2日、胃癌のため、その生涯を終えられた。在天の御霊に慎んでこの記録を御奉げ申しあげる。

　記録が長大であるため、討論参加者の質問は趣旨を損わないかぎりにおいて相当に圧縮し、藤田若雄先生の発言は、読む人に肉声のとどくように、という願いをこめて原型にほぼ近いかたちで編集した。編集方法の留意点を指摘しておく。
　①表題は編集者が付した。
　②文中の〔労働〕は『日本労働法論』を、〔争議〕は『日本労働争議法論』を示している。

　この記録をこのようなかたちで発表することに同意して下さった討論参加者の諸兄に、改めて、感謝を申しあげる。なお、この記録の整理には、木鐸

第3部　〈研究討論〉藤田若雄『日本労働法論』『日本労働争議法論』について

社の能島豊氏と東京学芸大学大学院生（修士課程）の実島哲洋君のご尽力を得ることができた。ここに記して感謝の意を表する（渡辺章）。

はじめに

司会　それでは表題の二著書について質問会を始めたいと思います。東京大学社会科学研究所の紀要『社会科学研究』第24巻第4号（1973年3月）は「藤田若雄教授還暦記念号」でありますが、そこに掲載されている戸塚秀夫教授との対談の中で、先生は、昭和40年頃から、研究対象を、労働法に絞ったといわれています。それ以前は、1949年東京大学社会科学研究所に赴任されて以来、一貫して日本の労働問題の実態調査による研究を進めてこられました。今日この質問会に参加している者は、先生がこのように研究対象を実態調査から労働法の学説、裁判例の問題に移していかれて、石川吉右衛門先生が主催されている東京大学労働判例研究会[1]に出席なさった昭和40年以降、助手、大学院生として、先生が御退官になるまでゼミナールや調査旅行を通して御指導をうけてきた者ばかりであります。先生は昭和48年3月退官と同時に先程申しあげました二つの著書を出版されました。いわば昭和40年以降の法理論研究の成果をこの二著書にまとめて世に問われたということになると思います。私共はこの二著書を熱心に読ませていただいたのですが、一般的な労働法の著書に比べて非常に異色の感をもったものです。また、今後の私共の労働法学の研究の方法や方向に幾つかの大切な示唆を与えておられるように思います。たまたま私が先生のゼミナールに参加しはじめたのが昭和40年で、今日参加されている諸君の中では一番古いものですから、便宜上司会をつとめさせていただいて、この二著書を中心に質問会を進めていきたいと思います。あらかじめ二著書の章別に各参加者の分担がきめてありますので、それに従って始めたいと思います。

全般的な質問

判例研究の意義・解釈法学と譬（たとえ）としての旧約聖書

問　最初は全般的な質問から入ってゆきたいと思います。他の法律分野と同じように労働法学の中でも、今日裁判例の研究は非常に大きな意味、比重を

---

[1] 東京大学法学部に設置された労働判例の研究会。石井照久及び石川吉右衛門両教授が主催した。

占めておりますが、先生はその意義をどのように考えておられるのかというのが第一点。第二点は、わが国の戦後の労働法理論は、ほとんどあらゆる分野で、多かれ少なかれ理論的な対立状況にあることは周知のことですが、先生は、その混乱の原因に、〈誓約集団〉としての労働組合を法理論化した英米の労働法理で日本の従業員組織を評価しようとする理論があり、他方には、従業員組織の運動を法理論化して、この理論をもって〈誓約集団〉としての労働組合の法理論なりと主張するものがある、と観察しておられます。先生は、こう観察された後、しかし、「これら二つの集団類型は、労働者の組織運動の中にそれぞれの場を得て登場するものであり、相互につぶし合う性質のものではない。」とのべておられます〔労働、まえがきii頁〕。このことは、混乱の原因となっている、二つの法理論の関係についても言えることだと思われますが、この点を含めて労働関係の実定法解釈学[2]はどのように学問されていくべきであるのか、先生のお考えをおきかせ下さい。

藤田 判例研究をどのように考えるかということですが、これは判例研究が本来そうであるように、—本来という意味は、東大の判例研究会[3]を末弘厳太郎先生が始められた頃からの精神でしょうけれど—、いろんな学者が批評するけれども、具体的に問題をつきつけられてお前はどう判断するのか、それに返事のできる理論でなければ意味がないではないか、という話を聞いたことがありましたが、それでわかるようにきわめて実践的であるといえばいいんではないかと思います。法の世界はそういうものを離れることはできないわけですね。それじゃいつでもそうであっていいのかということで、そこで譬を出してきたらいいかと思うんですが、私の読者にはキリスト教徒が多いからキリスト教の話題を出しながら答えていきます。旧約聖書[4]の中には普通、

---

[2] 実定法は自然法に対する法的な概念であり、歴史上の人類社会において人が定めた具体的現実的な法を意味する。自然法は超歴史的普遍的に人が守るべき規範と観念されている法のこと。実定法解釈学とはその実定法の意味を究明し解説する実用的な法学のことである。注5も参照。

[3] 戦前の東京帝国大学法学部において末広厳太郎教授の主唱により日本で最初に設けられた判例研究会のこと。英米法の影響のもとに社会学的な視点をも取り入れて現実的、実践的に裁判例を研究することを目指した。東大判例研究会は現在まで継続されている。

[4] キリスト教の経典である聖書は旧約聖書と新約聖書の二つから構成されている。旧約・新約とは、旧い契約・新しい契約という意味で、この契約とは神と人類との間の救いの約束のことである。神の人類に対する救いの約束を、約2000年前のイエス・キリストの降誕の前後によって区別し、キリスト降誕以前に記された「救いの預言」

第3部 〈研究討論〉藤田若雄『日本労働法論』『日本労働争議法論』について

律法と預言と知恵文学と三つあるといわれているんです。それで私は解釈学[5]というのは智恵文学にあたるんだろうと思うんですね。たとえば因果応報の考え方—いい行為をすればいい報いがある、神は善行をする者によき報いを与えるし、悪いことをする者には罰を与えるという考え方—は非常に普遍的でして、何もユダヤ教ばかりではなく、どの宗教にも共通ですね。そういうきわめて日常的な、誰をも支配するような考え方があって、それはキリスト教と不可分に結びついているわけです。だから日常的で役に立つということだろうと思うんですね。ところが、こういう疑問を出してくるんですね。そういう因果応報の考え方は常識的にあるんだけれども、ところがよく考えてみるとそんなことはないじゃないかと、悪いことをしている奴の方が何の苦しみもなく呑気な生活をしているではないか、真面目な奴ほどひどい目にあっているではないかと。いったいこれはどういうわけか、というのをエレミヤが問題をつきつける。それからヨブ記も同じような問題をつきつけるんですね。自分は悪い人間じゃないと思っているのに皮膚病にかかって非常に苦しむ。友達がやってきて「おまえは何か悪いことをしたからそういうことになるんだから悔い改めろ」という、「俺はそんなことはない」といって争うわけですね。そういう因果応報の世界をひっくり返してゆくような思想、それは預言者の精神に結びついている。批判的精神に結びついている。それでイザヤとかエレミヤとかいった大預言者の考え方が出てきて、そして旧約聖書の考え方の中身を変えてゆく。大情況のもとで問題を提起し、智恵の世界をかえてゆく。法解釈学はそういう二つの面の一つであるきわめて日常的な、有効な世界、常識的に有効な世界を扱っていると私は考えている。こういうと解釈はつまらんことをやっているように思われるかもしらんけれど、それはそんなことを考えているわけではない。それが第一の考え方ですね。

　いま申しましたのは比喩的な説明ですからこれをもう少し敷衍しておきます。私共は若い時にはマルクスの『ヘーゲル法哲学批判』を読んだ。そうすると「法の批判」という言葉が出てくるのですね。まあ公式的にいえば「法

を旧約聖書と呼び、キリスト降誕以後に著述された「救いの証明」を新約聖書と呼ぶ。旧約聖書はユダヤ教の経典でもある。
[5] 解釈法学または法解釈学ともいう。法律学方法論の一つ。法律を一つの事象として客観的、学問的に研究する基礎法学（純粋法学）に対比して、法を実践的、実務的に取り扱う方法であり、実用法学ともいわれる。藤田の言を借りれば「きわめて日常的な、有効な世界、常識的に有効な世界を扱っている」。裁判官、検察官、弁護士などの法曹が法律実務を処理するにあたり使用する手法である。

とは支配の道具である」というふうなことになってくるんですけれども、そういう面からみてゆくということにかなり長い間私共はとりつかれておったんです。しかし、最近はまたそれとは違った面が出ていると思うんですね。マルクス流の法批判の考え方に対してわが国では川島〔武宜〕[6]シューレを中心とする法社会学が戦後でてきておった。ところが、その人々の法社会学をつっこんで労働法の方にもってきてみて、うまくいくかというと私にはどうもそうは思えない。それで、もはや川島さんの考え方に従ってゆく必要もないように思っているんですけれども、なぜうまく労働法で法社会学が伸びないかといえば、それは労働法学者が〈組織についての社会学〉を使っていないから、ではないか。そこで、ウェーバーのもっている組織についての社会学を出してみれば、アンシュタルト〔Anstalt〕とフェライン〔Verein〕[7]の関係が出てくる。そういう観点で組織問題をみてみると随分ちがうんではないか、一応こういうふうに今のところは思っているわけであります。それを労働法の領域で具体化してみますと、アンシュタルトというのはここでは従業員組織で、それから誓約集団というのはフェラインでしょうね。宗教的にいえばゼクテ〔Sekte〕とキルヘ〔Kirche〕との関係になるんだろうと思うんです。では、この二つの狭間で実定法解釈学はどのように学問さるべきであるかといわれても、これはちょっと返事できないんですね。私は労働法というのは解釈学もあれば、他にいろんな見方もあるという重ね写真のようにみているわけですから、一人で全部やれるとは考えていないわけですよ。

　それと関連づけて言えることは、私は皆さんを指導した覚えはちょっともないわけです。むしろ参与調査といいますか、パーティシパント・オブザベーション〔participant observation〕という言葉がありますね。そういう方式でもって判例研究会で仲よくだまって聞いていると実にたくさん勉強ができて面白い、そういう勉強がいくらも重なってできてくる、それで全体が生きてくるというふうに考えているわけです。

問　解釈法学はいかにあるべきかということについて、藤田先生は答えられ

---

[6] 1909‐1992 東京大学法学部教授。民法学及び法社会学講座担当。大塚久雄、丸山眞男と並ぶ近代主義者として位置づけられている。戦後の私法学界において経験科学としての法律学（つまり法社会学）を提唱した中心的な学者。彼から理論的な影響を受けた法律学者のグループを川島シューレ（川島学派）と呼ぶ。本書222頁参照。
[7] アンシュタルト(Anstalt)とフェライン(Verein)はウェーバーの「組織としての社会学」における概念。本書48頁参照。

第3部 〈研究討論〉藤田若雄『日本労働法論』『日本労働争議法論』について

ないとおっしゃったんですが、私なりの理解を申しますと、藤田先生の学問の性質は〈分析〉であると思います。それをもう少しお聞きしたいと思います。実際、藤田先生は実践にもかかわっておられて『日本労働法論』でもいくつかの法解釈を述べておられるので、やはり実用法学[8]はどうあるべきかということについて何かおもちなんじゃないかと思うんです。私の一番の仕事は解釈学であって藤田先生のゼミについて一番教わったのは日本の労働組合という解釈学の対象についての分析で、法の解釈はそれをふまえてすべきであるということなんです。そういう点からもう少し……。

藤田 僕の特徴づけは〈分析〉という言葉でもいいし、〈理解法律学〉[9]でもいいと思うんですが、分析が細かくなればなるほど、正確になればなるほど自ら道がみえてくるという感じなんですね。それは法律を解釈するときも同じだと思います。そのひとつとして、今は戦後のユニオン・ショップ[10]の判例を全部集めて整理したらどういうことになるのかと思っているんです。忙しくなってやれそうもなくなっていますが……。分析を深めていけば、僕はある道は見えてくるように思うんです。ただその時には普通の人の考えとは離れてしまうから全々受入れられないだろうというだけの話ですね。余り……心臓が弱いから人の前で言うのが段々おっくうになってきておりまして、だから〈いかにあるべきか〉というようなことはなるべく言わんで、そうっとしておいてもらいたいといった気持です。

問 藤田先生のそういった方法論は比較法的研究[11]をするときにも有効だと思うんですがいかがでしょうか。

---

[8] 法律学方法論の一つ。基礎法学（純粋法学とも言う）に対して、実用法学は、法を実践的、実務的に取り扱う方法である。法律学における基礎法学と実用法学との関係は、医学における基礎医学と臨床医学の関係に対応する。
[9] 実用法学に対する基礎法学を言い換えた言葉。藤田の行った労働問題の分析は基礎法学に位置づけられる。
[10] ある企業の従業員であるためには、その企業に関係する労働組合の組合員でなくてはならないことを内容とする、当該労働組合と当該企業の使用者との間の労働協約の条項の一つ。ユニオン・ショップ協定ともいい、労働組合法第7条第1号但し書の規定するところである。本書245頁以下も参照。
[11] 各国の法をその国の歴史、文化、社会、政治などの中で比較しつつ研究する法律学方法論の一つ。比較法学とも呼ばれ基礎法学に属する。

藤田 文化比較論[12]という文化の中には法律もある訳ですから、大きく言えば文化比較論の中の方法のつもりでいるんですがね。もっと歳が若ければいろいろやりたいけど、できないですね。

『日本労働法論』
序章　労働基本権

司会　それでは『日本労働法論』の質問に入りたいと思います。

基本的人権を生みだすもの

問　「序章　労働基本権」から始めたいと思います。僕たちの勉強してきた労働法の教科書では、一般に、まず労働ないし労働者の従属性、あるいは労働力商品の特殊性が強調され、次いで、労働法が市民法（資本主義法）の形式的な自由、平等を修正する法形態であるとか、その自己反省形態であるという文脈で綴られているのが大方の傾向だと思います。ところが、この『日本労働法論』では、むしろ、美濃部達吉[13]の『米国憲法概論』から市民的、自由権的な基本権の歴史的発生系譜を特に詳細に引用され、契約的な政治観とか、基本的人権の思想を生みだしたものは宗教的な誓約集団にあるということを示唆され、さらにその世俗化現象という点にふれられて、それを労働基本権つまり社会的基本権の説明に先立って非常に強調されています。先生がこのように労働基本権の法的性格を通常の教科書の文脈、展開の仕方とは違った構成で説明なさろうとされたことについて特に意図されたことの説明をうかがいたいと思います。

---

[12] 法律に限らず歴史、社会、政治などを含めた文化は、各国各地域に多数かつ多様に存在するが、それを比較研究する学問的方法の理論。比較法学はその方法論を援用する法律学。

[13] 1873・1948 戦前の東京帝国大学法学部教授。憲法、行政法学者。天皇機関説事件で彼の憲法学説が批判されたことで有名。彼の著書『米国憲法概論』は1918年に『米国憲法の由来及特質』として刊行したものを改訂増補して1947年に有斐閣から刊行された。

第3部　〈研究討論〉藤田若雄『日本労働法論』『日本労働争議法論』について

藤田　それは、普通の教科書に書いてあることの反対をいってやろうというんだから、そこでそれをこういう形で述べたわけですよね。というのは美濃部さんの本は大正7年に出たんですよ。だから終戦の時点（1945年）をとってももう26〜7年前にこういうことははっきり述べられていたのですよ。そういう面はこの間にどこかに消しとんでしまった。で、僕は原点にかえってやる、こういうつもりで、あえて古いものをもち出したわけです。これは研究としては今日はもう古くなっているはずですよ。ピューリタンの研究というのはものすごく進んでいますから。アメリカにものすごい資料館があって、そこで博士論文を書いた人が何人もおって、それを読んでみると随分違うですよね。それでもまあ、美濃部さんは何から引用したか典拠を書いていないんですけど、そういう意味で四半世紀に遡って俺は出発するんだ、こういう気概で、これを書いたんですよ。それは、いかに日本は特殊的であるかということの鏡にもなるだろうということなんですね。田辺〔公二〕[14]さんの本〔労働紛争と裁判〕の158頁くらいを読んでみますと、英米法というのは契約中心の法だということがわかるんですよね。それからピューリタンの起源を調べると、ピューリタンがどういうふうに結合していたかということが分析してありましてね。いかにあの時代は契約中心であったかということがわかる。王様を契約でしばりあげるわけですよ。お前、約束だからこっからこっちへ来るな（freedom from state）というふうにね。ところが日本では天皇さまは絶対に契約でしばられないですね。それこそ比較文化の中でもっとはっきりさせるべきことだけれどね……。こういうと、藤田さんは宗教だから、といって簡単にそこへもっていってしまう人がいますが、あれは間違いですね。宗教だからじゃないんですね。ウェーバーの理屈は〈世俗化現象〉というのがあって、宗教の世界で起ることと世俗の世界で起ることは同じ原理で出てくるんだというんです。ピューリタンがキルヘからぬけ出す場合、ゼクテを創っていったですね。それをこの世の関係でいうと、アンシュタルトに対してフェラインが出てくる。それは今日の現象でも同じだし、日本の社会をとっても同じですよ。宗教の現象と世俗の現象は同じ原理の現象があるですよ。お寺の坊さんの生き方と日本の労働組合の幹部の生き方は全く同じ原理なんですね。これを世俗化現象というんです。そういうものを勉強していないか

---

[14] 1921・1964 戦後の司法改革直後の東京地裁判事。裁判所の中でも法律学の理論的研究に優れた裁判官の一人であり、裁判所からアメリカに研究出張を命じられた。彼の夭折後、著作集全3巻が刊行された。『労働紛争と裁判』はその一つ。本書237頁も参照。

ら、藤田さんはあれはああいうことをいうとるからと、ひょいとやるけれどね。あれはウェーバーの読み違いだと思うんです。

　それから、もう一つ面白い話をしますとね。ＩＣＵで授業料の値上げの問題があって大変だったんですよ。教授会が十時間も続くんですね。僕はバテてしまってね、やりきれんで聞いていたら、ものすごくやる人がいるんだ。どういう理屈かというとね。封鎖した奴を断固処罰しろというんですね。第一に契約違反だというんです。そしてチラと僕の顔をみるわけです。これでいうと藤田は文句がいえんだろうというんでしょうね。そしてもう一つ再誓約違反だというんです。誓約違反の方は軽いんですが、再誓約違反の方は退学だというわけです。再誓約はどうしてできたかというと、昭和44年の紛争の時に機動隊を入れて弾圧して、もう暴力は使わないという誓約をするなら復学させるということで、それに署名したのが200人ばかりいたわけです。それは大体卒業して残党が一人あばれて封鎖したわけです。六人くらい問題になって、そのうち五人は入学式の誓約—あそこの誓約は国連の何とか宣言に一人づつＯＫをとるのです—に違反したというので一人づつ呼んで戒告をするだけですから学籍簿にのる処分ではないんですね。ところがもう一人は再誓約違反だから退学させなくちゃいかんという主張を頑強にやってね、大学の秩序はまさに契約である、というんです。まあ僕はそれに対しては何もいわなかった。卑怯みたいだけど、一年間は何も言わないと、もっぱらわからんのだから、勉強するんだからということで、何をやれといわれても一切やらなかったわけです。その原理はまだ貫いておるというので辛抱していた。けどね、それは非常な間違いだと僕は思うんです。入学契約というのは附合（従）契約[15]でしょう。保険契約でも労働契約でも附合契約みたいになっていますね。今日のような大衆社会化状況では、すべての契約関係というのは相手が強くて、こっちの主体がゼロになってますね。だから、学生運動でも何でもみんな再契約運動と考えればよいと思うんです。やはり対等契約の原点をどこに求めるかということがもう一遍でてくる。それはかつての宗教改

---

[15] 附合契約または附従契約は法律学上の概念。近代資本主義社会では独立、自由な人と人との間に対等な契約が成立するが、独占資本主義段階、あるいは大衆社会になると資本家と労働者の間の関係に不均衡が拡大し、両者間の契約においては、労働者は否応なしに資本家の提案する内容の契約を受け容れざるを得ない状況になる。このような状況における契約を附合契約または附従契約という。例えば企業の就業規則、保険会社との間の保険契約、電気、ガスの供給契約、鉄道、航空機の乗客約款などはその一種である。本書219頁以下も参照。

第3部　〈研究討論〉藤田若雄『日本労働法論』『日本労働争議法論』について

革の時のキルヘの原理と同じですよ。キルヘは幼児洗礼をします。それに対して再洗礼というのが起ってくる。そんなもの（幼児洗礼）は本当のものじゃないと。だから一人前になった人間がもう一遍俺は断固信ずるといったとき、これは本当の責任のとれる信仰だ、というのが宗教改革の原点ですよ。つまり再洗礼運動なんですよ。だから今日起っているのはまさに同じことなんですね。学生運動も学内秩序をもう一遍契約でやってゆこうということです。だから入学契約や機動隊を入れた時の再誓約に原点をもとめたって、それはもう制度化してしまっている。その人は法律を知らんからそういうことを言っているんであって、それは駄目だと、いつでも反論できたんだけど黙っていたわけです。それから再誓約の場合は、学生が暴力を使ったので学校は機動隊を入れてたたきふせたわけですよ。そしてこれに再誓約したら入れてやるというわけです。これは降伏文書の中の誓約条項ですよ。ミズリー艦上で話したのと同じですよ。そんなものに対等契約の原点があるはずはないんですよ、と僕は思うんですよ。そういう意味で今日も同じような現象はあると思っているんです。

問　基本的人権は、宗教的な原理に従って結成された誓約集団が世俗化現象してくる過程で、絶対平等の市民の兄弟結合の中から生れてきた、そこに原点がある、ということを先生はまず序章で強調しておかれて、それが日本の社会の中でいわれる場合には—たとえば「団結権」[16]という場合にも—常に日本的な意味でのバイアスが入ってくる、それをしっかりつかんでおかなければいけないんだという意味で基本的人権の初めの姿というものを最初にはっきりさせておかれたということでしょうか。

藤田　そんなものが入ってくるところじゃなくてね。仕組みがそもそも違うんだと……。天皇制というのは〈家族的構成〉[17]なんだから、ここではいかに違うかということで、違うものを書いておかないとわからんわけで、鏡を

---

[16] 憲法第28条に「勤労者の団結する権利及び団体交渉権その他団体行動する権利は、これを保障する。」とある。ここに「勤労者の団結する権利」とあるのが労働者の団結権のことである。団結権に加えて団体交渉する権利及び労働争議をする権利の三つを労働三権という。

[17] 川島武宜東大教授はその著『日本社会の家族的構成』において、日本社会が天皇を家長とする一大家族として構成される天皇制社会であって、西欧的な近代社会とは異なる性格を有していると主張した。ここで藤田は西欧近代社会を鏡として日本社会の性格を捉えるのだと述べている。

書いておかないといかに違うかということが写らんわけですよ。だから鏡を書いたつもりです。

問　誓約集団という場合、誓約するわけですね。それは誰に対してするのですか。

藤田　お互いに対してです。

問　それは人間に対してするわけですか。

藤田　そうですよ。僕は宗教原理が世俗化した場合の世俗化現象をいっているんですよ。

問　イギリスの労働立法の生成に関して、先生は、イギリスでは資本家の財産権と労働者が職業的熟練（トレイド）を財産と考えることを同列におき、両者（資本家と労働者）の団結と団体行動を等しく保障するという建前をとっていた。つまり労働組合を「結社の自由」[18]で考えていたことになると説明されております〔労働18頁〕。「団結権」の保障と「結社の自由」とが別個に規定されている日本の憲法の下では両者の違いをどのような点に求めるべきだとお考えですか。また、労働組合活動に対して民事上・刑事上の免責があるという法律効果に関しては日本もイギリスも同じで、法律理論上の根拠説明の方法に要件非該当説と違法性阻却説[19]とかあるのですがその点についてもお考えがありましたらお聞かせいただきたい。それから労働協約に規

---

[18] 「結社の自由」権は「集会、結社及び言論、出版その他一切の表現の自由は、これを保障する」として憲法第21条に規定されている。これとは別に労働者の「団結権」は憲法第28条に規定されている。ここではその両者の違いを問題にしている。

[19] 人の行為が犯罪とされる場合には、その行為が犯罪の構成要件に該当し、かつその行為が違法とされることが必要である。例えば相手が自分を刃物で刺して殺そうとしたので、これを防ぐために相手を殴って傷害を与えた行為を考えると、「相手を傷害した」という傷害罪の構成要件に該当するが、正当防衛による行為として違法性が否定されるので、無罪となる。このことを違法性が阻却されるという。このとき相手を殴り返しても相手に傷害を与えていなければ、「傷害した」という構成要件に該当しない（構成要件非該当）からこの場合も無罪となる。労働運動により使用者に損害を与えたとしても、そのことを免責されて犯罪にはならないことの基礎づけとして、構成要件に非該当であることを理由とするのが要件非該当説、違法性がないことを理由とするのが違法性阻却説である。

範的効力[20]が付与されていることについて、その実質的な根拠説明をどのような点に求められるのかをおききしたいと思います。

藤田 第一番目から言いますと、私も憲法28条にいう団結権が想定する組織というのは、結社の自由のそれとは違って強いんだと、初めはそう考えていたんですが、最近の理論構造だとむしろ逆にしてしまったんですね。あれは国家の努力義務が書いてあるだけだというふうにいまはとっているのです。そういうふうに言う理由は何故かというと、これは一つの目的があるわけですね。労働組合の法依存的な関係を決して長期にみて有効であるとは思わない、ということですね。それから左の人の法解釈[21]に対する反発というかね、そういうのもある。左の人の法律解釈というのは、片方で法は階級支配の道具であると言いながら、法は解釈の仕様によっていくらでも網を拡げることができると言って、そこへ理想みたいなものを押し込んでゆくわけですよね。そんなことやっていると必ず変なことになるんではないでしょうかという疑問がある。だから思いきってそういうことはやめて、やっぱりあくまでも下の力を強くすることが大切だというならば、そんなに国家に頼らないということがいいんではないかと。最近の判例研究会でもっと強い説が出てきているですね。住友重機工業事件〔津地裁四日市支部決定昭48・1・24労経速報8070号3頁〕、あそこで主張されている団結権はものすごく強いですよね。不当労働行為の妨害排除請求[22]を認めろ、とか。

問 裁判所は認めなかったんですね。

---

[20] 労働組合法第16条に規定されている。労働協約（労働組合と使用者間に締結される）に定める労働条件や待遇の基準に達しない労働契約（労働者と使用者との間に締結される）の条項は無効とされ、無効部分は労働協約の条項が適用される。これを労働協約の規範的効力という。

[21] 労使問題に関して、労働者側に有利に法解釈を展開する法学者、研究者を左派あるいは左翼の学者と呼んだことから来る言葉。プロ・レーバーともいう。これに対して使用者側に有利な法解釈する学者は右の人ということになる。これをプロ・キャピタルともいう。

[22] 使用者による労働組合または労働者の権利に対する侵害行為を不当労働行為という。労働組合法第7条に規定されている。不当労働行為があるときは、労働組合または労働者は裁判所ではなく労働委員会に救済の申立をする。裁判所に対して、不当労働行為の救済の申立をするとすれば、その申立の法的な根拠を妨害排除請求権に置くことが必要となる。

藤田　うん、でも君なんかは認めた方がいいという考えなんでしょう。

問　今の法律理論上では認めることが不可能ではないという……。

藤田　そうそう、むしろ不可能ではないという言い方をしているけれど、認めさせたいんだな。これは賃借権の物権化[23]みたいな考え方と同じですよね。僕はそうなると思うんですよ。解釈をやっていたら、いつの間にか、というかそういうふうになるだろうと思うんですね。だからそれの好し悪しは余り言いたくはないですね。なかなか面白い現象である、いや僕の使えるような現象が現われてきた、材料になる、ということであって、だから余り言いたくないわけですよ。賃借権の物権化傾向なんていうのは、住宅に関する限りは住宅政策がないからああいう議論が出てくるんだというのは有泉〔亨〕[24]先生も認めたんですよ。そりゃあそうだと認めとるんだ。そういうふうに説明するんだよ。だってあの大きな力で出てくるものは僕は止められんから。これはこうだと説明する。そうするとやっぱり君なんかも守らねばならんと思うから、ついこれは可能であるというところで、どこかへ座るわけですね。ということじゃないかと思うんですね。僕はそこで、まあ負けても仕様がないから座らないというだけのことじゃないかと思うんですけれど。

違法性阻却説でよい

藤田　それから2番目はわからないんだなあ。僕は違法性阻却説で結構だと思っているだけで、いけませんかね。つまり一つ一つ闘いとっていったというなら違法性阻却説でいいんではないか。

---

[23] 民法上の権利は物権と債権の二つに大別される。不動産や物の所有権は物権であり、土地、建物などの不動産を賃借したり、商品を買い受けたりする権利は債権とされる。物権である不動産などの所有権者は全ての人に自分の所有権を主張することができる。他方、土地、建物を賃借する権利は債権であるから、賃借権者は土地、建物を使用する権利を貸し主に対して主張しうるに過ぎない。土地、建物が第三者に転売された場合にはその土地、建物をその第三者に明け渡さなくてはならない。賃借権を物権であると考えるとその第三者にも対抗できるので、土地、建物を使用し続けることができる。戦後の住宅が不足している時代に建物の賃借人の権利を強めるため、賃借権を物権として法的に構成しようとする法理論が唱えられた。これを賃借権の物権化といっている。

[24] 1906‐1999　東京大学社会科学研究所教授。民法、労働法学者。

労働協約の規範的効力・後進国現象か

藤田 それから協約の規範的効力というのは、これは後進国現象とみるわけです。イギリスでも協約にこの効力を認めるようになってきましたけれども、従来は協約は裁判問題にはならなかったわけですよ。それは大体は協約は結べば守るということであった。ところが後進国の場合は守らない、つまり先進国の状況に国家の力で（追いつくために）押し進めてゆくという要素から、規範的効力を法律上規定するという現象が生れてくる。そういうことがあるから、また逆にそこへもっと強い効力を押し込んでゆこうという解釈が出てくるわけですね。ドイツの場合でも規範的効力は1918年の協約令[25]が出てからでしょう。その段階になって初めて国家が協約を守るようにもっていったわけですよ。けどイギリスはまあまあ守られてきたから、それから労働組合は国家に頼らんという非常に強い自律性をもっているから、そういうことをしないでやってきたと。まあ最近は、末期的になると少し変わるということはある。

問 労働協約が裁判上訴えられないというのは、イギリスでは1871年法〔The Trade Union Act, 1871〕の4条、プロイセンでは1869年の営業条例〔Gewerbeordnung, 1869〕の152条2項です。ほぼ同時代的な同趣旨の規定ではあるけれども、実体において質的な差異がありますか。

藤田 それは調べてみなけりゃわからんけれどね。ドイツでは1918年以降規範的効力が出てきたんだ、というのが僕の立論でしょう。その前のことは言うてないから、それはまた皆さんでやればいいでしょう。

問 職業をいかにして協約によって統制するかを問題にする労働協約の一般的拘束力[26]というのは、フランスの労働法学者の説明でも後進国に特有なんだといわれてよくわかるつもりなんですが。規範的効力については先生のお考えでは法律の上でそのように定めるということがやはり労働運動の未発達を示すものだというお考えですか。

---

[25] 第一次世界大戦後の1918年にドイツで制定された労働協約法のこと。
[26] 労働組合法第17条に規定されている。一つの工場事業所に勤務する労働者の多数が組織する労働組合と使用者との間で締結された労働協約の効力が少数の組織する労働組合の労働者にも適用される。この労働協約の効力を一般的拘束力という。

藤田　うん。使用者の方が強いから。だから協約で書いてあるだけではなかなか基準をきちんとやらない。だから僕は〔労働協約に規範的効力を認めることと一般的拘束力制度とは〕同じと思っているんですけれど。一般的拘束力がそうだということは非常にはっきりしていますね。ただそれだけのことだということだと思っていますが、まちがいならなおして下さい。

ユニオン・ショップ協定と従業員組織の原理
問　著書にはユニオン・ショップ協定は、従業員組織のなかに「公平の原則」を実現するものだ、と述べられておりますが〔労働32～34頁〕、そうしますと、非組合員に対する取扱いとして労働組合が使用者にエージェンシー・ショップ[27]の締結を要求することは合法になるだろうと推測できるのですが、この点を確認したいと思います。それからユニオン・ショップによる解雇の効力を制限すべきであるということは政治的立場を異にする場合について論じられておりますように著書からもうかがわれますが、この点について敷衍していただきたいと思います。

藤田　「公平」というのは、そこに交渉単位制[28]があって、一つの適当な単位があって、その単位の中の労働条件を団体交渉によって引き上げるわけですね。だから組合員は組合費を払ってその条件を獲得する、それは組合の活動の結果として労働条件が上がったんだから当然だけれど、そうではない者の労働条件もよくなる、何も払わんでそれをもらうというのは不当利得だという説明ですね。だからその限りではエージェンシー・ショップを認めるという精神と同じになるんです。ただ、法律がどこまでを規定しているかは—法律は勝手に書いてあるわけだから—また、別個の問題だと思います。だからユニオン・ショップを認めるならエージェンシー・ショップも当然認めていいと僕は思います。
　ユニオン・ショップというのは非常に複雑な構成なんで、一つの大量生産

---

[27] 労働組合に加入しない従業員が組合費と同額の金額を組合に納付しない場合に、使用者はその従業員を解雇すべきことを内容とする労働協約の条項のこと。エージェンシー・ショップ協定ともいう。
[28] アメリカの1947年のタフト・ハートレー法第9条に規定されている制度。ここでいう交渉単位とは、日本における工場事業場別単位に相当する。工場事業場別単位に勤務する労働者を組織する複数の労働組合が存在する場合に、その工場事業場の労働条件をどの労働組合が使用者と交渉する権利があるかを定める制度を交渉単位制という。

第３部　〈研究討論〉藤田若雄『日本労働法論』『日本労働争議法論』について

　工場が出てきた時に、一番はっきりその適当な単位制が出てくるわけです。ほとんど労働が同じですからね。機械も同じで、そんなところは会社の方も一本でやってもらった方が便利なわけですよ。何日働いたかだけを掛ければ個人の賃金が出てくるというふうにした方が便利なわけです。だからそういう意味では、ユニオン・ショップに同一労働同一賃金の原則[29]は働くんですよ。その限りでは従業員組織の中の平等原則です。そこへ今度はね、その単位の団体交渉を問題にすれば、そこに組合の原理が入ってくるんですね。そうすると重なってくる。そして組合は労働条件を年々あげてきているわけだから、そういう過去の蓄積力があるわけだから、そこは加入金としてとる。そして今回あげた分は、もし組合費を払っていなければ、エージェンシー・ショップで同じだけ出せということは言えると思うんです。だからそこのところはそういうものが重なっているわけで、何と何が重なっているかということを分析してゆく必要があると思うんです。
　それから解雇の制限の問題ですね。日本の場合、ユニオン・ショップが余りにも系統別の意見の違い、政治的意見の違いに使われる。民社党支持の組合と社会党支持の組合と共産党支持の組合が喧嘩して組合分裂をおこして、そして相手をユニオン・ショップで首を切る、それは思想信条の問題が常につきまとうから、そういうことでない場合だけに限るということにしたらよいと思う。
　それと、もう一つは従業員組織の原理がそこへくっついている。従業員組織というのは政治的区別をしないという原理です。会社の方では人を採る時に共産党は資本主義をひっくり返すというので、別にするかもしらんけれども、回教徒であれ仏教徒であれ資本主義を認めている限りは宗教のいかんを問わないと、初めからそういうところで採用したでしょう。それを今度は何かの組織にする時にはその差は当然あることを認めないとね、それは宗教を排斥することになるんだ。初めからそういうことは明確にしていれば別だと思うが。たとえば、クリスチャンでないと採用しないということになっていれば、そこではクリスチャンでない者が俺を採用しないのはけしからんといっても仕方がない。そういうことをいわんかぎりは従業員組織にそういうこと〔政治的・宗教的思想および信条の差異による差別〕をもちこんではいかん、従業員組織というのは政治的差異は認めてかかるというのが原理なんで

---

[29] 同じ労働をした労働者には同一の賃金を支払うべき旨の原則であり、労働者の差別取扱い禁止の考えに基づく。

す。

問 エージェンシー・ショップはまさに認められるべきだと思うんですが、それがまず認められることを前提にして、じゃユニオン・ショップはどうかという発想の順序になるのではないかという気がしますが。

藤田 僕は逆だと思うんです。発生的には。

問 発生的にはそうかもしれませんけれど、エージェンシー・ショップは加入を説得しますが強制はしないわけですね。主体的な選択の働く余地が残されているわけです。それに対してユニオン・ショップは何が何でも組合に入らんといかんというわけですね。そこに決定的差異があるのではないかと思われます。そういう観点から、ユニオン・ショップの根拠になっていると思われる労組法7条1号の但書[30]の規定はできるだけ厳格に解釈すべきではないかと思いますが、先生にそういうお考えがあるとすれば、おうかがいしたいんですが。

藤田 考えてなかったですね。

問 何が何でも組合に入れるというのが日本の組合を典型的な従業員組織にしている面があるのではないかと思います。

藤田 そう思いますが、みんな入るね。

労働組合と組合員の政治的信条および労組法5条2項
問 日本の労組法の5条2項4号[31]は労働組合の規約は人種、宗教、性別、門地または身分によって組合員の資格を奪うようなことを定めてはいない、とし

---

[30] 労働組合法第7条第1号にある「ただし、労働組合が特定の工場事業場に雇用されている労働者の過半数を代表する場合において、その労働者がその労働組合の組合員であることを雇用条件とする労働協約を締結することを妨げるものではない。」との規定をいう。これはユニオン・ショップ条項とされている。
[31] 労働組合法第5条はその第2項に労働組合の規約に規定されるべき事項の一つとして「何人も、いかなる場合においても、人種、宗教、性別、門地又は身分によって組合員たる資格を奪われないこと」（第4号）を挙げている。

ていますが、特にこのような規定との関連で労組法は誓約集団としての労働組合の法といえるのかどうか。ちょっと補足しますと、要するに、この規定はそういう理由で組合員を差別しても労働組合法が規定する不当労働行為の救済を与えないだけのことである。ただそれだけのことだから、この規定があるからといって労組法が誓約集団としての労働組合の法であることを否定するものではないという議論は充分考えられると思いますけれど。

藤田　考えられるけれど、例えばそこに政治的というのがないんだよね。宗教はあるけれどもね、そこが僕は非常に変だなと思うんです。どうして入れないのか。

問　立法者は政治党派別の労働組合というものを考えていた。少くとも否定しなかったと考えていいんでしょうか。

藤田　実際は、この規定によれば共産党を入れないと書いてあってもいいわけですね。それがねらいじゃないかと思うんですよ。僕は。だから政党別の組合ができてもいいというふうには考えていなかったんじゃないかと思うんですよ。

問　いた、とはいえないでしょうか。だからここを信条ではなく宗教とした。

藤田　うん、そうも読めるんだけれども、僕がひがんで読んだのかな。この規定全体は反共規定ですよ。その中味はあの頃〔第二次大戦後から昭和24年労組法改正[32]によって本条が制定されるまで〕やっていた共産党をおさえる規定ですよ。共産党支配組合をおさえるというねらいが非常に強いんですよね。だから民間組合が共産党員は入れないと書いてもいいようなものじゃなかったかなと、そういうふうに僕は読んでいたんですね。だから形式的にいえば政党別組合を作ってもいいとも読めるから、それならば誓約集団的な組織かなとも思いますね。けどもそういうふうにヨーロッパ流に書いておけば、

---

[32] 戦後日本の労働組合法は先ず旧法が1945年（昭和20年）12月21日制定され、1946年（昭和21年）3月1日から施行された。その後経済9原則の一環としてGHQからの指示もあって労働組合法の改正が企図された。全面的に改正された労働組合法は1949年（昭和24年）6月10日から施行された。

あの当時の日本では共産党員を排除できたんだろう、そういうように働いたんだろうと思います。

問　労組法2条2号但書の「最少限の広さの事務所の供与」が「経理上の援助」にならないのは、我国の労働組合が企業別組合だからという説明ですが〔労働165頁〕、これは実定法解釈の立場をいわれているのですか、立法者意思をいわれているのですか。

藤田　実定法解釈じゃないんですよ、これは。だからこの規定が倣ったと思われるアメリカの法律〔ワグナー法8条2項但書、タ・ハ法8条(a)項(2)但書〕[33]と比較してみたら、むこうはこの点については何も書いてないわけでしょう。日本のだけ書いてあるのをみるとね、やっぱりさっきの5条2項4号のように、読みようによっては誓約集団的な考えで書いている中にも、こういう日本の場合を考慮したような規定がまじっている。ただそれだけしか考えておらんのですが。

問　その点に関連して、先生は、「わが国の企業別組合は、Anstalt に近い組織であるにかかわらず、労働組合と経営参加の二つの機能を果しており、労働組合として取扱われ、労働組合法の規制するところであり、経営協議会[34]としては規制されない」。つまり、「二重の機能」をもつものが、法規制としては、その一方の労働組合としてのみである、といわれていますが〔労働174頁〕、他方、5条2項の「組合民主制のための必要記載事項の多くのものは、終戦時の企業ないし経営占拠型労働組合運動の規制を目的としたものである」とも述べておられます〔労働179頁〕。そうすると、実定法自体が規制対象に関して混乱しているということでしょうか。

藤田　そうですね。しかし、やっぱりもとは誓約集団のことを考えていると

---

[33] タ・ハ法とは、アメリカのタフト・ハートレー法（1947年）のことであり、同法はワグナー法（1935年）を修正した労使関係法である。日本の改正労働組合法の制定に影響を与えた。
[34] 歴史的には第一次世界大戦後のドイツ・ワイマール共和国において、工場事業場別従業員組織が企業に（監査役会に）経営参加する制度として発生し、これを経営協議会と呼んだ。日本の企業別労働組合も全員加入の従業員組織であることから、ドイツの経営協議会のような機能を果たすことになる。

第３部　〈研究討論〉藤田若雄『日本労働法論』『日本労働争議法論』について

思うんですね。日本人の頭は混同していますよ。けれども、もとは誓約集団の法理を借りてきているんだから、そっちの方が強いように思うけどな。「規制を目的としたものである」というのは機能論の立場で書いているんですよ。5条2項のような規定をここへもってきて入れれば戦闘的な従業員組織、工場委員会ですね。それは非常に規制されてしまうのですね。そういう意味です。

　さっきも言ったように〔労働組合の法規制と経営協議会の法規制とが〕ところどころまじっていますよ。工場の中の最少限の事務所は貸してあるからね。そういうところにはちょこちょこ顔を出してきている。7条のユニオン・ショップの規定なんかは濁った形ではないでしょうか。交渉単位制については何も書いてないし。

問　企業内で客人的存在であることの意義を自覚して、これを社会的に確認させ、社会的連帯性を産業別基準としてうちだすとき、日本の従業員組合に新しい方向を見出すことができると述べられております。こういう立場を貫くに当って、労組法、とくに労基法の中には過半数組合との書面による協定に労働条件の設定、変更、消滅の効果を与えているかにみえる諸規定が幾つかありますが、その中で桎梏になると考えられるもの、あるいは立法論的、解釈学的に格別の考慮が必要だという点がありましたら示していただきたいと思うんですが。

藤田　確かに桎梏になるんでしょうね。基準法の中の「書面による協定」というのはない方が個人の主体性が出易いんじゃないでしょうか。出るとひどい目にあいますけどね。これはみなアメリカの公正労働基準法〔Fair Labor Standards Act〕のマネしたわけでしょう。アメリカの公正労働基準法7条の長時間労働、最低労働時間の変形のところに規定されているんですよ。週40時間労働を変形させる場合には承認が必要というんだけれど、その組織は一体どういう組織なのか、労働者代表の承認というんだけれどね、何かわからんですね。

　この前ハワイに行ったときに〔昭和41年7月27日～8月9日・「日本の労使関係研究会」〕、有泉〔亨〕先生はあそこの基準局みたいなところに聞きに行っていました。そしてね、残業はしていかんということになっているが、本人が承諾すればいい、あくまで個人の決断が基本になっているということ

211

をいっていた。だからやっぱり〔日本の労基法の〕36条の協定[35]というのは、免責だけ、使用者側が罰則を受けないというだけだというのが正しいように思うな。そして自分はいやだという場合はやらんのじゃないかな。だけどそれだけ個人が強くないというところが問題なんであって、個人を強くするにはどうしたらよいかというと、丸抱えみたいなものはない方がいいかもしらんですね。しかし、いつでも個人が判断しなくちゃいかんといえるか、判断しかねるなあ。もう少し考えてみる必要がありましょうね。

第一章　労働市場の法

「第一章　労働市場の法」　のねらい

問　第一章、労働市場ですが、通常の労働法の体系書とかなりおもむきをかえて、労働市場論に非常に比重をおいた著書の意図をうかがいたいと思います。

藤田　従来の本とは変っているでしょうが、コモンズの『労働法原理』〔Commons and Andrews, *Principles of Labor Legislation*, 1937〕の初めが労働市場じゃないでしょうか〔第一章が「雇用と失業」、第二章が「最低公正賃金」となっている〕。その書き方の中に、つまり、労働市場から始めれば契約思想が基本になる、労働契約が基本になる、という姿勢が出てくると思って書いたということですね。

　要は、国家と個々の労働者という観点よりも、個々の労働者間の約束、契約という方を重点に書こうということなんですよ。そしてそこで歴史を入れると面白かろうということで、それをやった。しかも私共の戦後の調査が労働市場調査であったということも関係しています。イギリスの本では労働市場は別だと思うな。基準法などはインダストリアル・ロウというんじゃないかな。労働法はレイバー・オーガナイゼーション・ロウをやればいいんで、基準法なんかは産業法[36]だというわけですね。そういう考え方はあると思う

---

[35] 労働基準法第36条に定める工場事業場の過半数の労働者の代表と使用者との間に結ばれた協定を三六（さんろく）協定という。この協定によれば、労働時間又は休日労働に関する労働基準法の基準に従わないことが許される。

[36] Industrial law。労働者と使用者との間の雇用契約の内容を国家が規制するのが労働基準法であるが、両者の雇用関係を広く産業分野の中に位置づけるとそれは労働市場の法という捉え方になる。そこでは労働者と使用者との関係を規制する法律は産業法としての性格を帯びることになる。

んです。しかし契約思想をうまく生かしてゆくんだったら、労働市場論をとりあげる方が面白かろうと考えたわけですね。契約主体がどう形成されたか、これはもっと勉強しなけりゃいかんけれども、従来チラチラ調査のために読んだ本から書いたわけですね。特別に労働市場について何か読んだわけではありません。

職業訓練制度と日本の労働組合

問 わが国の労働組合が職業訓練を組合事業として取組んでこなかった最大の原因は何か。職業訓練法[37]が制定される以前も以後も、一部の例外を除いては労働組合がこれに積極的に取組んだという例はなかったし、何らの努力もしていなかった。こういう労組の職業訓練への対応はどういうところに由来するのか、これを職業＝財産というような近代的な職業観念と合わせて、その原因をおうかがいしたいと思います。

藤田 これはね、明治の初めに職場の秩序ができてきた過程を調べるとね、ものすごく面白いですよ。要するにサブコントラクト・システム[38]、つまり全部下請けなんですね。企業は何も持たなくていいわけなんですよ。納屋制度[39]というのは炭坑夫物語の観点からいわれるけれども、何も炭坑に限らんですね。僕は『日本労働協約論』（東京大学出版会、1961年）の中で年功序列をやった〔第一章が「年功的労使関係の原型創出」となっている〕。それの起源に下請け制度がある。何々組、何々組というのがあって、そして三井グループというのもあるわけですよ。それは初めは職人の社会ですが、その職人の親方と企業とが契約するわけです。職人の親方が徒弟をつれてやってきて、それを五、六人かためて、その上に肝煎とか何とかという役が出てくるわけですよ。オテモヤンの歌[40]に出てくるような（あれは村の役付きがみん

---

[37] 昭和33年に（旧）職業訓練法（法律第133号）が制定された。職業に必要な労働者の能力を養成、向上させることを目的とする法律。これが昭和44年7月18日に全面改正されて（新）職業訓練法（法律第64号）となり、昭和60年に大改正を受けて名称を職業能力開発促進法と換えて現在に至っている。（『法律学小辞典[新版]』有斐閣、583~584頁）

[38] ここではコントラクト・システムが請負契約制度を意味しており、サブコントラクト・システムは下請負契約あるいは下請け契約制度のことである。

[39] 戦前の炭鉱における前近代的な下請け制度。納屋の親方がその輩下の炭鉱夫たちを引き連れて炭鉱主から採炭を請け負う関係である。

[40] 昔よく歌われた九州地方の俗謡。

なでてくる)。だから職人をどういうふうに編成して作ったかというならば、全部下請け関係になっている。

　イギリスの場合はウェッブ〔*Industrial Democracy*, 1897〕[41]を読めばわかるけど、職人社会が横につながっている。〔つながり方が〕あんまり細かくなりすぎてまた苦しくなるということはあるけれど、とにかく横に強い。企業をこえているんです。それが日本の場合は企業の中にポコッと抱えられて、そしてしまいに自分で連れてきている徒弟に対して、会社側が徒弟の金は半分払ってやるから、そのかわりに採用の際の身体検査の時にこちらが立合うという。そうするとこれは工場徒弟ということになる。そうやって内に抱え込んでゆくんですよ。そして企業別に分断してしまって絶対に横の組織を作らせないようにする。だから〔日本の労働〕組合はもうしまいには職業訓練ということはもてないですね。横に組織をもっておればこそ、その訓練を組合員が外の者を使ってするということが出てくるけれど、〔日本では職人が「組」ごと企業に〕とられてしまうんだから、出てこないんだよ。それは君の一番に対する根本的な答ですよ。

　これは非常に面白いですね。今、東南アジアで問題になっているやつは一番面白いです。あれは下手くそですね。〔日本から〕また行っていばりかえるからえらい反発をうけるんで。あれは現地人の下請けにしたらうまくいくんですよ。だから歴史を勉強したら東南アジアで反発をうけるようなことはなくなる、と思うね僕は。明治を知らんから大失敗するのだと思います。

先任権の協約化・昇進秩序の客観化と労働組合

問　日本の産業社会の中で、職業とか職務というものを財産と考える観念は非常にとぼしい。そのために企業内・職業内の昇進基準が恣意的になってしまう。こういうことが言えると思います。そこで例えばセニオリティ（先任権）[42]を協約化するというふうな運動は必要であり、また可能ではないかと

---

[41] シドニー&ベアトリックス・ウェッブ夫妻。ともに19世紀イギリスの労働組合及び労働法研究の学者。同夫妻の共著『産業民主制』（*Industrial Democracy*, 1897）は高野岩三郎纂訳で1927年に同人社書店から刊行されている。藤田のイギリスの労働組合研究に多大な影響を与えた著作である。本書227頁も参照。

[42] セニオリティ（seniority）とはアメリカの労使関係の制度であり、日本では先任権と訳される。勤続年数の長さに基づいて労働者を処遇する労使関係上の制度概念である。日本の年功的労使関係の下では勤続年数の長い労働者を昇進させるか否かは使用者の権限となっている。ところが反対に、アメリカの先任権制度のもとでは労働者側の要求しうる権利となっている。両国の間で労使の力関係が逆転しているのである。

第 3 部 〈研究討論〉藤田若雄『日本労働法論』『日本労働争議法論』について

考えられると思うんです。そして、もしセニオリティの協約化が日本の組合運動の中で必要であり可能であるとすると、一体どのような評価の方法、評価の要素が考慮されなければならないかという点についておきかせ下さい。

藤田 こういう例をお話すればいいのじゃないかな。39年頃だったか国労のある地本が僕に機関紙に原稿を書いてくれというので書いたんですよ。それはセニオリティを書いたわけです。昇進競争で組合の一番重要なところが規制されて、そこに非常に不平があるというのが、その当時私が調査していてわかったもんですから、それならば、そこに先任権を作って競争しないようにした方がよい、ということを書きました。ところが、びっくり仰天して、これはとても機関紙にのせられない、大変しかられると、かんべんしてくれ、というわけですね。要するに、そういう昇進競争がなくなるから組合らしくなるということです。当時の組合の執行部はみんなそういうことはわかっているというか、組合幹部になるということはそこらへん〔＝客観的な基準になっていないところ〕を自分に有利に使えた、というのは要するに御用運動をやるわけです。鉄鋼なんかはほとんどそうなんですね。ですからそういうふうな事実を知っていて、日本の組合をみると格好はすごく勇ましいことを言うけれど、中身は御用だと、まあ僕はそういうことをいった。しかし組合ははねつけていた。ところがこの頃は逆になっているですね。今頃は組合側も先任権をとりたいんじゃないでしょうか。それから表向きには会社側もやらないのですが、実質上は先任権が入ってきているんではないでしょうか。やっぱり、今後、〔労使関係〕安定するには何かそういうことをやらなけりゃならんということになったんだと思うんですね。それから先任権の制度を組合要求としてはっきり出しているのは全電通です。これはすっきりとは通らないけど要求としてははっきりしている。そういうことで次第に認められつつある。まあ、部分的だろうけどね。

問 これからの労働組合にとってかなり大きな課題の一つになっていく……。

藤田 いやあ、そこまではまだいわん方がいいんじゃないかな。組合が垢でもつけているぐらいなことではないでしょうか。

本書 95 頁、第 1 部の注 74 も参照。

問 職業の習得について、徒弟制度によることを原則としたのは各国共通であるけれども、その国の事情によっては、学校制度と密接に関連してきたということを指摘されています〔労働72頁〕。先生は日本での学校教育制度と職業習得との関係をどのようにお考えになっているか。

藤田 外国については岡本秀昭[43]君の受け売りなんで、それは引用してあったと思います〔236頁〕。日本で〔学校教育が〕多少ヨーロッパ流に〔実業教育制度として〕働いたのは商船学校だと思うんです。だから海員組合だけは日本で外国なみだと威張っているけれどね。僕はそんなふうに立派に考えないんだ。そりゃそんなふうにもみえるけど、また別の眼鏡をかけてみたらこれは同窓会ではないかと。それと同じ現象は他にもあるわけで、東大医学部支配なんてのと同じことじゃないかと、農学部だってね……。そういう見方からいって何が変わっているのかというと、今日の工業高校だよ。一般との対比でね、身分意識の差ですよ。ステイタスの差としての闘争が出てくるんです。それは、僕のところに新居浜工業学校同窓会の会誌が送られてくるんですがね、——これは僕に何の関係もないんですよ。何故送ってくるかというと、新居浜は住友の町で、住友系の会社が五つも六つもある。あそこの工業高校はもともと住友資本が金を出して創ってくれたところなんです。建物も土地もみんなね。そこで一生懸命やって住友系の会社に入るのだが工業高校出は普通高校を出ている者より一格下にみられるのですよ。それが今度は不満をもってね、あそこの西教会というプロテスタントの教会に東京から行った大学出がいるのですが、彼がその不満を教会の中に吸収して若者の集会をもったわけです。私、いっぺんそこに呼ばれて企業内におけるいろんな問題とキリスト教の関係みたいなことの話をしたんです。それ以来、彼らは会誌を送ってくれるわけですね。その時、不満の中身がわかったような気がしました。身分差なんですね。

問 普通高校と工業高校とランキングがあるわけですね。学校制度そのものが企業内職業訓練制度に従属させられて、それを補完するものになりさがっているんじゃないか。

---

[43] 1931- 法政大学教授。岡本秀昭「国際比較からみた日本の職業訓練」『現代労働問題講座7 職業訓練』（有斐閣, 1967）が参考文献。

第3部　〈研究討論〉藤田若雄『日本労働法論』『日本労働争議法論』について

藤田　大学教育については、僕の『サラリーマンの思想と生活』（東洋経済新報社，1959年）で指摘したことがいつわらざる事実じゃないでしょうか。日本の経営は近代的ではなくて、つまり年功序列ですからね。ここで身につけるものは〔大学で教育されたことは〕別物であってね、だから社長が挨拶で「学校で習ったものは脱ぎ捨てろ、これからは俺達がきたえてやるんだ」といいますね。そして洋行でもするような時はまたちょっと洋服を着かえる〔＝大学でうけた教養に戻る〕ということではないんでしょうか。それから、住友の職工学校なんかは、企業が求めたものを一番純粋な形で制度として出した。そのかわり入学率はものすごく高いんですよ。競争率が高いんです。そこを出た者は職工として非常に優秀であった。そういうものはあったけれど大体は企業の中での訓練ということをあくまで中心に考えたのが日本だったんじゃないかという気がしますけどね。

技能の社会化と小集団主義の展望

問　先生は、職業訓練法の「技能検定」制度[44]にふれられて、ここで修得された技能は「社会全体に通用するがゆえに社会性を獲得し、労働市場の流動性に適応できる」〔労働78頁〕と書いておられますが、その活用について実際にどれだけの展望をもっておられるかをお聞きしたい。①技能検定による技能が果たしてどれだけ社会性をもつのか。②この技能が技術構造の変動に対応できるものなのか。③技能検定制度があらわれた段階でこれを労働者の階層制というか、そういう閉鎖性を固定化するものであるというような否定的ニュアンスをもって労働組合は対応するわけですが、そういう規定からみると有効な活用は困難ではないかとも思えるんですが。

藤田　そういう閉鎖性や階層制を固定化するという主張があるでしょうね。そういう考え方は抽象的平等性の観念に支配されている日本の組合が、―労働組合だけではないですけれど―もっている性格だと思うですね。平等化というと何もかも全部平等だという考えだろうと思うんですね。だから私がそこで頭においているのは中小企業以下です。巨大企業は自分の中でやってゆくわけで、そんなものには依存しないですよ。今日は小集団主義の時代とい

---

[44] 職業訓練法（昭和44年法律第64号）第4章に規定されている技能検定制度のこと。この技能検定制度にしたがって一級又は二級の技能士の資格を取得すれば、その技能は社会的に認められてどんな場所でも通用することから、これを技能の社会化という。

うかな。さっきは再契約主義[45]ということをいったけれど、それが思想レベルでだけいわれているのは初期段階であって、やがてそれが職業訓練に検定試験に、結びついてゆく、そうなってくると小企業で流れ歩いている労働者は、自立できるんじゃないだろうかと考えている、そこが展望です。

問 実際の技能検定試験の果した役割は、半熟練工、臨時工の大企業への養成でしかなかったという指摘もありますが。

藤田 それはしかし、36年の実態[46]をふまえているかな。36年というのは安保の後ですよ。その頃は中小企業はまだそれほど流動的ではない。36年以降が問題ですよ。29年から36年までは中小企業では解雇がさかんに行なわれていた頃ですよ。だからその頃はまだ技能検定は僕の言うようには働く余地がないと思うんですね。その前はもっと明白に補完。上野駅に次三男が田舎のおやじから逃れ出てきて、それから煙突のある所に行くわけでしょう。そして中小企業のおやじさんに訓練される、そうして大企業に入ってゆくわけでしょう。そういう意味ではそれは全く補完であって、それに類することが公共の職業訓練としてやられても同じだったと思うんです。僕の展望は、いまの小集団主義がもう少し安定してゆくためには——ということを考えたわけです。いまの小集団は心情主義[47]、一種のオルギィ〔Orgie〕[48]をぬけ出さなければならないということです。

問 技能検定の場合でも技術革新の中で常に技能が陳腐化してその労働需要

---

[45] 藤田は再契約運動（本書252頁）とも述べている。すべてが附属契約化している高度工業化社会の中で小集団を持ってその関係を断ち切り、対等な関係を設定した上で再度契約を締結する思想を再契約主義あるいは小集団主義といい、その運動を再契約運動という。藤田は宗教の世界における再洗礼派の再洗礼運動の世俗化現象をそのモデルとして考えている。
[46] 昭和36年を画期として産業構造上雇用関係が変化したことを意味している。昭和29年頃から昭和36年頃までの雇用関係では、労働者の人員過重であったが、それ以後の産業界は高度成長の時代を迎え、労働者不足が常態となった。
[47] マックス・ウェーバーは、責任倫理と心情倫理とを対比し、この基準に従って諸思想を考察した。心情倫理とは人の行為を捉えるときにその行為の結果を問題にせず行為の意図、目的を重視する倫理ないし思想。他方、責任倫理とは行為の意図、目的を問題にせず、行為の結果を重視する倫理ないし思想である。心情主義は心情倫理を重視する主義、主張のことで、とかく感情の激発を招来する傾向がある。
[48] 感情の激発にとらわれた集団またはその集団の状態を表現するギリシャ語由来の用語。心情主義または心情主義集団の別名。本書252頁も参照。

が零になってしまうではないか、といった危険性があると思いますが……。

藤田 最先端というのはそうでね。だけど、日本のようなところは、先端というのは割合少ないわけですから、僕は、いつもかなりずれたものが後からついていくというふうに考えている。蚯蚓(みみず)みたいにね。それで最先端での議論より、もう少し遅れたところで、何かさっきの心情主義を安固にするものが出てこないと落ちついた運動にはならないと考えての立論です。これは、もう少し実態調査やった方がよいですね。だけど、もう実態調査するだけの精力がないね。

第二章　労働契約

司会　それでは第二章の「労働契約」に入りましょう。

労働契約・末弘学説
問　先生は労働契約の法律学的な見方とか、解釈論というよりも、歴史的な分析に重点を置いておられますので、まず、末弘学説[49]の評価についてもう少し詳しく説明して下さされば有難いのですが。

藤田　それは困ると思うんですね。そういうふうにいわれると長い話をせにゃならんから。

問　長い話を聞きたいです。

藤田　そりゃ困るなあ。非常に簡単に答えます。末弘さんの学説の特徴は附従契約が出てくる。そして雇用契約と労働契約の差はどこにあるかというと、雇用契約は個人対個人、ところが労働契約は附従契約化した契約であって、企業の中の一つのステイタス、職員なら職員のステイタス、三井なら三井の大学卒のステイタスを獲得する契約である、それは丁度、妻たるステイタス

---

[49] 末広厳太郎東京帝国大学法学部教授の学説のこと。末広は戦前、戦後の日本社会を身分制の支配する家産官僚制社会として捉え、そこには日本社会に特有の法理が支配しているとして、これを日本的法理と呼んだ。それを藤田は家産官僚制の法認識と評している。末広は日本社会における紛争を解決するためには、この日本的法理を適用すべきであるとして、それに基づく法解釈学を主張した。これが末広学説であり、日本の法律学界に多大な影響を与えた。本書194, 238~239頁も参照。

を獲得するというのと同じだと理解する。こういう説明だったと思いますよ。それは、まさに日本の年功序列のそれをピタッといいあてていたというふうに今日は理解しました。

問　末弘・平野・風早の諸氏に戦後の学者まで含めてわが国の「左翼法学[50]には、労働者保護を法構成する場合、旧き要素を媒介とした立論の要因が潜在しているのではないか」といわれていますが〔労働128頁〕、その意味を御説明下さい。

藤田　末弘さんの学説は法社会学の傾向を非常にもっていたと思うんですね。それは講義の時にもしばしば言っておられて、僕はおもしろく聞いていた。しかし末弘さんの法社会学はマックス・ウェーバーのいうのとは違うんじゃあないかなあという感じを僕は強くもっていたですね。学生の頃にウェーバーを知っていたわけではありませんよ。僕が学生の頃は、ウェーバーという人は非常に悪い人みたいに言われていたんです。マルキストの方から言うたからかも知れませんね。その中で『プロテスタンティズムの倫理と資本主義の精神』を盛んに説き明かしていたのが大塚さんです。川島さんは今日のような性質の学問としては、まだ現われていないんです。とにかく、法律の方ではウェーバーは悪者みたいに扱われていた。つまり、末弘さんは、日本の近代化していない要素—そこの所を法律の世界に持ちこんできたというふうに僕は理解しています。それが身分・ステイタスですね。

問　それでは、この場合の「左翼法学」というのはたいした意味はなく、当時、法社会学に目をつけた人々という意味ですか。

---

[50] マルクス主義の社会理論及び思想に立脚する法律学のこと。左翼法学者は当然のこととして労働者の地位向上のための法律学を追求した。

第3部 〈研究討論〉藤田若雄『日本労働法論』『日本労働争議法論』について

藤田　いや、中身はあるよね。例えば労働契約という概念を附合契約を使いながら理解していく。それと重ねてね。附合契約は旧い意味ではなくて、近代化の先端にあらわれてくる現象でしょ。日本の企業が大きくなれば官僚制的になるということ、これも旧い意味ではなくて近代化現象ですね。日本のその頃の近代化は、しかし、そういうものではなかった。家産官僚制の中身ですから。そういう意味では、やはり、末弘理論というのは〈家産官僚制の認識〉だった、法認識だったといえるでしょう。そういう意味で旧いという意味ですよ。しかし、それは現実認識をやる以上は仕方ないというかなあ。末弘さんが戦時中に書いた『日本法理探究の方法に関する一考察』[51]という有名な論文がありますが〔労働まえがきii頁参照〕、あれが末弘法学の基本だったと思います。それから、三菱樹脂事件[52]の裁判に我妻〔栄〕[53]さんが「意見書」を書いていますね。あれもやはり末弘さんと同じだなと僕は思ったですね。

契約自由の原則と近代化

問　先生は「民法が施行されても、契約自由の原則が支配し、かつ、資本家と労働者との力のアンバランスのもとで（労働者の家族の生計＝労働力の再生産構造を危殆に瀕せしめる）資本主義化（産業化）が進行すると近代化は不徹底のままになる。」〔労働110頁〕といわれておりますが、ここを、契約自由の原則ということでは封建契約[54]はなくならない、と理解してもよろしいでしょうか。

藤田　川島さんの用語を使えば「特殊近代化」でしょうが、近代化が起るた

---

[51] 末広厳太郎著「法と慣習—日本法理探究の方法に関する一考察—」（『法律時報』第15巻第11号, 昭和18年11月号所収）。
[52] 大学卒業と同時に、三菱樹脂株式会社に管理職職員として3か月の試用期間を設けて採用された労働者が、試用期間の満了日に本採用を拒否されたため、労働契約関係存在確認の訴えを提起した事件。第一審、第二審とも原告が勝訴したが、1973年12月12日最高裁判決で原告が敗訴している。この最高裁判決は私人間に基本的人権が適用される場合のリーディングケースとなっている。（『法律学小辞典[新版]』有斐閣, 1055~1056頁）。
[53] 1897・1973　東京大学教授。民法学者。彼の全10巻におよぶ体系的民法教科書『我妻民法講義』は現在でも最も権威があるものとされている。
[54] 近代社会における完全に自由な契約ではなく、封建制社会において主君と臣下との間に締結される身分的な契約をいう。この契約の内容は臣下の主君に対する忠誠義務と主君の臣下に対する恩恵授与義務とが双務的になっている。川島武宜著「封建契約とその解体」（『法社会学における法の存在構造』所収）参照。

めには、ただ競争原理だけからは説明できない。競争では強い者が勝つわけですから、近代化のためには、こちらから強いものをはね返してやる、というものが出てこなくてはならんわけですね。イギリスの場合それが出たけれども日本の場合はそれが出なかった。しかし、契約自由の原則が貫徹してゆくということは事実ですけれどね。それはさっきいったように日本で出なかったのは職人組織というものが強くなかったからだ。そうすると企業に抱え込まれてしまうから横に強い連帯が出てこない、だから近代化できないから非常に長い間家産官僚制問題が続くということになるわけです。そういうつもりでおるんです。

就業規則の機能および法的性質

問 身分的学歴別年功制度が崩壊した後の労使関係で就業規則[55]が規範といえるかどうか。

藤田 身分的学歴別年功制度が崩壊した後の労使関係を普通は近代的労使関係といいますね。「規範」という言葉がちょっと分らない。規範という言葉は抽象的であって、忠勤契約も規範だし、近代的な労働契約も規範ですね。

問 一方的な法規範を使用者が作りうるかどうか。

藤田 近代化すれば一方的な規範は使用者がつくれないのか、という意味ですか。

問 そういう意味です。

藤田 そりゃあ、そうですよ。でも、その中に爆発物もってきてはいかん、というようなことは当然作れるんじゃないか。

問 就業規則の法的性質について争いがあるので、その関係でお聞きしたい

---

[55] 使用者が工場事業場における労働条件や服務規律などを定めたものを就業規則と呼ぶ。労働基準法はその第9章で就業規則に関する規制をしている。使用者が就業規則を作成するときには工場事業場における労働者の過半数の意見を聴かなければならない。その法的性質について、法規説、契約説その他の対立がある。(『法律学小辞典[新版]』有斐閣、504頁)。

第 3 部 〈研究討論〉藤田若雄『日本労働法論』『日本労働争議法論』について

のですが。

藤田 だから、爆発物はもってきてはいかん、もってきたら給料をいくら引くということを書くことは、いくら近代的な労使関係、近代的社会にあってもあることではないだろうか。ガスや燃焼物を使う所でタバコを喫んではいかん等というのは就業規則で一方的に律してゆけると思います。そういう一方的な内部行政に対して、必ず近代的な行政法の原理が働く、「意見をきく」というのが出てくる。近代的なものは、一方的であっても、必ず聞くとか、そういう内部の仕組みをもっている。就業規則というのは僕は、企業内行政の法だと思うから、それは行政法の原理で考えてゆくべきだと思います。

問 就業規則の問題で契約説と法規説が非常に激しく対立[56]してますが、フランスですと制度理論が非常に有力です（たとえば、デュラン）。日本の法規説に近いのですが、こういう制度理論は近代的なものに対応しているものか、それとも、フランスならフランス流の未発達な部分、旧い部分に対応しているのか、お聞かせ下さい。

藤田 制度理論の非常に典型的な例を出した方が解りやすいと思うので一つ出して下さい。

問 懲戒は制度理論をとるとうまく説明できるわけです。契約説で懲戒を説明しようとすると、何か悪いことをしたら相互にサンクションを与えるのではなくて、いつでも一方がサンクションを与えるという、そういうものに合意したのだという具合に、非常にもって回った説明をしなければならないのですが、制度理論でいけば、企業は一つの制度であって、その制度の中には常にシェフ（親分みたいな者）がいて階層的になっている。一番上の者は制度の円滑な運営について責任を負っており、うまくいけば、報償があるかわりに、失敗した場合は全面的に責任を負わなければならない。従ってそういうものから懲戒権というものが出てくる。非常にうまく縦の関係を説明しやすくなります。ただ、制度理論はフランスの宗教（カソリック）哲学とも関

---

[56] 就業規則の法的性質について、法規説は、使用者が一方的に制定するので法規範であると主張する。契約説は使用者が就業規則を作成する際に工場事業場の労働者の過半数の意見を聴くことを捉えて、使用者と労働者との契約であると主張する。

連しているようです。勿論、フランスでも判例は伝統的に契約説をとっておりますし、学説でもまだ契約説が強い説なんですけれども。

藤田 契約説というのは、やはり、旧いものを壊わすときにつくったフィクションですね。それが確立した後には、もっとうまく説明できるものがあれば、それでいこうということになるかも知れないね。一つのシステムだから、その中に爆発物をもってきては困るとかいうことは、そのシステム自体から当然出てくると言えば、そういう説明は十分できると思う。昔はそういう制度論のような考え方が圧倒的に強かったやつをどうして破ってゆくかというので、契約説が出てきたと考えれば、フランスのようなカソリックの強い所では、まだそういう説明が出てくるということでしょうか。学説のできた時代的な順序は別として……。

第三章　団結権（労働組合）

司会　第三章の「団結権（労働組合）」の方に移って下さい。

日本の「戦後」とワイマール体制

問　「労働組合法の制定と改正」のところですが、終戦直後、家産官僚制国家の近代的よそおいが一層強められた日本は、ワイマール体制下のドイツと対比させるべきである、と述べられておりますが〔労働151頁〕、その意味をおうかがいします。

藤田　ワイマール体制ということを言っているが、これはスト権がないということです。そして何故スト権を与えなかったかというと、経営協議会を全国的につくって労働者を国全体の経済生活に参加させる、そういう責任を与えるんだからストライキを打つことを止めてもらわなければならん、こういう仕組みですよ。それに対して日本の方が1945年以降は労働者にスト権が与えられて近代的みたいにみえる、しかし、昭和23年の7月からは重要なレイバー・セクター[57]について、スト権を奪った。終戦の頃の賃上げ中心部隊で

---

[57] 労使関係上の重要な部門のこと。ここでは、三公社五現業といわれる公共企業体等の公務員労働部門を指している。日本国有鉄道、日本電信電話公社、日本専売公社を三公社といい、郵便事業、国有林事業、印刷事業、造幣事業、アルコール専売事業を五現業という。三公社五現業で働く労働者は労働条件が企業労働者のそれに類似する

ある三公社五現業からスト権を奪ったのだから実質的意味においてはワイマール体制に似ているではないか、ということが言いたかった。そして僕はこういうことを言うことによってワイマール憲法は非常に進歩的であるといって喜んでいる人に対して嘘言うな、ということを言いたかったのですね。

問　旧労組法と現行労組法とは、労働組合の役割、社会的機能をかなり違った目でみていたように思います。旧労組法だと労働組合が経済の興隆に寄与するという書き方をしているわけですが、それは今の先生の御説明で関連させていうならば、労組も産業の進行について積極的な発言権を持っていくんだということですね。ところが、その後の改正とも併せてストライキ禁止規定が出てくる。従って、今先生の言われた意味でのワイマール体制とはむしろ逆の方向での動きが沢山出てきたと思うのですが、その点如何でしょう。

藤田　〔マッカーサー書簡による昭和23年7月以降の〕ストライキ禁止[58]は、スト権もやらんし、経営参加もさせない、だからワイマール体制とは違う、というんですね。旧労組法の、経済の興隆に寄与するというのがワイマールの時と同じと……それは面白いかも知らんね。あれは末弘さん達の育った時代の感覚なんだね。なんぼ左でもあんな感覚をもっていたんですね。護国思想の下で国家を守るというふうな。末弘さんが、国家の興隆に……というと、教育勅語を小脇にかかえて出て来た感じさえするんですね。それは日本型のワイマールかといわれりゃあ、まあそうだということかな。それと改正労組法とは何か部分的に違うかなあ。そこで僕は「近代的よそおい」〔労働151頁〕としたわけだが。そう違わぬ、ちょっとお化粧しなおしたぐらいだと思って結構ですけれど。

司会　今のところは非常に面白い所ですが、この後の質問が続いて色がぼやけてしまうといけませんので、これで、次の質問に移りましょう。

問　旧労組法は「戦前における我国の労働法学の研究成果」である〔労働151

が、身分は公務員である。三公社五現業の労働者は昭和23年の公共企業体等労働関係法によってストライキ権を剥奪された。

[58] マッカーサー元帥は1948年7月23日内閣総理大臣宛の書簡で、公務員の争議行為を禁止すべき旨を指令した。そこで、内閣は前記書簡に基づき政令第201号を制定して公務員の争議行為を禁止した。

頁〕とありますが、この意味をお尋ねしたいと思います。旧労組法が、誓約集団の法論理と従業員組織の法論理の両方が混入しているとしますと、戦前の我が国の労働法学は基本的には、誓約集団の法理を研究していたということにもなるのでしょうか。

藤田 末弘法学の基本はどこにあるのか、イギリス法であるのか、ドイツ法であるのか、というと僕はよくわからんのですけどね。イギリス法もよく知っているし、ドイツもフランスも知っている。あの頃の人は三ヶ国は必ずよく知っていた。そこへ法社会学をとり入れる。法社会学というのは日本の現状分析ですね。それで、さっき述べたような労働契約論が出てくるのであるから、末弘さんはその頃の労働組合というものを誓約集団ととらえてはいなかったのではないか。しかし、それは、はっきりしないです。〈家団論〉[59]というのがありますね。あれの延長で考えていたのではないかなあ、という気が僕はするんですけど、そこは分らない。だけれども、彼の基本は日本法理の研究に向いていたというので、こんなふうに書いて言ってみた。それと、末弘さんは『日本労働組合運動史』（日本労働組合運動史刊行会，1950年）を書いているからそういうことは、戦前の日本の労働組合についてはよく知っていますね。末弘さんは自分で明白に、僕の元の学問は駄目だ、というんです。昔博士論文かなんかでこんな厚いデカイ本がありますね。債権かなんかのやつですが、ああいうものを書いている時は、あれは駄目なんだね、といつもそう言っていた。自分はヨーロッパを周ってきて、これは法学だ、というのが分った、判例でやっているのが分ったと言うのです。そして、それから自分の姿勢は変った、こういうふうに言ってましたね。要するに法社会学の態度になってきたということですよ。彼は昔、高等学校にいたとき新渡戸〔稲造〕さんの排撃運動をやったわけです。新渡戸さんは実証派であり、プラグマティズムだから、法律でいうと自分がアメリカで一生懸命やった判例主義[60]ですね。そこへ彼は転向して入っていったということなんです。だ

---

[59] 家族制度に基づく家族を一つの団体として捉えて、この家族団体を単位として法規制をする理論。
[60] 判例法主義ともいう。判例法主義に対立するものとして法典主義がある。裁判をするときの法の根拠（これを法源という）を制定法からなる法典に置く立場を法典主義といい、裁判例の集積に置くのを判例法主義という。英米法の国は判例法主義を採用しており、ヨーロッパ大陸法の国は法典主義を採用している。日本は法典主義国である。

からそれから後は非常に日本的なものを見るようになっているから、その限りで読んでいくならば戦前の横断的労働組合といえども、イギリスのいわゆる職種別組合よりも、むしろ、もう少し旧い職人組合みたいに考えていたといえるのかなあ……そこらはまだ研究していないからねえ。皆さんと労働組合法の何かについてやろうといって材料集めたんですが、あそこらはやってないわけだ、これはやらなあいかんけど……。これはもうだめだな。

ウェッブの *Industrial Democracy*

問　先生が〈誓約集団〉といわれます時の、その誓約の内容、個々の組合員が集団をかちとったときのエートスの問題、具体的な組織、ユニット[61]の問題、団交モデルは一体どうなるのか、個別企業使用者との関係はどうなっているのか。使用者と協働関係を計るとき、これは誓約集団なのか、あくまでも使用者との対決といった姿勢をとったものが初めて誓約集団ということになるのか。その具体的な諸要素に注目しながら一定のイメージを描いて下さると非常に有難いのですが。

藤田　それは、ウェッブの *Industrial Democracy* を読めば初めの方に書いてあることですから、それを今、ここで説明はせんですな。僕らはあそこらをくり返し読んで、そして日本の労働組合の調査をやった。だから、あそこははっきりと頭にある。皆さんは解釈の方で忙しいから、調査に行かれないから……ね。まあ、それを読んで載いたらいいと思います。

交渉代表と従業員組織の法理

問　私の考えでは、交渉代表制[62]というのは、使用者との交渉に関して、代表を一つだけ選んで当該代表に交渉の全部をまかせる制度だと思います。それは、労使団体が十分に整備されていないところでは、むしろ技術的な要請からでてきた制度ではないかという気がします。アメリカの場合、組合員各個人に直接組織選沢の可否を迫る制度が交渉代表制でありますが、その制度の核心は各個人に free choice の機会を与え、同時に、交渉代表の交替可能

---

[61] 工場事業場で使用者と労働組合とが交渉するときの交渉単位をユニットといっている。

[62] 一つの工場事業場の従業員の中に数個の労働組合が存在する場合に、使用者と職場の労働条件を交渉する労働組合を従業員の多数決で決定する。ここで決定された労働組合を交渉代表とする制度を交渉代表制という。主としてアメリカの制度である。

性が用意されていることではないかと思う。個人の厳粛な審判の前で組合が多数支持を獲得するために、厳しく鎬を削る。こうしたところにおそらく最も望ましい交渉代表制の姿があるのだと思うわけです。free choice が保障されていれば、例えばユニオン・ショップといった安易な方法は容易に認められず、その結果としてエージェンシー・ショップといったものが出てくると思う。また、unit〔交渉単位〕という考え方も従業員法理から出てくるというよりはむしろ、使用者団体が整備されていないか、技術的なものとして、ある所で切らなければならないということなのではないか。そうしてみると、アメリカの交渉代表制は、基本的には横断法理に基づくものとみるべきではないか。少くとも、横断的組合の組織原理自体を修正するものではないのではないか。ただ交渉代表に排他的交渉権を認めて、その交渉の結果、出てくる労働条件事項はユニット内の全ての被用者におよびますから、この点で多少の混乱が起っているだけではないか。そうしてみると、先生に対する疑問としていくつか浮んできます。まず第一は交渉代表・交渉単位というのは、それ自体は従業員組織理念に基づくものではないし、組合は必ずしも従業員組織化するものではないのではないか。こういう私の疑問は果して正しいのか、どうなのか。

藤田 「多少の混乱を生ずる」というそこの所が大事だと僕は思う。やはりアメリカは、近代化した下で従業員組織と誓約集団という違ったものが二つ積み重っていると考えている。日本の場合は従業員組織というものは近代化した組織ではなくて、家産官僚制に支配されたもので、それが労働組合という形をとるから非常に変なものになる。だから、二つが重なっているということはあなたの説明をもってしても否定することにはならないと思います。アメリカにエンプロイーズ・レプレゼンテーション・プランというのがある。従って、アメリカにもそういう職場組織というものは合っているということですね。それは自治組織ではないけれどね。アメリカの経営は家産官僚制ではなく近代化している。だから近代化すればそこの代表の意見を聞くということが出てきて、そこでまとまりをとるという制度はある。日本の場合だと、家産官僚的な要素を投影するから非常に旧い組織になる。そういう事実をあわせて見るということです。

問 組合員の free choice によって代表が交替する可能性を日本の法制度が

定めた場合、労働組合は多少とも変わりうるのかどうか。

藤田　日本の場合は、ない、と僕は考える。日本の民主主義には「変わる」という考えがないんですね。企業の中で民主主義、民主主義といったって、「変わる」という考え方はない。皆で選挙するということはあるが、それが民主主義だと考えている。「全然無いのか」といわれれば「無い」とは言わんでしょうが、体では考えていないですね。制度をもちこんでも変らんと思いますよ。

問　使用者との交渉をすべて交渉代表組合にまかせる裏には、非交渉代表組合が交渉を申し込んできて、使用者が断わったとしても不当労働行為にはならないというのがアメリカの制度だと思う。日本の場合は、無差別に団交拒否を不当労働行為としている。こういうのは、組合に対して、多数をかちとるために各々が精一杯の成果を示し組合員獲得運動をやるという活動を提起しないのではないか。

藤田　日本の組合は外国とちがって横断組織ではないから少数組合を否定してはいけないというのは僕がずっと早くに言ったことです。やはり、今、僕はまだ団交拒否はできないというところにジッとしておく。というのは、今は少数の方が面白いですものね、生き生きとしていて……。長崎造船所の社研[63]なんかは新左翼だけどなかなか面白いですよ。何万もいる労働者のなかで40名位が肩張ってやっている。それはやせた蛙が頑張っているのを応援しているような気がしてね。まだじっとしておいた方がよいのではないでしょうか。あまり理屈で通らんと言われるかもしらんが。

問　日本には交渉代表制がないし、これを入れても機能する余地はないだろうということですが、最低限度、組合員の組合に対する free choice の機会が保障されなければならないとしますと、ライバル・ユニオンとか非組合員の存在を認めざるをえなくなりますね。そうすると、これに対する保護はどうなるのか。エージェンシー・ショップで不当利得は償わなければならないということは今まで議論したことですが、例えば〈団結しない自由〉を認め

63　三菱重工株式会社長崎造船所において組織された少数派労働組合。藤田は同組合を支援していた。

ざるを得なくなってきはしないか。ドイツの消極的団結権の問題は別として、このような疑問が成り立つでしょうか。

藤田 うんと近代化した理論の極点で考えてゆけば〈団結しない自由〉というのはあっていいと思う。しかし、日本のような組合でそれをやると皆逃げてしまって組合費を払わない。少くともどこでも組合員の半分ぐらいは逃げてしまうような気がするね。

工場委員会[64]の機能

問 誓約集団としての労組というものが存在する場合に工場ユニットで共通の利益事項は、どういうふうに取り扱われることになるのでしょうか。

藤田 高野実先生がイギリスに行ってきた後に書いた『イギリスの労働組合に学ぶ』をみると非常によく分るんですね。組合が一つの工場の中に沢山あるわけです。そして、それが職種別のジョイント・コミッティ[65]を組織している。ジョイント・コミッティは職種別組合が沢山ある場合で、経営協議会法ができていない場合に経営協議会のような役割をもっているのではないでしょうか。

問 イギリスのジョイント・コミッティを構成するメンバーといいますと、ショップ・スチュアード[66]だろうと思います。通常の場合、重なると思うのです。

藤田 そこは矛盾が出てきますね。理論的には。片方は全員ですから。

問 組合員の資格で—組合派遣の資格で活動するということになりますね。

---

[64] 敗戦や革命状況で国家体制が崩壊し人々の生活状態が危殆に瀕する激動期には、工場事業場の従業員の全員組織が蜂起して工場事業場の経営に介入するようになる。この組織が工場委員会と呼ばれた。そしてこのときの状況をマッセン・ストライキ（大衆ストライキ）状況という。マッセン・ストライキとは政治的、革命的な要求を持つ大衆ストライキの訳語。
[65] ここでは工場事業所における各職種別労働組合が構成する合同委員会のこと。本書234頁参照。
[66] ジョイント・コミッティを構成するメンバーでその世話人のこと。

第3部 〈研究討論〉藤田若雄『日本労働法論』『日本労働争議法論』について

藤田　なるんです。しかし仕方ないんじゃないかな。

問　一方で誓約集団とおっしゃる場合に、先生は日本の場合もそういう機能分担を考えていらっしゃいますか。

藤田　だけど、日本は誓約集団はないからね。社会科学ですからね。事例がでてきた材料をもとにしないと言えませんね。理念型は描けるかも知れませんが。

問　今のことに関連して、アメリカの場合は、交渉単位を基礎にして労働組合が従業員組合の役割を同時に担っています。そうすると、工場委員会みたいなものは成立する余地がないというか、存在していない。イタリアでは、今まで工場外に組合があった場合、内部委員会という工場委員会がありましたが、1970年法で企業内組合が認められてきて、ほとんど形骸化し、存在する余地がなくなってきた。そうすると、労働組合が従業員組織の日本の場合には、ドイツのような経営協議会制度が入ってくる余地はないんではないか。むしろ、企業内に組合の支部が入ってきて工場委員会というものが縮小されてゆくのではないか。

藤田　それは、そうでしょう。工場委員会が活躍するのは組合が非常に弱いということですよ。工場委員会は怨念の働く場所ですよ。あれがいちばん戦闘的になるのは日常的ではないんです。やはり、マッセン・ストライキ状況の下で、うらみをもって襲いかかってゆく所に特徴があるわけですよね。それが場合によっては生産管理をやる。こういう活動がやれる時は労働組合はあっても活動できないという時です。激動期にはロシアの組合でも、ドイツの組合でも、熟練工組合というのはほとんど機能を果さない〔争議47頁参照〕。イタリアだって、今、労働組合が企業の中に入ってきてやれるというのは革命的状態でないということではないでしょうか。

問　そうだと思います。イタリアの場合に、労働組合が企業の中に入ってきた理由の一つには、工場内に組合を入れて下部を統制させた方がよいという使用者側の意見もあるらしいのです。

藤田　組合を中に抱え込んで経営協議会に変えてゆくという形ですね。

労働組合の政党支持決議

問 最近の動労問題[67]に関して質問します。政党支持決議というのは組合にとってできるのかどうか、そのための選挙活動資金を徴収できるか、そういう決議に違反した人々に対して除名をなし得るか、等に関しては藤田先生がジュリストに一文をものされて〔「労働組合と政党との関連」1974年4月1日号〕、その辺の見解は、私なりに一応了解できたのですが、動労は一般の典型的な企業別組合とどの辺で同じで、どの辺で違った質を有しているのかということと、政党支持決議を契機として組合が分裂してしまったことと関連づけて、どのように考えていらっしゃいますか。

藤田 そういうふうに一般的に尋ねられても困るんですね。もっと具体的にこれはどうかと細かく質問していただかないと。

問 動労は、個別企業の企業組合とは違った体質があるように思いますが。

藤田 企業別組合かどうかといわれれば、僕は企業別組合だと思う。ただ運転士が中心であるという意味で職種別の要求が強いという点で差があるということだと私は思います。

問 ライバル・ユニオン[68]が存在していますが、一般の企業別組合における第二組合的ライバル・ユニオンとあまり変らないでしょうか。

藤田 ええ、変らないと思いますよ。ただ国鉄は職種が複雑だから、一つの職種がああいうふうに飛び出すことがあっても別に不思議はない。運転士というのは非常に誇りが高い。だからとくに年寄りには職種別の色彩が非常に強い人がいて、一般の組合の左というのでは決してないし、全然違う。本来相当の賃金を貰うべき人が、あそこの人員構成とか何とかいうことから貰えない、というので不満が出る。しかし、これには反論があります。あそこは革マルが若い層に比較的強いから、そっちに力点を置いて説く人もいる。僕は、それよりもやはり職種別というところに特徴があると思っております。

---

[67] 動力車労働組合（動労）は日本国有鉄道の運転士を中心に組織した労働組合である。労働組合の政党支持決議をめぐって組織分裂を来した。
[68] 一つの企業の中に競争関係で存在する労働組合のこと。

問　今度、動労は自ら割ってしまったような結果になってしまったのですが、何か積極的な助言といったものはありませんか。

藤田　別にないですね。仕様がないというより……除名はできないんじゃないでしょうか。それならばね、今の札幌地本とかの動きに問題がないか、というとそうではないですね。やっぱり機関独占のようなことがある。それから、中央から出された指令を伝達しないとかいうことがある。そういうのはやはりおかしいですね。そういう点を一番合理的に処理しているのは、全電通だと僕は思います。

第四章　団体交渉権

司会　第四章「団体交渉権」に入ります。

職場交渉

問　先生は、団体交渉は「労働協約締結をもたらしうる可能性のある事項に限るのが適当である」〔労働194頁〕といわれておりますが、現実の職場交渉の実態が、およそ労働契約事項とはいえないような要求をもって行なわれる場合が多いことや、誓約集団の労組が職場単位で行なう交渉というイメージをふまえて、職場交渉について、どのようなお考えをお持ちでしょうか。

藤田　職場交渉がうまくいかんのは、結局、浜田君が使用者側が体制を整備していないと言ったけれど、言いかえれば、職務権限が明確ではないために行われ難いのであって、課長なら課長の権限が不明確である。職務権限が明確であれば私は非常に簡単だと思いますよ。何十万円までは課長の権限であるということがはっきりしている場合にはその範囲のことは交渉して差し支えない。それよりずっと下の組長なら組長の、仕事の段どりという職務について、この段どりはけしからんではないか、ということについて交渉、話しあいをやってもいっこうに差し支えないと思います。ところが、実際はそうではなく、下へ行けば行くほど丸抱えみたいになっているもんだからやらないのだと私は思っていますよ。職種別組合ということは直接関係ないということです。

問　職場交渉で行なわれる問題は工場委員会やショップ・スチュアードがやっている交渉と実態は似ていると思うんです。そういうものは誓約集団の法

理には絡んでこないのでしょうか。

藤田　誓約集団といったって、企業を超えた組織なら全国的な賃率の決定というようなものでなくては、全国的な規模ではやれないんですね。しかし、それなら全国的な賃率だけでいいかというと、そうではなくて、支部なり分会なりは、そこの中でジョイント・コミッティをつくっているのですから、それは、やはり団体交渉の体系の中に入っているわけです。そう考えなくてはいけないんで、こっちはこっちだという具合にはやれない。私はその位置をどうつけるかということが大切なことだと思っています。

問　関連して「労働協約締結をもたらしうる可能性のある事項に限るのが適当である」という場合に、たとえば、特定の会社役員の退陣要求とか、公害に伴う操業の停止要求などが行なわれるとした場合など、どのように考えていらっしゃいますか。

藤田　そういう要求をする場合はあるよね。しかし、株主総会でどうなるか、責任を持てないことに関しては経営者の方で約束できないでしょう。それを約束せよというのはやはり無理ではないでしょうかね。答える人がいても僕は悪いとはいわんけどね……。えらいあやふやなことを答えたものだというだけの話ですね。それで喜んでいる組合は、また、似た者夫婦でいいんじゃあないでしょうか。

問　団交拒否にはなりませんか。

藤田　団交拒否にはならんと僕は思うね。処理能力が無いのだから……いかんですか。そこら辺は石井〔照久〕さんの考え〔新版労働法35頁参照〕と同じでいいんじゃあないかな。

問　団交が可能ならば職場段階でも協約なり、協定は可能であるということでしょうか。

藤田　はい。

問　個別的な配転問題はいかがですか。

藤田　それは個別といっても基準が生きていて基準に従った個別処理なのだから、そういう関係は、団交でやっても差し支えないのではないですか。

労組法6条と第三者交渉委任禁止条項[69]
問　第三者交渉委任禁止条項を排除することに労組法6条[70]の歴史的意義があるとあります〔労働198〜199頁〕、この点について御説明下さい。

藤田　大正7〜8年かな、あの時分は、盛んにここのところが問題になるわけですね。そして、ここで組合はやられてしまうわけですね。だから、そういう歴史を考えてみれば6条は強い規定に解釈しなければいかんと僕は考えているわけです。けれども、そうは考えない見解がありますね。労働組合が承諾すればやむをえないのではないかという具合に、対等者間のルールみたいな処理の仕方で解釈するんですね。それは、もう見解の差だから、それ以上は仕様がないんだね。「うちの会社の者とだけ話をする」というんで、外の者を押えてしまう、それは、労働組合を御用組合化するものであった。だから戦後はそういうものを規制するものが入ってきても一向に差し支え無いんじゃないかというのが、僕の主義的理解ですね。

誓約集団としての労働組合とストライキの法律構成
問　藤田先生の学説の分析において誓約集団の労組というのは解約型のストライキ[71]をなすものであって、その場合における、その国の法理論、あるい

---

[69] 企業の中に組織された単位労働組合とその使用者との間の労働協約の中に、当事者双方は団体交渉権を第三者に委任しない旨の条項が定められていることがあり、この条項のことをいう。使用者が単位労働組合の委任を受けたその上部団体組合との団体交渉を拒否することがあり、単位労働組合に打撃を与えた。

[70] 労働組合法第6条は「労働組合の代表者又は労働組合の委任を受けた者は、労働組合又は組合員のために使用者又はその団体と労働協約の締結その他の事項に関して交渉する権限を有する。」と規定する。第三者交渉委任禁止条項があっても同法第6条に基づいて単位労働組合から委任を受けた上部団体組合は使用者と団体交渉をすることができることになる。

[71] 労働争議の一つであるストライキは労働組合が労務の提供を拒否する方法をとるものであり同盟罷業ともいう。ストライキには解約型ストライキと継続型ストライキとの2種がある。解約型ストライキは労働者が一旦雇用契約を解約することによって労務の提供を拒否するものであり、継続型ストライキは労働者が雇用契約を継続しなが

は法というものも、これに対応したものとなっている—という図式が一つの道具として用いられているように思うんです。これについて、フランスとかドイツの労働法理論では停止説[72]が台頭して、それが実定法となっていったということを、どのように評価ないし位置づけられるのでしょうか。

藤田 僕のは理想型の理解ですから、非常に極端なイギリスのような例を一方に置いといて日本と対置させる。そして大陸型をその中間みたいにみる理解の仕方ですね。末弘さんも団交をみる場合にはそういう理解を講義で言われていましたよ。

問 解約型ストとよく言われますが、その実態については、イギリスの判例を読んでも必ずしも労働者が解約告知をはっきりとするというのではなく、むしろ労働者は何もいわずに労働を放棄して、ただ法的な状態として、使用者がその労働放棄を労働関係の断絶と見做しえたんだということにすぎなかったのではないかと、私には思えるのですが。

藤田 それは僕もそう思うんですよ。現実は全然変なものであって日本と変わらんと思う。何とかというイギリス人が来た時、法政大学の岡本秀昭君といっしょに非常に問い詰めたことがありますが、そしたら日本と同じなんですね。それから、グルンフェルドの本〔Cyril Grunfeld, *Modern Trade Union Laws*, pp. 319 f. 1966〕に書いてあるのは、代表して、誰かが処理するんだ、ということですね。だから、日本の労働契約とかいうものと同じではないのかな。現実はメチャクチャだが、法律的に処理すると、こうなるということだと思いますよ。そのくらいにしか考えていないですけれども。

問 そういうふうな法的な状態、いわゆる誓約集団たる労組に対応した法的な状態というのは、私は、その労働組合の性格にも依るんだろうけれども、

ら労務提供のみを拒否するものである。終身雇用制の労使関係が支配する日本の社会体制のもとでは専ら継続型ストライキが行われている。

[72] ストライキを実行することが雇用契約に及ぼす法的効果に関する学説に停止説がある。この説は、ストライキは労働者が雇用契約における主たる債権債務を一時的に中断する行為であるとする。渡辺章著『労働法講義下』（信山社, 2011）112 頁。停止説は継続型ストライキを前提とする。

解雇に関する法制、特に解雇は完全に自由であるという法制も大きな要因ではないかという気がするのですが。

藤田 それは解雇ばかりではないのではないでしょうか。王様を縛りあげる、あの感覚ではないでしょうか。田辺さんの本〔前掲〕、を読むと、本当にイギリスの法律は契約が基本をなしているのにびっくりした、ということが書いてあったと思うんですね。それは日本では非常に分りにくい考え方だから、やはりマスター・アンド・サーバント法をやらんと分らんのじゃあないか。渡辺章君が大学院に入ってきて僕が丁度参加し出した頃に学生からマスター・アンド・サーバント・アクトをやってくれという要求があって石川さんがやっていましたよ〔石川ゼミで使用したテキストは A. S. Diamond, *The Law of Master and Servant*, 1946 であった〕。それで僕もいっしょになって聞いていたことがあるんです。あれは面白いと思いますね。採用解雇が一つの中心になっているんだと僕は思っているんです。

第五章　労働争議権

司会　第五章「労働争議権」に入ります。

生産管理[73]・職場占拠[74]と日本法理[75]

問　生産管理および職場占拠の合法論を先生は日本法理と位置づけられていて、私も、その通りだと思います〔労働214, 228頁以下〕。生産管理に関する川島説、平賀説の緊急避難説[76]の位置づけについてもう少しお聞きしたいのです〔労働215頁以下、および、争議148頁以下を参照〕。

藤田　位置づけというほどのこともないけど、要するに、川島さんは末弘説

---

[73] 企業の人的設備の全体である労働組合が、物的設備の占有を一時的に自分の手におさめ、企業所有者の支配を排除する方法による労働争議手段(有泉亨『労働争議権の研究』)。職場占拠によるストライキの程度が進んだもの。
[74] 労働者のストライキの方法として職場離脱型(walk out 型)と職場占拠型(sit down 型)とがある。ここでは後者型の争議方法のこと。
[75] 末広厳太郎教授が「法と慣習－日本法理探究の方法に関する一考察－」において提唱した、日本法の性格付けの内容、またはその性格付けに関する理論のこと。
[76] 緊急避難は正当防衛とともに刑法理論における違法性阻却事由の一つ。ここでは、労働争議として行われた生産管理行為が形式的に使用者の財産権の侵害となってもそれが緊急避難によるものとして免責されるとする説のこと。

〔争議142〜143頁、その評価に関し同146〜147頁参照〕[77]では説明していない。それから外国流に西欧流に、やっていってただ緊急避難というところで救おうとしたというだけのことではないでしょうか。

問　それは別に日本法理だとはお考えにならないわけですね。

藤田　そうです。それでだいぶ救えたよ、といっておったわけですよ。本当に救えたかどうかわからんけどね。平賀説というのはアメリカ法理みたいなものをすぱっと適用してきたんじゃないでしょうか。

問　生産管理合法説を構成した石井説〔争議144頁〕[78]が、職場占拠に関して違法説に発展したことについて、「日本的法理論は、この段階で分解した」〔労働227〜228頁、争議162〜164頁〕といわれています。ところが、石井先生は『新版・労働法』（1971年）では改説されているらしいのです〔同書398〜399頁、「当然に違法と解すべきではない」とされている〕。そうしますと今度は一貫したということになるのでしょうか。

藤田　なるんです。以前一貫させなかったのは何故かということが僕には非常に興味があるんですが、うまくつかめないですね。

問　職場占拠自体の実態が変わってきたとか、そういうことにも繋るわけですね。

藤田　うん、繋るかもしらんですね。だから三池がいかんと考えたのか……。

ストライキ不参加者の賃金請求権と従業員法理

問　〔労働〕の235頁で書いておられる「誓約集団の系譜をもつ労働組合にあってはスト参加者のみにつき労働契約の解約があるのであり、スト不参加者については使用者がロック・アウトを打たない限り賃金請求権は存在する

---

[77] 末広厳太郎教授の説のこと。日本的法理論を援用して、労働組合の生産管理が理想的な形で行われる限り犯罪構成要件に該当せず合法であるとの説を展開した。
[78] 石井照久東大教授は当初生産管理合法説を主張したが、その後、職場占拠違法説に転じたことをここでは問題にしている。

のである」というところは解約というものと、賃金請求権の有無という問題が混同されているのではないか。

藤田 混同しているのか、イギリスではどうなのかということです。

問 私もイギリスについては、今調べてないのですが、解約型だからといって当然に不参加者の場合には賃金請求権があるということにはならないんではないかと想像しているんです。

藤田 ううん……。組合が外側で意思決定をしてストライキをうつ、こちらはストライキやらないでおると、ストライキをやらん人も賃金をもらえないんですかね。

問 兼子説〔労働231頁〕[79]の場合は、民法上の領域説（Sphären-theorie）の常識に従ったまでではないか、という気がするんです。

藤田 兼子さんの説は継続型でしかも全体が一つだと、従業員組織としてそれは組合として一本だと。お前だけストをやれといってもこっちの意見が入っているということですね。まあ、僕はここを固執しないですよ。ただイギリスではここのところがどうなっているのか、調べた方が勉強になると思う。

問 先生の兼子説に対する評価ですが、231頁のこの辺でしょうか？　「少くともストのために自分に仕事が与えられないということをば、債権者である使用者の責に帰すべき事由というふうにこれを責めることはできないと考える。個々の組合員はそのストに対し全くの第三者だと言えないことになる。」この点が日本法理の一類型であると言われるのですね。

藤田 その「第三者とは言えない」というのが、有泉先生が〔生産管理争議を合法とするとき、従業員を〕「第三者と言えない」という〔労働210頁参照〕のと非常に似ているんだね。だからやはり従業員組織の法理で考えているんだろうと。それならば誓約集団のとき、スト不参加者の賃金請求権の問

---

[79] 兼子一東大法学部教授（民事訴訟法講座担当）が主張した、労働組合の部分ストライキに対する賃金カット容認説のこと。

題はどうなるかといえば事実わからんわけです。そこで、そこは〔労働235頁〕自分で想定した理屈ですからね。これがひっくり返るかどうかということです。しかし、それは調べた方が早道ですね。

ピケッティング[80]と平和的説得論

問 ピケッティングについての野村説に対する先生の評価〔労働238頁〕はその通りだと私は思います。私は、平和的説得の理論[81]とは何の理論であるのか、日本でそういう理論をとることは、ピケットの対象との関係でどうなるのか、についてお聞きしたいと思います。

藤田 平和的説得「論」と、こう言っているけれどもイギリスの考え方でしょ。それはまさに自律的な誓約集団について言えると。自律的だから本人が承知しなければダメだと、本人が承知してやめていけばそれでいいんだと、こういう考えであって、丸抱えではない。だからイギリスの場合は何もかも契約の理論で貫いてしまった。それでどこまで処理できるかということで、無理であってもやっているんではないかなあ、という気がするんですね。

　だから、ここでついでに申し上げておくが、誓約集団をつくれば万事立派になりますというふうには僕は考えていないですよ。誓約集団であって、だんだん組織が大きくなって産業別とかになって、もっと進んできますと官僚化現象が起こるからね。非常に妙なものになる。従ってそこでは小集団の噴出というのが起こる。だから誓約集団が大きくなっていったらどういうことをおこしていくかという変動理論を究明しておかなくてはいかんですね。それから従業員組織の方も、これは争議論と関係してくるが、マッセン・ストライキ状況のもとではどういうふうになるか、それから産業復興、資本の復興した状況ではどういうことになるかというそういう情勢の変化とそれに対応してどう変化してゆくかということはやっておいて、それで重ねて理解していかなくてはいかんと考えているんです。これはつけ足りですが。

80　ストライキ中の労働組合がスト破りの防止、公衆への宣伝、自らの組合員の士気高揚、使用者への心理的圧迫を加えることなどを目的として、工場事業場の入口に立って見張り、説得などの行為をすることをいう（石川吉右衛門著『労働組合法』有斐閣）。
81　ピケッティングは労働争議においてとられる手段であり、相手に対する説得を本質とするものであるが、その説得としてどの程度の有形力を行使できるかをめぐる理論。平和的説得の限度で合法とされる。

第 3 部　〈研究討論〉藤田若雄『日本労働法論』『日本労働争議法論』について

法理論の「機能的考察」ということ

問　第五章「労働争議権」の二は「争議学説の機能的考察」となっておりますが、機能的考察ということの意義を敷衍して御説明下さい。これは学説が実務においてどのような機能、役割を果したのかという意味だけではないように思えますので。

藤田　思想です。また、自己批判でもある。例えば僕は、終戦の頃、裏返し理論[82]みたいな立場にいたんですね。組合の委員長なんかやってみると〔昭和21年から22年にかけて住友鉱業株式会社唐津炭坑職員組合の委員長を歴任。前掲『社会科学研究』24巻4号154頁（藤田若雄キリスト教社会思想著作集第3巻33頁）以下に詳細な口述がある〕、憲法28条[83]なんかは非常に強い力を持っている、それをふりかざして闘えば非常に楽な訳ですよ。そう考えていたんですね。しかしそれは、言葉は変だけれども、左翼天皇制[84]という言葉があるけれども、天皇制を否定しながら実際は左翼天皇制を生み出すという、そういうものであるということが、やっぱりわかってきたんだよ、僕は。そうすると自己批判せざるをえない。これは自己批判の一つの形態なんですね。だから昔の同僚で仲よかった野村〔平爾〕先生みたいな人に刃をつきつけているわけですね。野村先生の方は問題にもされないけども、そんな気持ですよね。それから、左翼というと非常に進歩的な感じがありますが、左だからといって進歩的だとは言えないんだという考え方ですよ。僕なぞは「全体として日本はまだ家産官僚制的なものが強い」というふうに言いますね。するとそれだけ言っていたのではいかんのではないかというのが湯浅君なんかの主張で、彼は僕の名前は挙げないけれども、林道義君[85]の名を挙げていますが、林道義君と僕とは同じような立場ですね。今の立場はそうなってい

---

[82] 裏返し理論は藤田が特徴的に援用する理論の一つである。国の敗戦時や革命期においては、社会経済関係の質は変わらないけれども、支配者の位置の転換が起こる。これを裏返し現象といい、その理論を裏返し理論という。ロシア革命時、日本の第二次世界大戦敗戦時にの裏返し現象が生じた（藤田『日本労働争議法論』75 頁）。本書246 頁も参照。

[83] 憲法第 28 条に「勤労者の団結する権利及び団体交渉その他の団体行動する権利は、これを保障する。」とある。同条は労働者の団結権、団体交渉権及び争議権を保障している。

[84] 天皇制に基礎を置く国家、政治体制に反逆する左翼勢力が自らの組織の中に天皇制と同質の構造を生み出すことがあり、これが左翼天皇制と呼ばれる。

[85] 1937・東京女子大学教授。『ウェーバー社会学の方法と構想』（岩波書店, 1970）で東京大学経済学博士。指導教官は大塚久雄。

ますよ。だから林君に今の立場をもう一つ前にもっていかにゃいかんじゃないかと、お前の言っていることはもうここで俺が言っていると、こう言っていますけどね。そういうことで、僕は学問としてはマルクスを読んでいてそれからウェーバーに関心が出てきた。それからもう少しルカーチ[86]をつきすすめてゆくような所へもっていかなぁいかんのですね。そこらを模索しながらいるという状態です。そっちの方の関心が強くて実務的な方はあんまり考えていません。つまりイデオロギー批判みたいなもんです。

問 その機能的考察として、生産管理、職場占拠、部分スト[87]、ピケッティング、ロック・アウト[88]の学説を主たる対象とされた理由をお話し下さい。

藤田 これらについては、見解がいろいろ出ている。生産管理についていろんな説が出ているし、職場占拠についても出ている。こういう割合いろんな説が出ているものを選んでみると、これまた裏返し論で整理するのに都合がよかったということです。だから、たとえばリボン闘争[89]などは細かくめんどうくさかったですね。書くのに間に合わないということもあった。これは割合重要な手段であったのではないかというだけのことです。

第六章　労働協約

労働協約法規説と日本法理

問 労働協約の法的性質[90]をめぐりましては契約説と法規説の対立が存在しています。先生が考察の対象となされている日本法理・従業員組織の法理と

---

[86] Georg Lukács (1885 - 1971) はハンガリーの西欧的マルクス主義哲学者。
[87] 工場事業所の全部の労働者がストライキに参加する全面ストに対し、工場事業所の一部のみの労働者が参加するストライキのこと。
[88] 労働組合が行う争議行為であるストライキに対抗して、使用者が行う争議行為であり、労働者からの労務の受領を集団的に拒否すること。作業所閉鎖ともいう。
[89] 就業中の労働者が労働組合の要求内容などを記載したリボンを一斉に着用して使用者に圧力を加える労働組合の争議手段の一つ。争議手段として腕章、ワッペン、鉢巻を着用することもあった。
[90] 労働協約は労働組合と使用者の間の団体交渉に基づく協定であるが、その協定の性質を契約と解するのが契約説であり、前記協定によって法規範が設定されると解するのが法規説である。法規説によれば、労働組合法第 16 条（基準的効力）、第 17 条（一般的拘束力）及び第 18 条（地域的拘束力）に規定する効力は労働協約そのものの効力とされる。契約説によると第 16 条、第 17 条及び第 18 条の効力は政策的に労働法が労働協約に付与したものとする。契約説が通説である。

の関連では、いずれの説が日本法理と親和性がありますか。

藤田　法規説ではないでしょうか。

問　なぜ近しいとお考えになっていらっしゃるのですか。

藤田　そっちの立場の人が、どっちを採っているかをみたらだいたい法規説ではないですか。近しいから採るんであってね。都合がいいから。都合の悪いものを採りはしませんよ。それはまちがいないと思うけどなあ。

問　親和性があるから先生もそう「見るべきだ」とお考えですか。

藤田　親和性があるというのは、見るべきの「べき」は入りませんね。事実、そういう関係にある—論理関係からいっても—ということです。やっぱり自分の頭の中で論理がうまくつながるからそれを採っているわけで、つながらないのに無理に採るということはないでしょう。

ユニオン・ショップ協定と有利原則[91]

問　ユニオン・ショップ協定に関して先生は「有利原則の規定を組織的強制に適用するのは、適用の場の性質について錯誤をおかしている」〔労働255～256頁〕と述べておられます。これは、そもそも組織強制には有利原則は使えないということですか。それとも労働条件ではないということですか。

藤田　使えない、両方の意味です。西ドイツの協約法の4条3項[92]「協約の規定と異なったとりきめ」とは、具体的には何をいうのか。それから、このとりきめをなすことを「労働協約において承認され、または規制の変更が被用者の利益となる場合にのみ、これをなすことができる」という規定になっていますね。それで、これのもとをたどってゆくと非常にはっきりするんだよ。

---

[91] 労働協約に定められた労働条件が個別の労働契約に基づく労働条件よりも労働者に有利であるときには、労働協約に基づく労働条件がその労働者にも適用されるとする原則。
[92] 西ドイツ労働協約法第4条第3項のことであり、同条項は「協約の規定と異なったとりきめをなすことは、それが労働協約において承認され、または規制の変更が被用者の利益となる場合にのみ、これをなすことができる。」と規定する。

1918年のドイツ労働協約令の1条但書きは「但し、協約上原則として許容されているとき、または被用者のために協約所定の労働条件を変更する場合であって、協約上かかる変更を排除する明文の規定がないときは、協約の規定と異なる約定も有効とする。」とあって、「労働条件」〔Arbeitsbedingungen〕とはっきり書いてある。それで労働条件というのと雇用関係の成立・存続とは用語が違うんですよ。だから、僕には、契約を重視するというところでは、「契約の成立」と「労働条件」——日本でいう狭義の労働条件——とは非常に明確に違っているんだという頭がある。それがはっきりしないから時々間違いが起こるんじゃないかと思うんだが、僕がそういうだけでしてね。僕は外国法の研究家ではないからそこは皆さんでしっかりやって下さい。

問 先生は「待遇」ということばを〈日本的用語〉といってるわけですが〔労働253頁〕待遇に解雇も含めるというふうに解釈するわけですね。

藤田 僕はそこは含めないんだけどね。

問 含めているんではないでしょうか。「この語句の中に、西ドイツ労働協約法4条1項[93]の三つの事項がこみになって含まれていると解する」とありますが〔労働253頁〕、この三つの事項の中には解雇も入ってるわけですね。

藤田 それはね、訳が不十分だと思いますね。日本人は永年勤続がいい待遇だと考えている、つまり、「待遇」だと考えている。だから、解雇はそのいい条件をぶった切るからけしからん、悪い待遇だという考えですよ。この考え方は年功序列制度の中で頭がひんまがったからそうなっているんですよ。ドイツの場合、労働協約法の4条1項で「労働条件」と、「成立および終了」とは明らかに概念上区別されているわけで、区別しておいて、条文に両方を含ませているわけです。労働協約だから両方あってもいいわけですね。法律だったら、日本でも職安法と基準法とは違うわけです。今の有利条件というのは元まで遡ってみると非常にはっきりこういうふうになっている〔「労働

---

[93] 西ドイツ労働協約法第4条第1項は「労働関係の内容、成立又は終了を規律する協約の法規範は、協約の適用範囲内にあって協約の拘束を受ける労使間の関係に対して、これを直接且つ強行的に適用する。経営及び経営組織法の問題に関する協約の法規範についてもこれと同じとする。」と規定する。

244

条件」についてのみ適用がある〕んで区別しておいた方がよいのではないかという考えですね。固執はいたしません。

問 ユニオン・ショップがその他の待遇に関して成り立つけれども……。

藤田 ユニオン・ショップの場合は『その他の待遇』というのはそもそも言わない方がよいです。

問 ユニオン・ショップ協定が存在して組合員が除名されると、ストレートに解雇有効となるかどうかという議論ですが。

藤田 僕は反対ですよ。解雇というのは会社のやることであってね、組合が会社のやることを代行するのは、それは御用組合のすることです。御用組合というのは会社も組合も一体となった戦時中の組織のやるようなことですよ。それはいかんですよ。それは非常に正しい者を排除することになる。主体の違うものをくっつけたらいかんと思います。

『日本労働争議法論』

司会 それでは『日本労働争議法論』に入ります。

時期区分とマッセン・ストライキ状況

問 時期区分について昭和20年から24年6月1日（片山内閣成立）までを一区切りにした意図を説明して下さい〔争議41頁の「1947年……まで」は「1949年……まで」の誤植〕。

藤田 全体としては、昭和29年ないし30年までを一区切りにしますが、いわゆる〈マッセ

ン・ストライキ（大衆ストライキ）状況〉という激しい状況はまずここまでとっておけばいいだろうということなんです。産業防衛闘争なんかが行なわれて負けたころがここら辺りでしたね。後は負け戦だからあまり激しいことはできなかったということです。

問　私の考えでは日本の場合、労働組合組織が先行して、資本主義に新しい状況が出てくるということではなくて、占領軍の指令と法体制の先行によって組合組織が生まれたと解すれば、そのことがその後の労働運動にどのような影響を与えているか。

藤田　あなたが前提にされたことは、必ずしも私はそう考えていないんですよ。やはり組織が先にある。戦時中は産報組織で、戦後はそれが下からできる。そういう変化は〈裏返し〉だからあるわけですよ。けどもやっぱり従業員組織だったんですね。それは動かなかった〔争議75頁以下、80頁以下参照〕。だから、法律が上からきても受け止める時にはそれが受け止めてしまうから法律の規定はひんまがったり、いろんなことになるということはあるんですね。

問　二・一スト[94]をマッセン・ストライキと把握する〔争議54頁以下〕理由と意味をおきかせ下さい。

藤田　マッセン・ストライキというのは、僕はそんなことは知らなかったですよ。マッセン・ストというもんだから何を言うとるんかと思っていたら、あれはローザ・ルクセンブルグ[95]が言った言葉だというんで、そこでローザの選集を読んだんですよ。そうしたら1904年のロシアの状況だとか、1917年の革命状況がでてくる。要するに、ストライキという限りは労働組合のストライキ、労働運動としてのストライキですね。それにマスという言葉がついている。そこに普通のストライキではないという意味が入っているようですね。つまり政治的、革命的要求が出てきている、それが非常に強くなったかと思うと、それでは乗りきれないんで、やっぱりくずれてゆく。そうすると今度は労働組合らしい要求、賃上げとか何とかの要求が出てくる。すると何時の間にかまた、政治的要求が強くなってくる、こういうふうに非常に流動的な状況をマッセン・ストライキというわけですよね。そういうふうに彼

---

[94] 1947年2月1日を期し戦後最初にして最後のゼネラル・ストライキ（全国民的ストライキ）として行われようとしたストライキのこと。占領目的違反としてＧＨＱが禁止したために中止された。
[95] Rosa Luxemburg (1871 - 1919) はポーランド出身のマルクス主義理論家であり革命家。第一次世界大戦後のドイツ革命を指導し、虐殺された。『ローザ・ルクセンブルグ選集』あり。

女はとらえているわけです。それはこの時期、終戦時の日本を説明するには非常に便利である、こう思って、国際的概念の中に入れたわけですよ。そういうものです。非常に生き生きとしとるですね。あの描写は。翻訳で読んでもね〔ローザ・ルクセンブルグが「いかなる状況を指して大衆ストライキと呼んだか」について、参照、争議42〜44頁（ロシア革命について）、および、45〜46頁（ドイツ革命期について）〕。

関東工場代表者会議[96]の結成から関東地方労働組合協議会の結成へ

問　「工代会議」の位置づけですが、先生の評価をおきかせ下さい。

藤田　これはわからんですね。感じとしては、戦前から〈赤色労働組合主義〉というのがありますけれども、ああいうことに非常に興味をもっていた人々が運動の中心において、そしてつけたんではないかという感じがするんですよ。工代会議というのはソヴィエトのことを言うんですよ。工場から代表者を出してやる。だからこれは、片仮名で名前をつけるならば、ソヴィエトという言葉になる。それはロシア革命の時のローザのものを読めば、非常にはっきりわかるんです〔争議42〜45, 65頁以下〕。それはすぐにね、ほんの短期間ですよ、1ヶ月たったかたたんかのうちに関東労働組合協議会というふうに変って行くわけですね。〔争議56〜74頁に詳細な資料収集がなされている〕。関東工場代表会議というのが〔関東労働組合協議会に〕一挙に変ってゆくわけです。だから非常に短命であってむしろ変ったことの理由を僕は知りたいですよ。そうでしょう、つまり組合運動だという限りは、運動のスケールは、小さくなるわけでしょう。しかし、また組合運動といってやっている限り占領軍はそんなに革命運動ではないとみるのではないかな。そこまで考えたかどうかは解らんけれど、労働組合運動に変った。しかし中身をみれば明らかに労働組合運動ではない。というふうには思えるですね。

---

[96] 関東地方で、1945年12月から1946年1月にかけて、既に労働組合が組織されているところではその代表者を、いまだ組合が組織されていないところではこれを組織しようとしている活動家集団の代表者を、さらには工場代表者会議への参加呼びかけに応じて参加してきた未組織工場の積極的な労働者をもって、地域的に結合する工場代表者会議（工代会議）が組織された。これを関東工場代表者会議という。ロシア革命の際の工場ソヴィエトをモデルとしたものと考えられる。これが1946年1月27日に組織替えされて関東地方労働組合協議会となった。

端緒的労働協約の実態と意味

問　戦後の労働組合にはプロモーションの問題についての基準設定がほとんどされずに包括条項が多い。これにはどんな理由が考えられるんでしょうか。

藤田　やっぱり、乗っ取り主義だったからじゃないでしょうか。だからまるで組合が人事を決定するみたいな考えですよ。

問　基準を設定するより空白を残しといた方が有利だという考えですね。

藤田　だから、ある時期には組合が人事を決定できるんですよ。そしてすぐに問題にぶつかるんですよ。「なんだ組合の委員長に俺はそんなことをしてもらいたくない」と言ってみんな反対しだすわけですね。そこで、これは距離をとらなければ仕方ないんだ、ということになったのが終戦直後の運動の実態ですよ。

問　それから最低賃金制[97]という言葉の意味が今と違いますね。

藤田　違う。それもユニオン・ショップもみんな終戦直後の時はわからなかったんですね。だから最低賃金制になれば、すべて解決するという考えだった。魔術性だなあ。言葉が魔術的な力をもっている。ユニオン・ショップなんていう言葉はなかったんで。クローズド・ショップ[98]ばかりだ。ユニオン・ショップをクローズド・ショップ、クローズド・ショップといって、それをまた「お宅はクローズドですか」てなことをいうてるわけですね。そりゃあ、おもしろいんですよ。全々わからなかったんだねえ。

問　結局、この最低賃金というのは、企業内で年齢別の最低をいくらにする

---

[97] 最低賃金制度とは、国が労働契約における賃金の最低額を定めて、使用者に対してその遵守を強制する制度である。補足的には、労働組合が一定の産業・職業の組織労働者のために獲得した賃金の最低基準を当該産業・職業の未組織労働者に一種の公正労働基準として及ぼす制度としてもありうる（菅野和夫著『労働法』弘文堂, 2012, 310頁）。ところが終戦直後の労働協約における最低賃金とは、企業の年功制度を前提とする年功賃金の最低額を保障させようとするものであった。

[98] 使用者は当該労働組合の組合員のみを雇用することができ、また自己の被用者が当該組合の組合員でなくなったときはこれを解雇しなければならないとする制度、または労働協約におけるそのような内容の条項（菅野和夫著『労働法』608頁）。

第 3 部 〈研究討論〉藤田若雄『日本労働法論』『日本労働争議法論』について

という意味ですね。この意味での最低賃金を要求したということ、年功序列を固定化する労働組合運動だったと言われても仕方がないでしょうね。

藤田　そうそう、これは非常に日本的ですね。それと〈完全雇用〉もわけがわからんですね。企業内完全雇用ということで、「首を切らん」ことが完全雇用だなんていうんですね。社会的という概念が入ってないです。

問　そうすると、結局、マッセン・ストライキ状況というのは、運動の側に企業内組織によって変革をしようという錯誤があった……。

藤田　企業占領の運動ですよ。

問　このマッセン・ストというのは、ただドイツ的な意味とも違うと、一応考えていいわけですね。

藤田　いや、日本のように占領軍がおれば革命はおこらんですね。けどもそれを除いてみれば、社会的には非常に流動的な状況ということは、同じだということです。一応そういう共通点でとらえてみたのです。ちょっと、ハイカラなんですけども。

問　著書では工代会議の結成から関東地方労働組合協議会の結成までの資料を細かく収集して、その運動の特徴を跡づけた後に、「裏返された年功的労使関係」[99]の節を設けて、第二次大戦後の状況を「戦前の年功的労使関係＝身分的（学歴別）労使関係における支配の位置の裏返された状態」と規定されています〔争議80頁〕。こういうなかで労働協約がどうとらえられるかということですが……。

藤田　それは、荒っぽいけどそういうふうに示したんだけど〔この時期の労働協約の基本的性格に関して、争議80〜90頁〕、それ以上の説明はできないな。要するに今日でいう大衆団交ですね。あのつるしあげみたいなやつ。そ

---

[99] 藤田著『日本労働争議法論』の「第三章マッセン・ストライキ状況と労使関係」の第四節が「裏返された労使関係」であり、その第一項は「裏返し運動としてのソヴェト」、第二項は「裏返された年功的労使関係」となっている。

れから生産管理というのは裏返しの動力、ひっくり返しておいて「お前これを守れ」というわけでしょう。それが京成電鉄の労働協約の一番最後のところにある「当組合は行動の自由を留保する」というのですね。それはやっぱり裏返しとみていいんじゃないでしょうかね。「お前はいうことをきけ、おれは自由だ」というわけです〔戦前は使用者がそう言っていた〕。企業の占領協定というふうに考えていい。ちょっと、それ以上説明しろといわれても困るんですね。

司会 第四章「争議行為における対抗関係の類型構成」には質問は出ておりません。

藤田 これは、しかし、争議史でもう少しつっこんでやれば、きれいなものが出てくると思いますよ。僕はもう、まとめるだけの体力がないんですね。若い時はね、集めた資料をみんな入れないと承知しないくらいの馬力があったけどね。このごろ定年なんかになると、なるべく切ろう切ろうという考えばかり働いて説明不足になるわけですよ。今なんか、とくにそうですよ。外国のはこう〔類型構成が〕できるのかなあ。もう、しかし、駄目だ。終りだよ。僕は、しまいだよ。

政治スト

問 藤田先生のお考えでは、労働組合の追求しうる政治目的はそう広くもなし狭くもなく、恐らく労組法2条但書4号[100]の解釈としては、一番作為を加えない解釈だと思うんですが、政治スト[101]についてどうお考えになっていらっしゃるか。今度の公労協スト[102]が果して政治目的といえるのかどうか。いえるとすれば政治ストはどの範囲まで許されるのか、をお聞きしたいのです。私の理解するところでは、最近の公労協ストの要求目的には、賃金引上げのほか、それ以上にウェイトが置かれていたものとして、①公務員の職員増、

---

[100] 労働組合法第2条但し書は同法にいう「労働組合」から除外するものとして第1号から第4号までを規定している。第4号は「主として政治運動又は社会運動を目的とするもの」を「労働組合」から除外するものとしている。

[101] 国または地方公共団体の機関を直接の名宛人として労働者の特定の政治的主張の示威または貫徹を目的として行うストライキである（菅野和夫著『労働法』712頁）。

[102] 1974年の春闘では、公労協が賃上げとストライキ権を要求するストライキを敢行した。公労協とは公共企業体等労働組合協議会の略称であり、三公社五現業に属する各企業体等の職員をもって組織される労働組合の連合体である。

②低額所得層に対する一時金の給付、③社会保障給付に対するスライド制の導入、④インフレの阻止、とがあったと思われます。

藤田　僕は政治ストはあくまでも政治ストであって、どこまでという限界はないものだと思うんです。それから政治ストはオルグをうまくやって、警察まで組合員に同情して、「つかまえに行け」といったら猛烈に走って行くが、行きすぎてつかまえないまま走ってゆくとか、そういうふうにもってゆけば弾圧はおこりませんね。それからこれを首を切れといっても、〔管理者が〕どうしても辞令を書かないとかね。いうふうなところまでオルグができれば、どうしようもないものであると。ところが十分やらないとサッサと辞令を書いたとか、沢山首を切られる、ということだと思うんですよ。僕なんか割り合い狭いんだな。使用者の範囲を超えたものをやるのはやっぱり政治ストだというぐらいに考えておいて、解釈をやれといわれれば有泉〔亨〕先生みたいに、スト権スト[103]ぐらいのところはいいだろうというようなもんですね。そこは妥協ですね。

問　合法、違法というよりは、できるような実態を作れということですね。

藤田　僕はあまり合法、違法という議論はすきでないんです。だけど僕は終戦の頃、政治ストは合法だなんて書いたものがあるよ。今からみると冷汗のでるようなことも書いてありますよ。

問　藤田先生は多分合法説に近いんだろうとは予想しておりましたが。

藤田　さっきのところまではそうだけれどね、そっから先は、拡げようという気はないですね。そういう議論を聞くと、またつまらんことを始めたというふうに思うね。僕はそういうことについての解釈論はきらいなんだよ。

ストライキと青年労働者
問　ストライキをやっていて毎日鎌倉に遊びに行っている若い労働者に会ったことがありますが、ストライキ観というのが随分ドライなんです。これは、

---

[103] ストライキ権などの労働争議権を奪われている公務員労働組合または公共企業体労働組合がストライキ権を要求して行うストライキのこと。

自分のインタレストでストライキをするというドライな割り切り方だと思うんですが、労働組合の組織や活動を誓約集団の原理で考える先生の立場との関係でどう評価されるのか。

藤田　今は、両方の傾向が出ているわけですね。

問　僕はむしろどんな場合でも、利益のバーゲンの問題を軸に争議を分析してゆくという方法の方がいいだろうという考えなのですが……。

藤田　だから、事実としては二つの傾向が出ているというふうに考えたらどうか。一つは、今のあなたが言われた遊びに行く連中の、ビジネス・ユニオンの考え方で、すべて一切ドライというのと、もう一つはもうちょっと心情的ですよ。なかには「反何々」とかという観点を抜けきっていないものもあるが、そうでなくて、今の新左翼の中には誓約型に近いものが出ているんじゃないか。それは昨日話したけれど、いま、すべてが附従契約化している、対等な契約ではない、だから主体的意慾を感じないわけですね。そういうなかで一対一の契約（再契約運動）をもういっぺんやり直してゆこうというような動きがある。小集団主義というのはそういうものをもっている、非常にベトベトしているけれども、そういうものをもっている、こうみたらいいんではないかと思うんです。ただね、よくあるそういう集団によばれて、話をせえというから行ってみたけどね、行ってみたら、ああなるほどと思ったですね。ウェーバーのオルギィですよ。陶酔状況ですよ。「そう、そう」とか何とかいってね。しかも薄暗くしてヘルメットの中にライトを集めてやるとね、一種の雰囲気が出るですね。そういうのといまキリスト教なんかの中で興っている一つの運動とやっぱし同じですね。非常に心情的で陶酔状況を求めている。だからそこの中には、一方では、暴力もまた入り得るわけですね。だから〈非暴力の誓約〉をどうして作りあげるか、そこが今日のひとつの課題だろうと思うんです。ドライな方からはそれは出てこないですよ。そういうなかからは新しい誓約は出てこない。再誓約運動はやっぱり額（ひたい）に非常な生き生きしたもの、精神的な生きたものを感じようとするわけですから。そういう両極があるというふうに今日を分析しておいたら当てはまるのではないか。

第 3 部　〈研究討論〉藤田若雄『日本労働法論』『日本労働争議法論』について

組合分裂の今日的状況

問　組合が丸抱えのためにブルー・カラーとホワイト・カラー[104]と、また高学歴、低学歴の労働者とが同じ組合に入りますね。そうすると、ストライキに入るかどうかで組合が分裂する場合が相当あると思うんです。そういう傾向は、いままでより強まっていくのか、それとも、ホワイト・カラーの方がむしろストするのが当り前だという感じになっていって融合してくるのか。

藤田　僕は最近キリスト教の集会で職場問題をやりますが、学歴の問題も段々難かしくなってきています。しかし、全く新型の高卒というのも出てきているね。彼らはそこへきているんだが、学歴なんか余り問題にしない、大学卒の連中がやっているところへ入ってきて遠慮なしに討論をふっかける。彼らは、そうして、高校だけしか出ていないけれども、どんどん吸収していってますね。研究所に勤めているのにも、そういう型の青年がいますね。だから明らかに大学紛争以後に出てきた高卒というのは相当にドライです。だからどうも学歴はそれほど問題にならなくなりつつあるなあ、という感じですね。

問　そうすると、組合分裂は、従来ほど学歴とか、職員・工員などの別よりも、むしろ、思想問題にウェイトが移ってきているということですか。

藤田　いまはそっちですね。少数組合の方がとび出してゆく。当り前の労働組合運動をやろう、と。当り前が通用しなくなったんだというのが今日の一番問題のところですね。石川島播磨重工業の佐藤芳夫さんの著書があるでしょ〔『あたりまえの労働組合』〕。小さな組合のそういう人の話を聞いていると熱気をおびてくるね。本当に目が光っているんだよ。ともかくかなわんよね、こっちは。バリバリいうから。そんなにいうても、あんたはいいかもしらんがみんなはついて行けない、という気持だけども、言っていることにそう間違いだといいきる気はしなくなるですね。みんながそうなるとは限りませんけどね。そういう面白い高卒が出てきているですね。

---

[104] 工員などとして肉体労働に従事する者をブルー・カラーといい、職員などとして事務労働に従事する者をホワイト・カラーという。

> 藤田若雄・清水一編「労働問題研究」第1〜6集
> 　　　　　　（亜紀書房，1970〜1974）の構成と刊行趣旨
>
> 第1集『既成革新からの離脱』(70年6月)
> 第2集『総評のゆくえ』(70年8月)
> 第3集『新左翼の労働組合』(71年3月)
> 第4集『続新左翼の労働組合』(71年9月)
> 第5集『労働運動の合法的領域』(72年8月)
> 第6集『春闘方式の止揚を目指して』(74年2月)
>
> 　第1集の「創刊にあたって」を藤田は次のように書き始めている：
> 「今日、世界は激動している。日本もその激動の中にある。この世界激動の中で問われているのは近代を超克する主体形成の問題である。激動は、資本主義諸国における管理社会の支配者たち—レビヤタンに率いられる諸怪物たちと、社会主義諸国の指導者たち—ビヒモスたちの格闘から起こっている。……」

1970年8月妙高夏季聖書講習会

あとがき

　矢内原忠雄は戦後の107の講演（時論）の中で「人権」を演題とした講演は一つだけであるが、1952年の東大ポポロ事件（警察手帖事件）において彼は「大学の自治」「学問の自由」を主張する自由権論者であった。藤田若雄は人権は自由権と社会権から成るとし、労働者の団結権・団体交渉権・争議権という社会権を主張した（『日本労働法論』）。

　日本国憲法前文の「恐怖と欠乏から免かれ、平和のうちに生存する権利」は1962年に憲法学者星野安三郎によって「平和的生存権」と名づけられた。それは憲法九条の人権的根拠である。そして自由権は一九世紀的人権、社会権は二〇世紀的人権、平和的生存権は二一世紀的人権であると言われている（樋口陽一『近代憲法の思想』日本放送出版協会，1980年）。日本は世界に先がけて平和的生存権を憲法の前文と九条で宣言したのである。われわれは、藤田が沖縄南部戦跡で受けた衝撃に基づいて提起した戦争責任問題を深く受け止め、各人の主体的な課題を自覚し、自由権・社会権を主張すると共に、平和的生存権の侵害と戦ってその実現に努めたいと思う。

（大河原礼三）

　矢内原は戦争のただ中で真っ向から戦争批判を行い1937年に教壇を追われた。当時日本が渦中にあった15年戦争については、われわれは従来、文献や視聴覚資料によってしか知り得ないものと思っていた。しかるに2015年を転機とする日本の地すべり的崩壊を目の当たりにして、今や新しい「戦前」が進行しつつあることに気づかされた。矢内原の戦中の闘いに呼応して、弟子であった藤田は挫折しながら連帯を模索し、戦後は唐津炭鉱職員組合闘争を経て労働法学者に転じ、社会科学と信仰とを車の両輪として独自の課題に取り組んだ。藤田は、当時の繁栄の状況下では「白色サタン」が活躍して人の精神を抜き取ると言ったが、われわれにとって、また若い世代にとって、有形の「サタン」が束になって姿を現し始めたこと、課題が鮮明になってきたことは、不幸中の幸いなのかもしれない。

（若木高善）

本書の表題に示される如く、藤田若雄の生涯の活動は「労働運動」と「無教会キリスト教」との両分野にまたがっている。いずれもそれは彼にとって不可欠のものであった。両者相俟って彼の独創的な理論すなわち契約理論を生み出したのである。

　東大社研における 20 年余りの労働問題・労働法研究において、彼は、労働争議の現実的な分析や労働協約の理論など多くの成果を学界に問うた。労働者が自らの権利を闘い取ろうとする行動に同伴しつつ、同時に彼は労働者の闘いの実相をリアルに直視した。そして、労働者の闘いの結果が使用者と労働組合との間の労働協約の中に規範化されることによって、初めて労働運動の成果は現実的なものとなり、その運動が前進するのだと主張した。また、自立した労働組合は誓約集団的労働組合となることが必要であるとも主張した。しかしながら、この藤田の契約理論は学界の多数の受け入れるところとはならなかった。結果として、藤田は労働問題・労働法研究者の通説に背を向けることになったのである。

　藤田は旧制高校時代から矢内原忠雄に師事する無教会キリスト者であった。彼の生涯の活動には無教会キリスト教信仰が貫かれている。師矢内原忠雄を含めて無教会の主流は、信徒集団を霊的あるいは観念的なもの（見えざるエクレシア）と理解しており、現実的な信徒集団（見えるエクレシア）を形成することに否定的である。遺著となった藤田若雄編著『内村鑑三を継承した人々』（上）（下）において、藤田は無教会信徒集団の無責任体制を批判した。無教会の信徒団体が神の前に誓約する「信仰的誓約集団」となることによって、初めて無教会信徒は責任ある近代人となることができると主張した。この藤田の理論と主張は、無教会の主流から無視され続けて現在に至っている。

　藤田が提唱した契約理論は、現在の日本において最も必要とされるものであることを、われわれは確信する。藤田没後 40 年の今、彼からの「聞き取り」三篇をまとめて一書として世に問う所以である。

（下澤悦夫）

　藤田若雄の「聞き取り」は 1972～74 年に行われたので、その中には現代の読者にとって理解しにくい内容も含まれている。そこで、編者は「聞き取り」本文の前に全体の解説として「序　藤田若雄の生涯と思想」を置くとともに、比較的専門分野にわたる内容を含む第 3 部の冒頭にも簡単な解説を置いた。さらに読者の便宜を考えて、「聞き取り」本文の全てに脚注を付した。

あとがき

　本書編者の文章や脚注は、編者3名が編集会議での議論や電子メール交換を通じて、原案を検討して完成させたものであり、編者3名共同の作品である。ただし、署名入りの「あとがき」は各編者の個人責任とした。

　藤田が逝去してから40年近くが過ぎ、藤田からキリスト教信仰を学んだ人々も或いは逝去し或いは高齢化している。その状況の中でわれわれ有志3名は、本書を編集することによって藤田の生涯と思想から新たに学ぶことができたことを感謝し、また、藤田によって語られた自伝の出版によって、戦中・戦後を主体的・戦闘的に生き抜いて「果てしなき探究」を続けた一人のユニークな人間の記録を後世に残すことができることを嬉しく思っている。

　われわれは藤田が切り拓いた誓約集団という思想を理解し、実践することを課題として来たが、その課題をどれだけ果たすことができたかについては自己点検が必要である。そのためにも本書は貴重な示唆を含んでいると思う。

　これらの「聞き取り」の編集と刊行は多くの人々の協働がなければ実現することはなかった。ここに記して感謝の意を表する次第である。

　第1部の「＜回想＞藤田若雄先生に聞く」は、これに第2部と第3部を合わせたこの「聞き取り」全体の根幹をなすものである。快く転載を許可して下さった聞き手の戸塚秀夫助教授（当時）と東京大学社会科学研究所に対し厚く感謝申し上げる。戸塚先生にはわれわれによるこの「聞き取り」刊行について大きな励ましを頂いた。

　また、第3部の＜研究討論＞は渡辺章助教授（当時）を代表者とする、10名の労働法研究者グループによって行われた共同の「聞き取り」作業の結果である。その転載の承諾を頂いた渡辺先生に対して厚く感謝申し上げる。

　藤田若雄先生のご子息・藤田起氏から本書刊行についてのご承諾を頂いた。それによってこの刊行が実現することになった。厚く感謝申し上げる。

　われわれ未熟な編集者をご指導頂くとともに、本書の発行を引き受けて下さった木鐸社の坂口節子氏及び栗村卓生氏に心から感謝申し上げる。

（編者一同）

2016年5月31日

藤田若雄略年譜・著作年表

年齢(y)は（各年の1月1日のもの；T,大正；S,昭和）

	年譜	著作
1912 (T1)	11.2 北海道に生まれる。	
1930 (S5, 17y)	3. 北海道滝川中学校卒業。 4. 大阪高等学校文科甲類入学。	
1931 (S6, 18y)	12. 喀血。	
1932 (S7, 19y)	8. 新居浜で結核療養中に矢内原忠雄と出会う。	
1934 (S9, 21y)	3. 大阪高等学校卒業。 4. 東京帝国大学法学部入学。 5. 矢内原聖書集会に入会。	
1936 (S11, 23y)	11. 高等試験司法科試験合格。	
1937 (S12, 24y)	3. 東京帝国大学卒業。 4. 産業組合中央金庫職員(東京)、産青連運動に参加。	
1940 (S15, 27y)	1. 伊藤時子と結婚。	
1941 (S16, 28y)	11. 産業組合中央金庫を退職。 12. 住友鉱業株式会社職員(大阪)。	
1942 (S17, 29y)	12. 長女のぞみ出生。 1. 住友鉱業職員組合委員長。	
1946 (S21, 33y)	1. 長男起出生。 7. 第二組合が組織され分裂の中で闘争。	
1947 (S22, 34y)	5. 住友鉱業株式会社退職。 6. 西南学院専門学校教授。	1953『協約闘争の理論』（労働法律旬報社）
1949 (S24, 36y)	4. 東京大学社会科学研究所研究員。	1955『労働組合の法律相談』(共著、日本評論新社)、『団結の法構造』（法律文化社)、『第二組合』（日本評論新社）
1950 (S25, 37y)	6. 東京大学講師。 同年より1960年頃まで、北陸鉄道、王子製紙、三鉱連、三井三池などの実態調査を中心に研究。 総評組織綱領草案の「職場闘争」について執筆を担当（総評との直接関係は64年頃まで継続)。	1956『官公労の闘争−労働組合の法律相談(1)』（共著、日本評論新社） 『職場闘争−労働組合の法律相談(2)』(日本評論新社) 1957『ロックアウト−労働組合の法律相談』（共著、日本評論新社） 1959『労働組合の構造と機能』(共編、東京大学出版会)、『サラリーマンの思想と生活』(東洋経済新報社)、『組合とストライキ』(東京大学出版会)
1960 (S35, 47y)	『東京独立新聞』を共同編集。	1960『日本型労働組合と年功制度』(東洋経済新報社)
1961 (S36, 48y)	12. 矢内原忠雄逝去	1961『日本労働協約論』(東京大学出版会)

1962 (S37, 49y)	1. 藤田若雄聖書研究会発足。10.『東京通信』を発行し、「エレミヤの生涯」を連載（～69年）。『矢内原忠雄全集』（岩波書店）の編集に参加（～65年）。	1962『労働協約—その実態と問題点』(日本労働協会編)、『労働組合の組織と運動』(ミネルヴァ書房)
1964 (S39, 51y)	7.「アンテオケ会」（職場問題の研究会）を開始（～67年）。8.『エクレシア・ミリタンス』発行。	1963『現代労働組合入門』(青木書房)、『労働組合と労働協約』(白桃書房)、『戦後日本の労働争議』(御茶の水書房)、『労働協約論』(日本労働協会)
1966 (S41, 53y)	3.『労働通信』を共同編集。12. 矢内原忠雄五周年記念講演「礎をすえるもの」。	1964『労働者の経営学』(河出書房新社)、『労働組合入門—組合運動の問題点—労働運動と民主主義』(合同出版社)
1968 (S43, 55y)	2.「原点なき革新」を『展望』に掲載。5. 東京大学教授。11. 東大闘争の中で流血回避の行動を取り「教授会メンバーと学生諸君に訴える」を配布。	1967『矢内原忠雄・その信仰と生涯』(教文館) 1968『労働組合運動の転換』(日本評論社)、矢内原忠雄『土曜学校講義』を矢内原伊作と共編で刊行(みすず書房～72年)
1969 (S44, 56y)	9.『東京通信』に「出エジプト記研究」を連載（～73年）。10. 沖縄訪問（第一回）	1969『礎をすえるもの』(福村出版)
1970 (S45, 57y)	3. 沖縄訪問（第二回）3. 内村鑑三四十周年記念講演「古いものは過ぎ去った。すべてが新しくなった」。	1970『革新の原点とはなにか』(三一書房)、『既成革新からの離脱』「労働問題研究」第1集(共編、亜紀書房)、『総評のゆくえ』「労働問題研究」第2集（共編、亜紀書房）
1971 (S46, 58y)	5. 東大構内の「キリスト教社会思想研究会」で「内村鑑三記念講演研究」を開始（～76年）10. 研究討論会「無教会主義の自己点検」を開催（～73年）。12. 矢内原忠雄十周年記念講演「主の僕」。	1971『新左翼の労働組合論』「労働問題研究」第3集(共編、亜紀書房)、『続新左翼の労働組合』「労働問題研究」第4集(共編 亜紀書房) 1972『日本の労働組合』(日本労働協会)、『労働運動の合法的領域』「労働問題研究」第5集(共編、亜紀書房)
1972 (S47, 59y)	5. 沖縄訪問　（第三回）	
1973 (S48, 60y)	4. 東京大学退官。国際基督教大学教授。5.『東京通信』に「訣別遺訓研究」を連載（～74年）。	1973『日本労働争議法論』(東京大学出版会)、『日本労働法論』(木鐸社)
1974 (S49, 61y)	3.『東京通信』に「ヨハネ福音書研究」を連載（～76年）。9.『無教会主義の研究—社会思想史的研究』を刊行（～77年）。	1974『春闘方式の止揚をめざして』「労働問題研究」第6集（共編、亜紀書房）
1975 (S50, 62y)	4. 国際基督教大学大学院部長	1975『労働問題入門』(ダイヤモンド社)
1977 (S52, 64y)	1.2 胃癌のため逝去。1. 藤田聖書研究会解散。『東京通信』終刊第172号。	1977.1『内村鑑三を継承した人々』(上)（編著、木鐸社)、1977.5『時調』(キリスト教図書出版社)、1977.11『内村鑑三を継承した人々』(下)（編著、木鐸社)

藤田若雄関連書籍・文献

『山路こえて—藤田若雄葬儀の記録』「山路こえて」刊行会, 1977年

『藤田若雄 信仰と学問』藤田起編, 教文館, 1981年

『藤田若雄著作集』全4巻, 藤田若雄著作集編集委員会, 三一書房, 1982〜83年
第1巻 「労働者の新しい精神の探究」1983年
第2巻 「戦後労働運動史論」1982年
第3巻 「戦後労働組合組織論」1982年
第4巻 「年功的労使関係の法構造」1983年

『藤田若雄キリスト教社会思想著作集』全3巻及び別巻, 藤田若雄キリスト教社会思想著作集刊行会, 木鐸社, 1983〜84年
第1巻 「年功体制下の職場問題」1983年
第2巻 「誓約集団の提示」1983年
第3巻 「無教会主義の自己点検」1984年
別巻 「日記・書簡・聴きとり」1984年

『専修大学図書館所蔵 藤田若雄文庫目録』専修大学図書館神田分館, 1996年：藤田若雄の蔵書のうち社会科学関係のもの約2千冊その他が専修大学図書館生田本館（神奈川県川崎市多摩区東三田 2-1-1）に「藤田若雄文庫」として所蔵されている。

『職業・思想・運動』阿部・奥田・中島編, 三一書房, 1998年

『藤田若雄研究ノート—キリスト教社会思想の探究—』大河原礼三, 木鐸社, 2000年

石田雄「<書評>「無教会二代目」の思想史的問題性—藤田若雄編『内村鑑三を継承した人々』(上)(下) —」『思想』651号, 岩波書店, 1978年9月, 136〜144頁

藤田若雄関連書籍・文献

溝口正「藤田若雄」『無教会論の軌跡』無教会論研究会編，キリスト教図書出版社, 1989年

木村寛「藤田若雄、青年期の自画像」―『生きるためのヒント 自然認識の歩みから』東方出版, 2002年, 185～208頁

富樫徹 「藤田若雄論ノート」『清流―キリスト教的人物編・文学編』 北郊書房, 2002年, 216～240頁

木村寛「藤田若雄の足跡をたどって―労働組合研究と無教会キリスト教―」メールマガジンオルタ29号, 2006年5月20日

江端公典『内村鑑三とその系譜』日本経済評論社, 2006年, 84, 87～94, 107, 185, 195, 203～204, 248～250, 256 頁

阿部健「藤田若雄30周年記念集会」メールマガジンオルタ 41号, 2007年5月20日

阿部健編「藤田若雄30周年記念集会記録」（非売品）, 2007年6月

大河原礼三「矢内原忠雄と藤田若雄」『ヨハネ黙示録と現代』, ブイツーソリューション, 2014年, 124～140頁

阿部健「1950年代の藤田若雄」『ディアスポラ』 28号, 2015年, 87～97頁

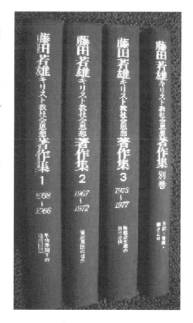

編者紹介

藤田若雄「聞き取り」刊行会

下澤悦夫（しもざわ　えつお）
　　1941年生まれ　　元裁判官

若木高善（わかぎ　たかよし）
　　1947年生まれ　　元大学教員

大河原礼三（おおかわら　れいぞう）
　　1931年生まれ　　元高校教員

藤田若雄が語る労働運動と無教会キリスト教

2016年9月10日第1版第1刷印刷発行 ©

　　　　　　　　編　者　　下澤悦夫・若木高善・大河原礼三
　　　　　　　　発行者　　下澤悦夫・若木高善・大河原礼三
　　　　　　　　発売・発行所　　(有)木鐸社
　　　　　　　　印　刷　互恵印刷　　製　本　吉澤製本

　　　　(有)木鐸社　〒112-0002　東京都文京区小石川5-11-15-302
　　　　　　電話 (03)3814-4195　　振替00100-5-126746
　　　　　　FAX (03)3814-4196　　http://www.bokutakusha.com

　　　　　　　　　　　　　　　（乱丁・落丁本はお取替致します）

ISBN-978-4-8332-2502-1